KB251478

내 아이의
일기장

SBS 성장다큐 내 마음의 크레파스가 전하는 감성 부모 레시피

내 아이의 일기장

SBS 내 마음의 크레파스 제작팀 지음
교육전문가 유미숙 · 전성희 컨설팅

예문사

내 아이의 생각을 읽는 일기장

SBS『내 마음의 크레파스』는 일곱 살에서 열다섯 살까지의 어린이 · 청소년들을 주인공으로 하는 휴먼 다큐멘터리입니다. 화려하지도 않고, 자극적이지도 않으며, 그렇다고 매회 사람들을 웃기거나 울리지도 않습니다. 그런데 참 묘한 프로그램입니다. 주인공들 중 누구도 힘쓰는 사람 없는데 보고 나면 힘을 얻게 됩니다. 그저 아이들의 생각과 일상을 보는 것뿐인데도 보고 나면 잃어버렸던 순수를 되찾기도 합니다. 언제 다시 보아도 슬며시 웃음이 퍼지는 앨범 속 어린 날의 사진처럼, 지치고 힘들 때 들으면 저절로 휴식이 되는 음악처럼, 가끔은 다 자란 어른들의 생각을 키워 주기도 합니다.

방송장이들은 방송 프로그램도 마치 '생물'처럼 살고 죽는 생명주기가 있다고들 말합니다. 어떤 것은 생각보다 일찍 수명이 다하기도 하고, 어떤 것은 곧 끝날 것 같다가도 기사회생하여 오래 살아남기도 합니다. 그렇게 보면 SBS에서 일주일에 한 번씩 시청자를 찾아가는『내 마음의 크레파스』는 제법 장수한 프로그램입니다. 2008년부터 아이들의 성장통을 이해하고 싶은 마음으로, 벌써 육 년째 지금까지 아이들의 이야기를 담고 있으니까요.

누구나 어린 시절을 지나 청년이 되고 어른이 됩니다. 이미 어른이 되어 버린 부모들은 그사이 어리지만 나름대로 성숙했으며, 각자의 나이만큼 아름다웠던 그 시절을 깡그리 잊어버린 건 아닐까요? 그래서 어느덧 아이들이 하는 말을 알아듣지 못하고, 어른의 잣대로 아이들에게 무언가를 강요하는 건 아닐까요? 이제라도 우리 아이들이 하는 이야기에 귀 기울이고, 그들의 성장통을 제대로 들여다봅시다.

그러나 솔직히 어린 친구들을 주인공으로 촬영을 하다 보면 애로 사항이 많습니다. 촬영 전까지는 참새처럼 재잘대다가도 카메라만 보면 입을 꽉 다물어 버리는 경우가 허다합니다. 가끔은 너무 생각이 많아 자신을 잘 드러내지 못하는 아이도 있습니다. 그럴 때는 주인공의 마음이 열릴 때까지 기다리는 게 답입니다. 하루 한 시간이 금쪽같은 제작진으로서는 그야말로 피 마르는 시간이지요. 그런데도 모두 지치지 않고 이 작업을 여지껏 해 온 것은 주인공들이 보여 주는 꿈, 우정과 사랑, 형제간의 우애와 애틋한 가족 이야기에 때로는 웃고, 때로는 코끝이 찡해져 남몰래 눈물을 흘렸기 때문입니다. 감동에는 나이가 따로 없으니까요.

아무리 어려도 그들 사이엔 변치 않는 우정이 있고, 애틋한 사랑도 흐릅니다. 지금의 어른들이 '어른'이 되기 전에 그랬듯이 우리의 주인공들도 아무런 계산 없이 순수하고 순진한 눈으로 세상을 바라봅니다. 그러면서 친구와의 우정도 깊어지고 자칫 놓아 버리고 싶은 꿈도 다시 붙잡습니다. 때로는 어른보다 더 어른스러운 아이들의 꿈을 보고 있노라면 가슴 한켠이 뭉클해지면서 마음이 절로 맑아지는 것을 느끼곤 합니다. 물론 그 아이들 뒤에는 아이들을 조건 없이 믿어 주고 기다려 주는 멋진 부모들이 있습니다.

『내 마음의 크레파스』는 그저 '어린아이'의 이야기가 아니라 '사람'을, '삶'을, '관계'를 생각하게 합니다. 그래서 주인공들의 사연은 이미 잊은 줄 알았던 나(부모)의 유년을 돌아보는 추억의 장이 되기도 하고, 나도 몰랐던 내 아이의 생각을 읽는 일기장이 되기도 하며, 아이들의 꿈을 담는 그릇이 되기도 합니다.

이제 방송으로 만났던 주인공들의 사연을 책《내 아이의 일기장》으로 묶어 냅니다. 육 년 넘게 방송으로 소개한 주인공은 모두 300여 명. 그동안 프로그램에 참여한 제작진(연출자, 작가, 조연출, 자료 조사)만 해도 100여 명이 넘습니다. 이 자리를 빌려 주인공들과 제작진, 그리고 좋은 프로그램의 제작 기회를 준 SBS에도 고마운 마음을 전합니다.

이 책《내 아이의 일기장》이 많은 분들에게 따뜻한 감동으로 다가가기를 기대하며, 아이들처럼 싱그러운 5월의 봄 햇살을 맞습니다.

– 최은영(SBS『내 마음의 크레파스』제작팀)

CHAPTER **03** 성장

'사랑'이라는 말뜻은 다양하게 정의되고 표현되지만
그중 으뜸은 가족 간의 사랑입니다.
이겨 내기 힘든 난관에 부딪혔을 때,
가족의 헌신적인 응원은 큰 힘이 됩니다.
중요한 것은 아이에 대한 부모의 역할입니다.
강압이 아니라 열린 마음으로 아이와의 소통을 이끌어야 합니다.
아이의 마음을 들여다보고 이해하고 공감하는 부모가
진짜 부모이고 화목한 가족의 시작이지요.

CHAPTER 01

사랑

가족이 주는 특별한 선물

휠 체 어   아 빠 와   미 소   공 주

아빠, 나 심심해

꽈당! 빠지직!

"아야!"

"아, 큰일 났다."

"선생님, 큰일 났어요!"

이를 어쩌지요? 순둥이 유경이가 그만 사고를 쳤습니다. 쉬는 시간, 같은 반 남자아이 영흠이와 툭툭 장난을 치다가 학교 화분을 넘어뜨리고 만 것입니다. 볼품없이 깨져 버린 화분을 내려다보는 유경이의 마음이 덜컹 내려앉습니다. 냉큼 화분을 일으키고, 바깥으로 쏟아져 나온 흙을 다시 담고 ……. 유경이는 재빨리 빗자루와 쓰레받기를 놀립니다. 넘어지면서 다친 몸을 돌보기보다 사고 수습에 더 열을 올립니다. 그 모습이 열두 살 여자아이치고 참 어른스럽습니다.

"아이고, 깨졌어? 이거 어떡하지?"

잠시 후 영흠이와 유경이의 잇따른 신고에 담임 선생님이 부랴부랴 달려왔습니다. 유경이의 엉덩방아에 꺾인 노랗고 탐스러운 국화 꽃송이들. 이에 놀란 선생님도 눈살을 잠시 찌푸렸지만, 이리저리 눈치를 살피며 복도를 비질하는 유경이를 보니 마음이 금세 누그러들었습니다.

"유경아, 너 다리 괜찮아?"

"네 ……."

"많이 안 깨졌네. 괜찮으니 영흠이랑 교실로 돌아가."

선생님은 화분을 다독이다가 유경이의 상태도 함께 살펴봅니다. 유경이는 이 상황이 멋쩍은지 괜스레 뒷머리만 긁적이고 있습니다. 이미 엎질러진 물, 도로 붙일 수 없는 화분. 뒤늦은 후회가 온몸으로 밀려옵니다. 사고가 생기기 바로 직전, 복도에서 유경이를 무릎으로 밀며 장난치던 영흠이도 조금은 찔렸을까요? 속으론 어떤지 몰라도 유경이가 화분을 수습하는 내내, 철없이 주변을 맴돌며 가수 '싸이'의 '말 춤'을 춥니다.

유경이는 충남 예산의 한 초등학교에 다니는 5학년 여자아이입니다. 누굴 만나도 방긋방긋 잘 웃는다고 별명이 미소 공주입니다. 휠체어를 타고도 뭐든지 척척 해내는 태산처럼 든든한 아빠와 살고 있습니다.

하지만 순수하고 해맑은 유경이의 미소 뒤에는 누구에게도 털어놓지 못한 자그마한 그늘이 있습니다. 유경이가 태어나고 백일이 지났을 무렵, 유경이 엄마는 오빠를 데리고 집을 나가 버렸습니다. 아무것도 모르는 젖먹이를 떼어 놓고 집을 나간 엄마. 그나마 일 년에 한두 번이라도 연락이 닿았지만, 요사이는 그마저도 끊어진 상태입니다. 그럼에도 유경이는 예산 대표 순둥이 미소 공주로서 인사성 바르고 구김살이 없는 아이로 건강하게 자라 주고 있습니다. 게다가 아빠를 극진하게 챙기는 모습이 동네에서도 소문이 자자해 효행상까지 탔을 정도지요.

'아아, 아빠한테 뭐라고 말하지 ……'

유경이는 집으로 돌아가며 골똘히 궁리합니다. 학교 화분을 깬 사고는 모범생이자 효녀인 유경이에게 보통 큰일이 아닙니다. 혹시 학교에서 아빠에게 화분값을 물어내라는 건 아닐까요? 장애인 생활보조금으로 넉넉지 않은 살림을 꾸려 가는 아빠에게 큰 화분값은 만만찮은 액수일 터. 유경이의 마음은 상상으로 따져 본 액수만큼 무겁습니다.

한데 아이러니하게도 그날 유경이 손에는 자그마한 화분이 들려 있습니다. 사고가 나기 얼마 전, 선생님이 유경이에게 반가운 소식을 전했지요.

"얘들아, 우리 반에 상장 하나가 와 있어. 이번에 우리 학교가 충청남도에서 녹색 성장 학교로 선정된 거 알고 있지? 유경이가 거기서 우수상을 탔어."

선생님이 상장을 읽습니다.

상 장

위 학생은 녹색 성장 교육의
일환으로 실시하고 있는
녹색 일기 쓰기에 적극적으로 참여하여
환경보호에 앞장서고 있는바,
이에 상장을 주고 칭찬합니다.

"박수!"

"감사합니다."

평소 글짓기에 소질을 보이던 유경이에게 상장과 부상이 주어졌습니다. 녹색 성장상이라 그런지, 부상이 예쁜 꽃 화분이었어요. 상을 받으려고 교탁까지 나간 유경이를 위해 영흠이가 짝짝짝 축하 박수를 쳤습니다.

하지만 덩치 좋은 영흠이가 아무리 힘주어 박수를 쳐도 교실 안은 많이 썰렁하고 허전합니다. 이유는 단 하나. 얼마 전, 유경이의 단짝 친구 고은이가 멀리 전학 간 뒤로 이 학교의 5학년 꾸러기는 달랑 유경이랑 영흠이 둘뿐이지요. 그렇다고 전교생은 많은가요? 고작 열여덟 명입니다. 그러니 상 받는 유경이, 상 주는 선생님 외에 구경하는 아이는 영흠이가 전부여도, 유경이는 모처럼 상을 받아 행복합니다. 갑자기 생긴 꽃 화분을 아빠한테 자랑할 마음에 기분이 붕붕 들떴습니다. 소리 없는 흥분! 어쩌면 화분 사고가 난 이유는 이 때문일지도 모릅니다.

또, 수업 시간에 다른 일도 있었습니다. 담임 선생님은 그날 유경이와 영흠이에게 새로운 과제를 내주었습니다. 막 사춘기로 접어든 유경이에게 잘 맞는 과제였지요.

"얘들아, 오늘은 시를 쓰고 그림을 그리는 시화에 대해 배울 거야. 시화에서 그림하고 시는 달라야 할까, 아니면 비슷해야 할까?"

"비슷해야 해요."

5학년 여자 대표, 남자 대표가 병아리처럼 입을 모았어요.

"그래. 맞아. 서로 잘 어울려야 하지. 한 가지 더, 시를 쓰고 그림을 그리는 일은 자기 마음을 들여다보고 얘기하는 것과 같단다. 그만큼 꾸밈없고 솔직해야 하지. 그렇다면 지금부터 너희들 마음속에 당장 선명하게 떠오르는 것을 시로 쓰고 그림으로도 그려 볼까? 자, 오늘 상을 받은 유경이. 지금 마음속에 뭐가 퍼뜩 떠오르니?”

“아버지요!”

“아주 좋아. 그럼 아버지를 주제로 시화를 완성해 보자.”

“음……..”

잠시, 유경이가 말에 여운을 끌더니 “싫어요!” 하며 고개를 가로젓습니다.

“선생님, 아버지는 그리기 힘들어요. 너무 잘생기셔서요. 그래서 그리기가 힘들 것 같아요.”

멋진 아빠, 생각만으로도 기분이 좋았나 봅니다. 유경이의 온 얼굴에 빙그레 미소가 머금어졌습니다. 부족한 그림 솜씨로 아빠 모습을 망치느니, 차라리 소재를 다르게 정하는 게 속이 편하지 않을까? 그게 유경이의 진짜 마음입니다. 다행히도 그런 유경이의 마음을 담임 선생님은 누구보다 훤히 꿰뚫고 있습니다.

처음 5학년 담임을 맡고, 선생님은 이번 해 유경이에게 여러 번 놀랐습니다. 한창 뛰어놀 나이에 집안일을 거들며 아버지 수발을 하는 것도 놀랍지만, 무엇보다 아버지의 장애를 부끄러움이 아닌 자랑으로 여기는 아이가 참 대견스러웠습니다. 그렇게 아빠 바보 유경이는 아주 자연스럽게 아버지의 장애를 부족 아닌 불편으로 받아들였고, 장애인에 대한 편견에 맞서 자기만의 생각을 만들어 가고 있었습니다.

그래서 그날 선생님은 다소 진지한 마음으로 유경이에게 숙제를 내주었습니다. 수업 시간에 채 완성하지 못한 시화를 일기장에 완성해 오라고 말이지요.

“언제가 되었든, 나중에 자신 있을 때 일기장에다 한번 완성해서 와 봐.”

유경이가 아빠를 위해
참치 김치찌개를 끓여 주니
정말 좋다! 잘 먹을게.

"진짜 그래도 돼요?"

선생님이 유경이 본마음을 역시나 정확히 읽었습니다. 어려운 숙제를 받고서 외려 유경이는 반색하며 그래도 되느냐고 되물었어요. 유경이에 대한 깊은 관심에서 비롯된 담임 선생님의 숙제가 유경이를 무척 행복하게 만들었습니다.

같은 날, 유경이의 아버지는 학교로 부랴부랴 전화를 걸었습니다. 유경이 담임 선생님과의 첫 통화에 아버지는 몹시 긴장했습니다.

"예, 선생님. 유경이 아빠예요. 다른 게 아니라 오늘 유경이가 학교에서 화분을 깼다고 해 가지고 …… 제가 배상해 드려야 하니까 …… 예, 예. 아휴, 별말씀을요. 전화로만 이렇게 드리는 게 너무 죄송스럽고 그러네요."

"아니에요. 전화주셔서 감사해요."

수화기 너머로 담임 선생님 목소리가 새어 나왔습니다. 옆에서 듣고 있던 유경이도 같이 긴장해서 마른침을 꿀꺽 삼켰습니다. 그런데 평소 속 깊고 착한 제자를 살뜰히 예뻐하는 탓일까요? 큰 말썽을 피운 것이 분명한데, 담임 선생님 목소리가 아주 부드럽고 정겨웠습니다.

한바탕 소동이 있고 난 다음 날. 유경이 아빠는 전날 일로 풀 죽은 유경이를 학교까지 데려다 줄 겸, 시내에서 일도 볼 겸, 휠체어를 밀고 밖으로 나왔습니다. 아빠는 아주 힘 있게 휠체어 바퀴를 앞으로 굴렸고, 유경이도 고사리손으로 휠체어를 힘껏 밀었습니다. 잠시 후 아빠는 차 운전석에 가볍게 옮겨 앉더니 휴지로 휠체어 바퀴를 쓱쓱 닦기 시작했습니다. 유경이가 괜스레 코를 잡으며 말합니다.

"으으, 은행 냄새."

"고약하지? 은행나무도 예쁘고, 은행도 맛있는데, 냄샌 왜 이렇게 지독하지? 아빠, 가을마다 아빠를 힘들게 하네. 허허!"

미소 공주 유경이는 아마도 아빠를 닮았나 봅니다. 특히 불평불만도 허허 웃으면서 말하는 아빠의 모습을 말입니다. 예전에 아빠는 시내에 나갔다가 휠체어 바퀴에 묻은 은행 냄새 때문에 좋지 않은 시선을 받은 일이 있었습니다. 괜한 오해를 사는 일은 피하고 싶어서 아빠는 그 후로 휠체어 바퀴를 꼼꼼히 닦는 습관이 생겼습니다. 이것은 유경이도 잘 알고 있는, 눈에 보이지는 않지만 또렷이 느낄 수 있는 아빠의 상처 중 일부분이지요.

유경이가 듣기로 아빠는 어릴 적 낙상 사고 이후, 치료를 제때 받지 못해 하반신 마비를 갖게 되었다고 합니다. 하지만 장애에 굴하지 않고 스스로 차도 몰고, 운동도 하고, 집안일도 척척 하는 아빠가 유경이는 언제나 자랑스럽습니다. 또 슬금슬금 더디게 온 사춘기에, 감수성이 한껏 풍부해진 소녀 유경이는 세상의 몹쓸 잣대로 인해 이따금 생기곤 하는 아빠의 좌절과 슬픔, 쓸쓸함을 조금은 이해하기도 합니다. 그래서일까요, 유경이는 뒷좌석에 앉아 기운 없이 창밖만 보다가 어렵사리 입을 뗐습니다.

"아빠, 우리 반에 누구 전학 왔으면 좋겠어요."

"전학 왔으면 좋겠다고?"

"응, 나만 아는 애로요."

"유경아. 고은이 전학 가고 나니까 어때, 요즘?"

"요즘은 너무 외로워요. 영흠이랑 좀 친하게 지내려고 그래요."

"6학년 언니들이랑은 어때?"

"잘 모르겠어요. 언니들은 수준이 높아선지, 제가 모르는 얘기를 해서 어떻게 친해져야 할지 모르겠어요. 언니들이 관심 가지는 걸 잘 알고 친해지면 좋을 텐데 ……. 영흠이는 형들이랑 잘 노는데요. 그래서 저는 더 심심해요."

유경이는 아빠한테만 살짝 속마음을 털어놓습니다. 단짝 친구 없는 외로움을 아빠가 잘 알아줄 것 같았기 때문입니다. 세상 어느 누구보다 유경이 마음을 잘 다독여 주는 아빠니까요. 하지만 이상하게도 이번 외로움은 아빠의 미소와 파이팅만으로는 채워지질 않습니다.

여느 때처럼 아빠와 '빠이빠이' 활기찬 손 인사를 하고 힘차게 학교로 들어선 유경이는 6학년 교실 앞에서 그만 기가 팍 죽어 버립니다. 아침부터 교실에서 신 나는 댄스음악을 틀어 놓고 걸그룹 춤을 연습하는 6학년 왕언니 5인방. 항상 똘똘 뭉쳐 다니는 성숙한 소녀들 틈에 유경이가 낄 자리는 없어 보입니다. 교실 안 웃음소리만큼 더 쓸쓸해지는 아침. 그래도 유경이는 곧장 자기 교실로 들어가지 못하고 애처롭게 까치발을 딛고 서서 힐끔힐끔 언니들 모습을 구경합니다. 이런 모습을 들켰다가는 언니들한테 혼쭐이 날 텐데도 말이지요.

그날 저녁때입니다. 학교에서 내내 심심해 보이던 유경이가 어딘지 바빠 보입니다. 집에 얼른 책가방을 내려놓고 밖으로 나옵니다. 그러고는 노란 장갑을 낀 손에 빗자루를 들고 말없이 집 앞을 쓸기 시작합니다. 아마도 아침 등굣길에 휠체어를 꼼꼼히 닦던 아빠의 모습이 눈에 밟혔나 봅니다. 유경이는 아빠에게 좋지 않은 기억을 남긴 은행알을 하나둘 골라냅니다. 얼마 뒤 아빠 차가 돌아옵니다. 휠체어를 밀며 집으로 오던 아버지가 유경이를 보고 물었습니다.

"뭐 해?"

"쓸고 있었어요. 아빠가 여기 지나다니면 은행이 자꾸 바퀴에 묻으니까요."

"대단하다. 이거 영화배우들 지나가는 길 같다."

"흙이 영어로 뭐지? 이거는 흙 카펫?"

"좋다. 흙 카펫!"

"히히히, 아빠한테 칭찬받으니 엄청 즐거워요."

유경이는 아빠 덕분에 정말로 오랜만에 큰 소리로 웃었습니다. 아침에 6학년 언니들을 보면서 풀이 죽었던 일도 다 사라지는 것 같습니다. 행복한 마음으로 실컷 웃어서일까요? 짝꿍이자 하나뿐인 동급생 영흠이에게서 반가운 전화가 걸려 왔습니다. 6학년 서영이 언니네로 같이 놀러 가자는 전화였지요. 예상치 못한 초대에 유경이는 갑자기 분주해졌습니다. 방방신이 난 유경이는 언니 집으로 한달음에 달려갔습니다.

서영이 언니네 집에 도착하자 언니의 엄마가 유경이를 반갑게 맞아 줍니다.

"유경이도 머리 묶어 줄까?"

"네!"

서영이 언니 엄마는 급하게 뛰어오느라 흐트러진 유경이 머리를 다정하게 매만져 줍니다. 찰랑찰랑 묶음 머리. 따뜻한 엄마의 손길로 유경이 머리가 단번에 단정하고 예뻐졌습니다. 이걸 예상하고 서영이 언니네 집에 온 건 아닌데 ……. 유경이는 하나하나 챙겨 주는 언니 엄마의 세심한 모습에서, 매일 밤 꿈속에서 그리던 엄마의 모습을 보았습니다.

"서영이 언니, 언니네 엄마는 착하고 배려 있고 참 좋으시다. 언니가 생각하는 언니 엄마는 어때?"

"우리 엄마? 좋지."

"어떻게 좋은데?"

"완전 많이! 아니, 하늘만큼."

유경이 질문에 서영이 언니가 활짝 웃습니다. 영흠이가 챙긴 덕에 언니네 집도 와 보고, 이야기도 많이 나누고, 서영이 언니와 좀 더 가까워진 기분입니다. 그런데 엄마가 하늘만큼 좋다는 언니 말을 듣고 나니 조금은 쓸쓸하기도 합니다. 듬직한 아빠도 좋은데 다정하고 살가운 엄마는 또 얼마나 좋을까요? 엄마 얘기에 점차 어두워지는 유경이 마음을 언니가 뒤늦게 알아챘나 봅니다. 서영이 언니가 대답하기 힘든 질문을 던집니다.

"유경아, 너희 엄마는 어디 가셨어?"

"어, 좋으셔 ……."

유경이가 몹시 당황해서 동문서답을 했습니다. 서영이 언니는 유경이가 질문을 잘못 들은 줄 알고, "엄마 어디 계셔?" 하며 다시 고쳐 묻습니다.

"어 ……. 지금 없으셔. 출장 가셨어."

유경이 입에서 그만 거짓말이 툭 튀어나오고 말았습니다. 자신도 모르게 적당히 얼버무린 말, 그 말이 유경이 자신에게 상처가 되어 돌아왔습니다.

유경이는 그길로 집으로 와 버렸습니다.

"유경아, 너는 방 청소 좀 하고 다녀. 방 꼴이 저게 뭐야? 나가서 놀더라도 자기가 공부하던 건 정리 좀 하고 다녀야지!"

아빠는 지친 표정으로 집에 들어오는 유경이에게 다짜고짜 꾸중부터 합니다. 엄할 때는 아주 엄한 아빠입니다. 나갈 때는 방방 신이 나서 나갔으니 돌아오면 방부터 치우라는 거지요. 네네. 평소에는 맞는 말씀입니다만, 유경이는 이럴 때 딸의 표정을 살피지 않는 아빠가 너무 야속합니다. 스스로에게 준 상처에 속상함이 더해져 안 좋은 감정이 눈덩이처럼 불어났습니다.

"아빠! 왜 나는 엄마가 없어?"

"엄마가? 왜, 뭔 일 있었어?"

"오늘 서영이 언니네 집에 놀러 갔는데, 언니 엄마는 과일도 주고 머리도 묶어 준단 말이야. 근데 나는 전부 혼자 하잖아."

유경이가 모처럼 웃지 않고 말합니다. 그제야 상황을 듣고 난감해하는 아빠. 아빠와 유경이 사이에 '엄마'라는 단어가 등장한 건 정말 오랜만입니다. 아빠는 뒷말을 차마 잇지 못하고 완전히 꿀 먹은 벙어리가 됩니다. 사춘기 딸, 아빠의 노력으로도 해결할 수 없는 현실이 있다는 걸 아빠도 분명 알고 있습니다. 그날 저녁에는 아빠와 딸의 어지러운 마음처럼 바람이 불고 가랑비가 이리저리 흩뿌립니다.

그 후로 어영부영 며칠이 지나갔습니다. 그사이 아빠는 기분 전환 겸 유경이를 끌고 시내 나들이도 다녀왔습니다. 그런데 그때 작은 사건이 일어났습니다. 어느 빌딩 안, 경사가 가파른 곳을 휠체어로 아슬아슬하게 오르다가 그만 유경이가 아빠 몸에 깔리는 사고가 난 것입니다. 아빠 휠체어도, 유경이도 완전히 넘어지지는 않아서 다행히 다친 데는 없었습니다. 하지만 아빠를 온몸으로 받아 낸 유경이는 놀람 반, 설움 반으로 지난 며칠간 참았던 눈물을 한꺼번에 터트렸습니다.

"엉엉. 엉엉."

"아파? 그래도 너 때문에 아빠가 살았어. 그치? 우리 같이 뒤로 안 넘어졌어."

"흑흑. 훌쩍훌쩍 ……. 내 머리에 꽝 받아 가지고 아빠가 더 아플 것 같은데? 괜찮아?"

"울보, 아빠는 아파도 말을 못 하겠어. 말하면 더 미안해져서 안 돼. 큰일나. 허허."

아빠는 재빨리 눈물을 감추는 유경이를 보며 너털웃음으로 미안함을 가립니다. 가족 나들이 한 번 산뜻하게 즐기지 못하고 ……. 아빠는 그날처럼 딸이 감당하고 있는 자기 무게를 절실히 느껴 본 적이 없었습니다. 그런 유경이를 위해 아빠가 특별한 이벤트를 구상했습니다. 아이들이 이웃 학교와의 연합 수련회에 간 사이, 코앞으로 다가온 유경이의 열두 번째 생일 파티를 하나하나 준비한 것입니다.

파티 장소는 영흠이 아빠가 운영하는 레스토랑. 6학년 언니들까지 초대할 수 있도록 음식과 자리도 넉넉히 봐 두었습니다. 유경이가 동경하는 언니들과 어울리게끔 아빠가 슬그머니 나서서 다리를 놓아 주려는 겁니다.

나중에 아빠의 계획을 듣고 잔뜩 들뜬 유경이는 초대장도 직접 만들어 돌렸습니다. 아빠 덕분에 내게 된 용기를 생일 초대장에 담아 영흠이와 6학년 언니 오빠 모두를 불렀습니다. 한 명도 빠짐없이 참석하길 바라는 마음으로요.

"영흠이 아빠, 준비 다 됐지?"

"네, 지금 하고 있습니다. 우선 컵이랑 접시부터 놔야겠네요."

이윽고 생일 파티의 주인공 유경이가 효정이 언니와 함께 레스토랑에 들어왔습니다. 곧이어 서영이 언니, 바름이 오빠, 선혜 언니, 용운이 오빠, 미소 언니 ……. 멤버들이 속속 도착했습니다. 그리고 마침내 5, 6학년 전원이 모였습니다.

"이렇게 우리 유경이 생일에 와 줘서 다들 고맙고, 앞으로 6학년들은 졸업도 얼마 안 남았으니까 남은 기간 동안 유경이랑 재미있게 잘 놀다가 졸업하고. 아무쪼록 오늘 하루 잘 먹고 재미있게 놀고 갔으면 좋겠네."

아빠가 언제나처럼 다정하고 상냥하게 말했습니다. 언니들이 씌워 준 분홍색 고깔모자를 쓴 유경이는 글로 써 둔 것처럼 말을 잘하는 아빠를 자랑스럽게 바라보았습니다.

자신을 그늘에 세워 두지 않으려고, 세상 앞에 서서 당당하고 밝게 웃는 휠체어 아빠. 미소 공주는 모처럼 또래답게 언니 오빠들과 함께 어울리며 웃으면서도 여전히 눈으로 아빠의 뒤를 좇습니다. 세상에서 가장 사랑하는 아빠, 단 하나뿐인 가족이니까요.

화려하고 시끌벅적했던 파티가 끝나고, 유경이와 아빠의 일상에 다시 고요함이 찾아왔습니다. 유경이는 책상에 앉아 한동안 미루어 둔 숙제를 했습니다. 담임 선생님이 일기장에 쓰고, 그려 보라고 한 시화 숙제였지요. 시는 일찌감치 썼는데 그림은 미처 완성하지 못했습니다. 그런데 이제 잘 생긴 아빠의 모습을 그려 넣을 자신감이 생겼나 봅니다.

어느새 유경이가 숙제를 마치고 아빠 앞으로 쪼르르 달려가 앉습니다.

"아빠, 제가 시를 읽어 드릴게요."

"유경이가 썼어?"

"네, 한번 들어 보세요."

매일 아침 / 나를 깨워 주시는 / 고마운 아버지

하지만 나는 / 정신이 없다. / 아버지 말을 들어야 / 좋다.

아버지가 좋다. / 나도 아버지가 / 나를 좋아하게 만들겠다.

아버지를 사랑한다. / 나는 아버지가 / 재밌고 자랑스럽다.

아버지가 나에게 / 해 주시는 만큼 / 나도 아버지께 효도를 해야겠다.

"오오, 유경이가 시 쓰는 재주도 있었어?"

아빠가 시를 듣고 진심으로 감탄하며 말합니다.

"여기 그림도 그렸어요."

"야, 이게 아빠 휠체어야? 그림이 재밌다. 꼭 날아다니는 휠체어 같아."

유경이는 시화에 아빠가 휠체어 탄 모습을 그렸습니다. 아빠의 두 다리가 되어 주는 휠체어 바퀴를 동글동글 아주 귀엽게 표현했습니다.

"날개 그려 줄까요? 휠체어 플라이트!"

"그것도 좋겠네."

아빠가 환히 웃으면서 말합니다. 시화 속 휠체어 천사 뒤에는 말없이 하트 표를 날리면서 뒤를 종종 따르는 미소 공주가 있습니다. 유경이의 마음이 꾸밈없이 담긴 시화에 담임 선생님은 '참 잘했어요' 도장을 꾹꾹 찍어 주었습니다.

며칠 뒤, 장애인과 비장애인이 함께하는 어울림 마라톤 대회가 열렸습니다. 유경이와 아빠는 5킬로미터에 도전했습니다. 일등이 아닌 완주를 목표

로 세운 두 사람. 유경이는 지금 떨리는 마음으로 아빠의 휠체어 옆에 나란
히 섰습니다. 자신과의 외로운 싸움이라고 하는 마라톤 경기. 때론 넘어지
고, 힘들면 쉬었다 가기도 합니다. 하지만 둘이 함께라면 지구 끝까지라도
달려갈 자신이 있습니다. 서로가 있기에 절대 포기란 없습니다. 꼭 유경이
와 아빠가 함께 호흡을 맞추어 뛰는 인생 레이스처럼 말입니다.

공동양육

우리는 늘 '관계'라는 울타리 속에서 살아갑니다. 부모 자녀 관계, 친구 관계, 사회적 관계 등등. 이러한 관계 속에서 자기 존재를 확인하고 남들과 정서를 교류하면서 삶을 풍성하게 가꾸어 갑니다. 유경이는 엄마의 부재와 또래가 별로 없는 학교 환경으로 늘 외로움을 경험하고 있지요. 게다가 소극적인 유경이의 성격은 관계를 경험하는 데 제한점으로 작용합니다. 몸이 불편한 아버지와 함께 지내는 책임감 강한 딸로 늘 아버지를 살피느라 자신의 어려움을 표현하는 것도 어렵지요.

유경이처럼 부모의 이혼이나 사별로 인해 한부모 가정에서 자라는 아이들이 증가하고 있습니다. 연구 결과에 따르면 한부모 가정 중 편부 가정이 감당해야 하는 어려움이 가장 크다고 합니다. 특히 아이가 딸이면 사춘기를 겪는 동안 양육자인 아버지가 당혹스러워하며, 아이와의 소통에 문제가 생기기도 합니다. 유경이도 친엄마에 대한 속마음이나 자신의 감정을 아버지와 마음 편히 나누지 못하는 것을 볼 수 있습니다. 자신의 마음을 솔직히 나눌 수 있는 가족 관계가 될 때 자녀의 건강한 정서 발달을 꾀할 수 있습니다.

한부모 가정의 원활한 소통을 위해 알아 두어야 할 점으로, 먼저 '공동양육coparenting'이 있습니다. 이혼한 부모가 함께 양육에 동참하는 거지요. 불행하게도 이혼 가정의 경우 양육하지 않는 부모와 정기적 만남을 갖는 경우는 10퍼센트 정도라고 합니다. 물론 함께하지 못할 경우도 있지요. 그럴 경우라도 그 마음을 솔직하게 나누는 것이 필요합니다. 실제로 한부모 가정의 경우 자녀가 부모와 의사소통을 오래 할수록 사회에 수월하게 적응합니다.

두 번째로, 자녀가 감정을 솔직하게 표현할 수 있도록 합니다. 예를 들어 부부 문제로 이혼한 경우, 양육을 감당하지 않는 부모에 대해 이야기하는 것을 꺼리는 경우가 있습니다. 자녀 입장에서 보면 모두 사랑하는 부모입니다. 따라서 자녀가 그 감정을 충분히 나눌 수 있도록 도와주어야 합니다. 마지막으로 함께 지내지 않는 부모에 대한 부정적인 피드백을 조심합니다. 문제의 원인을 모두 그 부모에게 돌림으로써 문제를 해결하려 하는 것은 자녀의 정서 발달에 어려움이 될 수 있습니다.

이처럼 가족 간의 소통을 잘 이룰 수 있다면 자녀들은 어려움도 너끈히 이겨 낼 수 있습니다. 유경이의 마음을 보살피고자 생일 파티를 준비하는 아버지의 노력과, 그 사랑에 감동하며 자신이 쓴 시로 고백하는 유경이의 마음이 바로 그러한 소통이 아니었을까요?

예 천 소 녀 의 어 느 특 별 한 소 원

해장국집 고3 엄마

"**민영아,** 민영이는 엄마가 두 명이야?"

"응!"

"두 명 맞아?"

"응응!"

마냥 아기 같은 네 살 막둥이에게 세화는 묻고 또 묻습니다. 배고프다면 먹이고, 땀 나면 씻기고, 추우면 입히고, 졸리다 하면 재우고, 응석 부리면 달래고 ……. 그간 큰누나가 도맡아 온 고생을 막둥이 민영이가 조금이나마 알고 있는 걸까요? 큰누나, 아니 둘째 엄마 세화가 마냥 좋은가 봅니다. 갑자기 몸에 열이 올라 엄마 품에서 찡얼대다가도, 세화랑 눈만 마주치면 까르르 웃으며 뒤로 넘어갑니다.

"세화야, 나 열 많이 나."

막둥이가 또다시 애교 겸 어리광을 피웁니다.

"열 많이 안 나는데?"

세화가 막둥이 이마를 손으로 짚으며 말합니다. 조금 아프다고 엄마 품에 안겨 마음껏 응석을 부리는 막냇동생. 세화는 그런 민영이가 한편으로는 귀엽고, 또 한편으로는 못마땅합니다. 슬프게도, 요즘 엄마가 많이 힘들기 때문입니다.

"일단 내 귀에 세뇌를 많이 시켜야지. 우리 막둥이 초등학교 들어가면, 누나는 엄마 소리 들어야 될 텐데. 학부모회의, 뭐 그런 것도 엄마 대신 가고 ……."

세화는 웅얼웅얼 푸념을 해 봅니다. 병아리처럼 엄마 품 안으로 파고드는 막둥이를 보며 어쩐지 자꾸만 속상해지는 마음. 하지만 민영이의 큰누나가 아닌 진짜 엄마 마음으로 동생을 보살필 각오를 다잡아 봅니다.

어느새 혼곤하게 곯아떨어진 엄마와 막둥이를 방에 눕혀 놓고, 세화는 슬그머니 빠져나와 식당 주방으로 향합니다. 주방에는 빠르고 야무진 엄마 손길을 기다리는 일들이 산더미처럼 쌓여 있습니다.

세화네 식당은 경상북도 예천에 있는 한 해장국집입니다. 거북한 속을 확 풀어 줄 얼큰하고 진한 해장국을 손님들에게 내려면, 먼저 뼈를 푹 고아 국물부터 우려야 합니다. 곁들이는 반찬도 깔끔하고 정갈하게 준비되어야 합니다. 육수에 고춧가루를 탈탈 털어 넣고 커다란 국자로 휘휘 젓는 모습, 다다다 소리를 내며 가지런히 칼질하는 모습, 장갑 끼고 반찬에 양념을 버무리는 모습들이 타고난 주방장처럼 아주 능수능란해 보입니다.

"새송이 큰 거 하나하고, 파 두 단하고, 콩나물 한 시루 좀 갖다 주세요!"

시장 도매상 아저씨에게 전화해 오늘 식당에서 쓸 재료를 구입하는 것도 세화의 몫. 눈빛은 노련하지만 앳된 목소리만큼은 나이를 숨길 수 없습니다.

이렇게 일을 척척 하는 해장국집 큰딸 세화는 고등학교 3학년입니다. 올해 수능 시험을 앞둔 평범한 수험생이지요. 아직은 부모님의 따뜻한 보호와 보살핌을 받아야 할 나이입니다만, 세화와 가족에게 닥친 현실은 그리 녹록지 않습니다. 세화보다 한 살 어린 동생 세영이까지 열여덟 살 나이에 문제집과 펜 대신 주문장과 해장국 그릇을 쥐고 있으니 말이지요.

사실 이번 여름 방학 내내 세화는 이곳 해장국집의 주방 담당, 세영이는 홀 담당이었습니다. 고작해야 열아홉, 열여덟 소녀들이 어쩌다 어른도 없이 해장국집 운영을 맡게 된 걸까요? 한창 공부만 해도 시간이 모자랄 텐데요.

"엄마가 갑자기 아파 버리고, 그 얘기를 들었을 때 내가 식당 운영을 맡아야 하지 않을까 하는 생각을 딱 하고 …… 막막했어. 그래도 손님들 입에서 '네 요리, 생각보다 맛있다'는 소리가 나왔을 땐 정말 신기했지. 그때 또 힘을 얻었는지, 뭔 자신감이 붙었는지 계속 해 보고 싶다는 마음이 생겼어. 가게로 생활 유지해서 엄마 병원비랑 우리 생활비도 벌어야 되고 말이야."

"요리는 엄마가 가르쳐 줬잖아!"

세화가 푸념을 늘어놓으면 세영이가 꼭 한마디를 보탭니다. 음식의 맛, 자매가 방학 동안 식당을 하며 가장 신경 쓴 부분입니다.

"아닌데. 엄마가 안 가르쳐 주고 내가 직접 했어. 요리법도 좀 바꿨고."

"뭐 넣었다고 바꿨대?"

"있어, 그런 게!"

자매의 다툼은 의견을 가리는 진짜 싸움이 아닙니다. 서로를 믿고 의지한다는 표현이고, 겉말로는 채 전하지 못하는 애정 표현이지요.

지난 4월이었어요. 해장국집 주방장이자 대장이었던 엄마가 갑자기 크게 아팠습니다. 악성 자궁경부암 진단을 받았고 곧바로 수술과 항암 치료를 받아야 했습니다. 세화까지 모두 오 남매를 키우느라 마음 편히 쉴 날이 없었던 엄마이고, 해장국집이었습니다. 엄마는 그간 고생한 보람을 맛보기는커녕 큰돈 모아 둔 것 없이 어마어마한 병까지 얻었지요.

한데 호락호락하지 않은 병원비에 아이들 양육비까지 충당해야 하는 상황에서 식당마저 문을 닫으면 여섯 식구 생활이 될까요? 결국 맏이인 세화가 아픈 엄마 대신 일거리와 고민을 고스란히 이어받았습니다. 세영이 아래 철없는 세 동생들과 항암 치료로 힘들어하는 엄마까지 살뜰히 돌보며 살림과 식당 일을 동시에 맡게 되었습니다.

엄마의 믿음직스러운 딸, 때로는 집안의 듬직한 가장, 어린 동생들의 엄마 역할까지 세화는 그야말로 만능 소녀입니다. 그 여러 역할이 버겁게 다가올 때마다 세화는 사춘기 소녀답게 '희망 노트'에 꿈꾸는 일을 하나둘 적으며 마음을 다잡곤 합니다.

'음. 엄마 아픈 것 좀 많이 낫고 하면, 동생들이랑 놀이동산도 가고, 엄마랑 단둘이 여행도 가고 싶고, 엄마 노후를 생각해서 돈도 조금씩 모으고, 내가 번 돈으로 세영이랑 고은이랑 주화랑 민영이랑 용돈도 주고 ……,'

이제 세화의 희망 노트는 무려 오십 가지 소망들로 꽉 채워졌습니다. 꿈과 낭만으로 자라는 나이 열아홉. 그런데 세화의 소망은 오로지 엄마와 네 동생들에 대한 내용들뿐입니다. 세화가 이토록 가족을 특별하게 여기는 이유가 달리 있을까요? 같이 요리하고, 같이 밥 먹고, 같이 웃음을 나누며, 한데 모여 앉은 여섯 식구 모습 속에 조금 남다른 사연이 숨어 있습니다.

세화와 엄마의 나이 차이는 겨우 열여덟. 지금 엄마는 원래 세화의 외숙모였는데, 가정 문제로 힘들어하던 세화, 세영이의 사연을 알고 삼 년 전

입양을 했습니다. 가슴으로 맺어진, 어느 모녀들보다 끈끈한 사이지요.

　세화는 거실 게시판에 엄마에게 보내는 짧은 편지를 썼습니다. 피 한 방울 안 섞인 엄마지만, 피보다 훨씬 진한 사랑의 마음을 담았습니다. 그간 남편도 없이 아이들을 키워 내고 병을 잘 이겨 온 엄마의 노고에 감사하면서, 쑥스럽지만 엄마의 남편을 자청해 봅니다. 진짜 남편처럼 항상 의지가 되는 짝이 되리라 다짐하면서 말입니다.

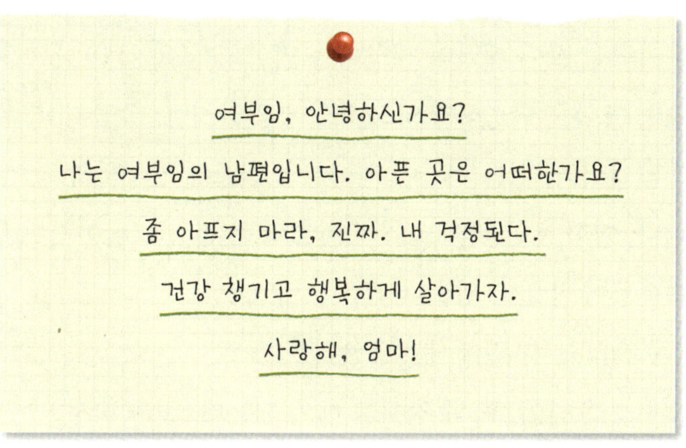

　어느새 여름 방학이 지나고 개학 첫날입니다. 하루 전날 세화는 몸이 채 낫지 않은 엄마와 스물다섯 명 단체 손님도 받았습니다. 손님이 없어서 애꿎게 파리만 잡던 때보다 마음도 수입도 훨씬 좋았지만, 다음 날 몸은 천근만근 무거웠습니다. 게다가 어젯밤 세화는 엄마와 크게 다투었습니다.

　“엄마, 당장 내일 우리 학교 가면 혼자 장사하잖아. 저녁 여섯 시에 학교 끝나면 장사 거의 다 끝나고 오는 건데 ……. 그때까지 버티는 건 무리야. 엄마 항암 치료 한 번 더 남았잖아? 그리고 문제는 점심이야. 세영이는 수업 일수 조금 남았으니까 빠지면 어때?”

“안 돼.” 엄마가 완강하게 말합니다.

“힘든데 어떻게 하려고?”

“안 되면 닫아야지. 2학기 때부터는 선생님께 무조건 나간다고 그랬어!”

단체 손님을 보내고 지친 모습으로 숨을 고르던 엄마는 갑자기 완강한 태도로 말합니다. 이미 자신이 쓰러졌을 때 학교 수업을 너무 많이 빠진 두 딸입니다. 모성애인지, 마지막 남은 의지력인지, 엄마는 더 이상 세화와 세영이가 수업에 빠지는 것을 원치 않습니다.

이런 우여곡절 끝에 세화와 세영이는 엄마의 강요 아닌 강요로 학교에 나왔습니다. 교복을 단정하게 입고 교실에 앉았지만, 수업 내용이 귀에 영 들어오지 않습니다. 쉬는 시간에 세화는 오랜만에 친구들과 속 깊은 얘기를 나눕니다. 방학 동안 바빠서 거의 얼굴도 못 본 친구들이었지만 세화의 사정을 속속들이 잘 알고 있습니다.

“엄마, 좀 괜찮으셔? 집에 내려오셨어?”

“어. 엄마 집에 왔어. 또 폐 검사를 해야 되는데, 결과 봐서 또 암 있으면 다시 항암 치료해야 한대. 의사 선생님 말씀이 쉬면서 백혈구 수치를 높이라는데, 계속 식당 일을 해야 하니까 걱정이야.”

“세화야, 나중을 생각해서 …….”

“일단 니가 졸업을 해라, 그 말이지? 근데 말처럼 쉽지가 않다. 엄마가 계속 일하고 있는데, 책상에 앉아 있어도 엄마 생각밖에 안 나니까 공부에 집중도 안 되고. 엄마는 우리 배 안 굶긴다고 식당 시작했는데, 정작 엄마 힘들 때 힘이 못 되니까 마음이 아파.”

세화가 친구들에게 하소연하는 사이, 둘째 세영이는 밀려드는 엄마 걱정에 결국 담임 선생님께 면담을 신청했습니다. 선생님과 상의한 다음 언니가 말한 대로 조금 더 빨리 학교를 나서려는 것이었지요.

"어머니 상태가 지금 어떠시니?" 담임 선생님이 엄마의 안부를 묻습니다.

"엄마 딴에는 괜찮다고 하는데 …… 제가 보기에는 최악의 상태예요."

"엄마가 책임감 때문에 일을 하는데 지금 계속 하는 건 무리다, 그치? 세영아, 당분간 힘들더라도 네가 당찬 모습 보여야 한다."

선생님 말에 세영이는 고개를 끄덕입니다. 선생님의 조퇴 승낙은 쉬이 떨어지지 않았지만, 응원의 말만큼은 확실히 큰 힘이 되었습니다.

한데 그날 저녁, 세화가 우려했던 일이 터졌습니다. 점심 장사를 마친 엄마가 또다시 쓰러지고 만 것입니다. 갑자기 몸에 열이 펄펄 끓고 머리가 어지러워서 엄마는 식당 한구석에 쪼그리고 누웠습니다. 항암 치료로 면역력이 떨어진 상태라 아무래도 혼자 식당 일을 한 게 큰 무리가 되었나 봅니다. 이럴 때 앓아누운 엄마를 위해 할 수 있는 일이 기껏 청소와 설거지뿐이라니, 세화와 세영이는 참으로 답답할 뿐입니다.

다음 날, 몸이 천근만근인 엄마는 결국 병원을 찾았습니다. 이때 남편처럼 든든한 딸 세화가 엄마와 함께 가겠다고 나섰습니다.

세화가 보기에 그날 엄마는 평소와 달랐습니다. 얼마 전 그 힘들다는 항암 치료를 마치고도 아이들 앞에서 웃고 장난치던 강한 사람이 바로 해장국집 세화의 엄마입니다. 하지만 그날따라 너무도 지친 모습이었고, 병원 진료실에 들어설 때도 긴장한 기색이 역력했습니다.

"콧물감기가 있고, 눈이 아파요. 머리 아프니까 눈도 아파요. 그런데 선생님, 주사는 맞으면 안 된대요. 주사 맞지 말래요. 같이 항암 치료하던 사람이 주사를 잘못 맞아서 살을 다 긁어냈거든요. 항암제가 되게 무서운 건가 봐요."

“그럼요. 백혈구 수치가 떨어지니까 항암 치료 중에 주사나 침은 놓을 수가 없지요.” 병원 의사가 세화를 안심시키며 말합니다.

지금 세상에서 가장 강하던 엄마가 두려움에 떨고 있습니다. 세화는 아무 치료도 할 수 없는 엄마의 상태를 애써 덤덤한 척 바라만 봐야 합니다.

이튿날, 봉덕산 절에서 일하는 할머니도 한달음에 달려왔습니다. 가족들 모두 엄마의 백혈구 수치가 걱정입니다. 엄마는 지난번 백혈구 수치 때문에 치료를 받지 못하고 병원에서 쫓겨 온 적이 있습니다. 그런데 집에 와도 편히 쉬지를 못하니 백혈구 수치가 좀체 늘지 않습니다. 이러다간 앞으로도 계속 마지막 치료를 받지 못할까 봐 세화는 노심초사합니다.

“니들 엄마도 마음이 많이 약해진 모양이야. 할머니한테 언제 죽을지 모르겠다, 이런 소리를 한다. 할머니는 밤에 잠도 안 와. 그렇다고 가게를 안 하면 밥 굶어 죽게 생겼고 ……. 아무튼 세화가 고생이 많다. 고마워. 네가 이렇게 잘해 줘서 고맙다.”

세화는 손에 턱을 괴고 할머니를 가만히 보았습니다. 할머니의 고맙다는 한마디가 큰 힘이 되었지요. 하지만 그만큼 생각도 많아졌습니다.

‘지금은 무엇보다 엄마가 먼저인데, 학교를 잠시 쉬어야 할까? 아님 세영

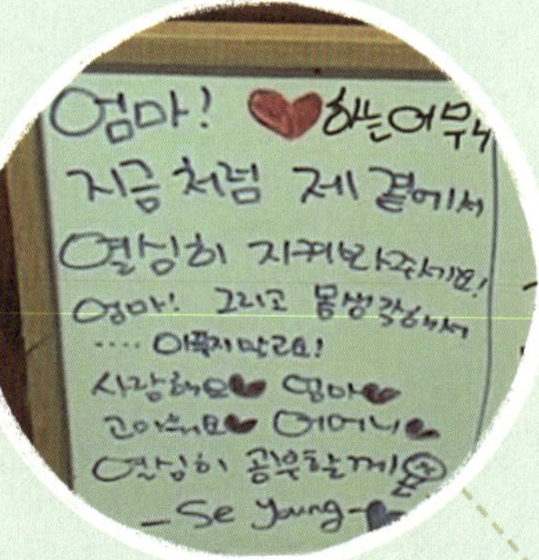

엄마가 안정을
취해야 하는데
식당 일을 계속 해야
하니까 걱정이야

이에게 다시 얘기를 해 볼까?’

세화는 가시가 걸린 것처럼 마음이 답답하고, 또 불편합니다.

며칠 뒤 세화와 세영이가 고된 배달 일을 마치고 식당으로 돌아왔을 때, 자매 앞에 손님 한 분이 찾아왔습니다. 바로 세영이의 담임 선생님입니다.

“엄마하고 얘기를 좀 하려고 왔는데 …….”

“엄마 지금 아파서 주무세요. 적당히 움직이는 게 좋은데, 아까도 배달 일이 벅차서 저희랑 같이 일하셨거든요. 무리가 좀 많이 되어 가지고요.”

세화가 세영이 대신 나서서 말합니다. 개학 이후 세화네 해장국집은 하루하루 버티기가 힘든데, 학교에서 좀처럼 조퇴 처리를 안 해 주어서 굉장히 갑갑하던 차였습니다.

“저한테는 학교가 문제가 아니라 제 가족이 문제예요. 학교는 솔직히 일 년 휴학계 내도 상관없고, 졸업 안 해도 괜찮고, 일단 엄마가 사는 게 중요해요. 선생님도 제 상황이 되면 분명히 저처럼 하셨을 거예요.”

세화가 선생님 앞에서 흥분하며 말합니다. 좀처럼 감정을 드러내지 않던 아이인데, 세상에 하나뿐인 엄마의 고통 앞에 두려움이 큰 모양입니다.

“그래. 고등학교는 의무교육이 아니니까, 안 보낼 상황이 생기면 안 보낼 수도 있어. 하지만 너 자신을 위해 인생에서 가장 소중한 부분을 경험하고, 극복도 해 보고, 노력해 본 사람만이 잘 사는 거야. 학교를 가볍게 여기지 말고, 힘내! 이 녀석아.”

선생님의 진심 어린 이야기가 끝나자 꿋꿋한 만능 소녀 세화가 꾹꾹 눌러 두었던 울음을 터트립니다. 안경 아래로 뚝뚝 떨어지는 눈물을 좀처럼 막을 수 없어서 소녀는 식당 냅킨으로 자꾸만 얼굴을 닦습니다. 이런 모습은 엄마와 꼭 닮았습니다. 씩씩하고 당찬 모습 뒤편에 말없이 우는 가늘고 여린 그림자를 감추어 두었지요. 아주 잠깐 세화도 선생님도 어색하고 당황스러웠지만 서로를 이해하는 시간, 서로에게 바짝 다가서는 시간이었습니다. 선생님은 어려운 환경에서도 바르게 자라나는 제자들이 참 고맙고 대견하기만 합니다.

“세화야, 세영아. 내일도 태양은 뜬다!”

“네!”

선생님이 식당을 떠나기 전에 제자들에게 응원을 남겼습니다. 그날 밤, 세화 세영 자매는 내일이면 떠오를 태양을 마음속에 그리면서 불끈 힘을 내 보기로 했습니다.

다시 며칠이 큰 탈 없이 편안하게 흘러갔습니다. 세화는 컨디션이 좋아진 엄마에게 엄마표 깍두기를 배웠습니다. 손대중으로 고춧가루도 한 움큼 뿌리고, 새우젓과 설탕을 넣어 조물조물 버무렸습니다. 하나 먹어 보니 맛이 끝내줍니다. 엄마 음식 솜씨는 딸이 고스란히 물려받는다니, 세화 음식 솜씨는 ‘따 놓은 당상’입니다.

이 밤, 여섯 가족은 오랜만에 고물고물 거실에 모여 앉았습니다. 엄마가 모처럼 활력을 되찾아 아이들 숙제를 봐 주겠다고 자청했거든요. 공부라면 별 흥미가 없는 고은이도, 숙제라면 끔찍이 싫어하는 주화도, 숙제가 없는 막둥이 민영이도 엄마의 숙제 검사에 모두 신이 났습니다. 엄마가 함께 봐 주니 숙제도 숙제가 아닌 놀이 같습니다. 이때 둘째 엄마 세화도 '기회다!' 하며 아이들 숙제를 꼼꼼히 체크합니다.

세영이는 고2인 만큼 컴퓨터 자격증을 딸지 말지 고민하고 있습니다.

"따. 따자. 너 유아교육과 가면 이 자격증 꼭 필요하다."

세화와 세영이는 야무지게도 벌써 진로를 정해 두었습니다. 세화는 사회복지학과, 세영이는 유아교육학과입니다. 미래를 똑 부러지게 준비하는 게 엄마를 기쁘게 하는 일이란 걸 알기 때문입니다. 세화가 동생 세영이에게 말합니다.

"세영아, 언니는 우리보다 더 아프고 힘든 아이들 보면 마음이 아프거든. 그런 아이들을 상담하면서 점점 더 나아지게 하고 싶어. 나는 아동 청소년 사회복지 분야에서 꼭 일할 거야."

세화는 엄마를 만난 후부터 미래를 꿈꿀 수 있었습니다. 엄마를 만난 후부터 진정한 가족이 생겼습니다. 엄마를 만난 후부터 사랑을 알았습니다. 그래서 세화의 꿈은 소박하고 아름답습니다. 이제 해장국집 큰딸 세화는 엄마를 통해 본 미래, 엄마에게서 받은 사랑을 세상에 나누어 줄 거랍니다. 먼 훗날 어느 날 세화가 열아홉에 꿈꾼 이 특별한 소망들, 모두 다 이루어지면 좋겠어요.

부모화 경험

세영이 담임 선생님의 '내일도 태양은 뜬다'는 희망의 메시지는 세화 가족에게 꼭 필요한 영양분과도 같습니다. 세화처럼 부모가 어려움을 당할 때 자녀들 중 그 역할을 대신하게 되는 경우가 있지요. 자녀가 필요 이상의 과중한 책임감을 가지고 부모의 일을 감당할 때 심리학적으로 '부모화parentification'를 경험한다고 합니다. 일명 '애어른'이라고도 하지요. 부모화란 자녀가 보살핌을 받아야 하는 나이임에도 부모를 보살피는 행동을 발달시킨 경우를 말합니다. 부모화를 경험한 자녀는 우울이나 자기 비난, 낮은 자존감, 과도한 죄의식 등을 갖는 특징이 있습니다. 자신의 내면을 들여다볼 여유도 없이 환경의 요구에 맞추며 성장하기 때문에, 성인이 된 후에도 심리적 어려움을 경험하게 되지요. 반면에 자녀가 보이는 책임감에 대해 부모가 긍정적으로 반응하고 강화해 주면 책임감이나 타인을 배려하는 태도가 증가하기도 합니다. 이렇듯 정반대의 결론이 나는 원인은 무엇일까요? 바로 부모의 태도입니다.

가정에서 부모가 제 역할을 하기 어렵다면 자녀의 어른스러운 행동을 긍정적인 행동으로 인식하여 그것을 강화시키기보다는 부모 역할을 대신할 수 있는 안정적인 주변 성인의 도움을 받는 것이 필요합니다. 자녀의 부모화 경험은 자녀의 자아 개념 형성에 어려움을 초래할 수 있으며, 자녀의 아동기 경험을 빼앗는 결과를 가져오기 때문입니다. 그리고 자녀에게 또래와 함께하는 시간을 통해 그 시기에 경험할 수 있는 일들을 할 수 있도록 하는 배려가 필요합니다.

세화 가족도 어머니가 '아이들에게 학창 시절을 경험하게 하고 싶다'는 마음으로 아픈 몸을 이끌고 다시금 생활 전선에 나서는 모습을 볼 수 있습니다. 이처럼 가족이 함께 어려움을 나누어 지는 것과 함께 자녀가 너무 빨리 자라는 것에 대한 염려도 필요합니다. 세화 어머니의 이런 노력 때문일까요? 막중한 책임감을 가지고 생활하는 세화에게는 현재의 어려움보다 미래에 대한 희망이 보입니다.

부모가 짊어져야 할 책임을 자녀가 감당하게 하고 싶은 부모는 아무도 없을 것입니다. 하지만 가족이 어려움에 처한 경우라면 자녀 또한 막중한 책임감을 가지게 될 수밖에 없지요. 따라서 어쩔 수 없는 상황이 될 때, 주변의 도움과 함께 가족끼리 솔직한 자신의 감정을 공유하면서 짐을 나누어 지고, 서로의 마음을 어루만질 수 있는 사랑을 잃지 않는다면 그 어려움도 넉넉히 극복할 수 있지 않을까요?

열 세 살 태 석 이 삼 촌

조카가 귀찮은 어린 삼촌

" 여기 있다! "

침대 위에 누워 있던 태석이 배 위로 여자아이가 몸을 날립니다. 그리고 뒤이어 조금 더 어린 남자아이가 뒤질세라 그 위로 부러 엎어집니다. 태석이는 오늘도 혼자만의 시간을 가질 틈이 없습니다.

태석이는 올해로 열세 살이지만 몸집은 중학생만큼이나 듬직한 목장 집의 막내아들입니다. 그렇다면 태석이한테 껌 딱지처럼 붙어 있는 이 두 꼬마는 누굴까요? 동생들이 아닙니다. 위로 열다섯 살이나 차이 나는 형님의 아들딸, 그러니까 조카들입니다. 부모님의 늦둥이로 태어나서 어린 나이에 벌써 조카들이 둘, 엊그제 태어난 아기까지 포함하면 조카들이 셋이나 있는 삼촌이 되어 버렸습니다. 귀엽고 말 잘 듣는 동생 같은 조카들이라면 즐겁기만 하겠습니다만 두 녀석은 그것과는 반대입니다. 첫째 조카인 일곱 살 난 정희는 왈가닥에 삼촌 따라쟁이고, 여섯 살 난 윤상이는 못 말리는 떼쟁이입니다. 삼촌의 일거수일투족을 함께하며 삼촌 없이 못 사는 개구쟁이다 보니 태석이는 하루하루가 고달프기만 합니다. 그래도 태석이는 목장 일로 바쁜 아버지, 형님, 아기 보기와 집안일로 바쁜 어머니, 형수님을 대신해 조카들의 유치원 등원을 책임지고, 틈이 나면 유치원에 들러 조카들을 보살피기도 합니다.

학교 수업 시간에 각자의 인생 좌우명과 꿈을 말하는 시간을 가졌습니다. 친구들이 저마다의 좌우명과 꿈을 이야기하자 태석이도 손을 들어 발표했습니다.

"저는 로봇과학자가 꿈입니다. 더 구체적으로는 축산업에 도움이 되는 로봇을 만드는 것입니다."

목장 일로 힘들게 고생하는 아버지와 형님에게 도움이 되고 싶은 마음에 가지게 된, 아주 기특한 꿈입니다.

"그리고 가족에 관해서는 자랑스러운 삼촌이 되는 것입니다."

선생님은 이 부분에 대해 태석이에게 질문합니다.

"잘 들었어요. 그런데 자랑스러운 삼촌에 대한 설명을 좀 더 듣고 싶은데?"

선생님의 말에 태석이가 의젓하게 대답합니다.

"어린 나이에 삼촌이 되기는 힘들잖아요. 그런데 저는 됐으니까, 좋은 일이라고 생각해요."

첫째 조카인 정희가 태어나던 해, 일곱 살 태석이는 어린 삼촌이 되었습니다. 태석이의 발표를 듣고 친구들이 이것저것 물어보았습니다. 자신들이 겪지 못한 경험이 궁금하기 때문입니다.

"애들 돌보는 로봇도 만들어!"

"응?"

"근데 조카들이랑 싸우기도 해?"

"응!"

"왜 싸워?"

"너네도 동생하고 싸우지 않아?"

"난 동생 없는데 ……."

친구 중 하나가 대답하자 태석이가 말합니다.

"그럼 유치원에서 가서 한번 애들하고 놀아 줘 봐."

태석이네 집은 부모님에 형님 내외, 조카도 셋이나 있고 바로 이웃에 할머니, 할아버지도 사는 대가족이지만, 어떤 친구는 동생조차 없는지 태석이의 상황을 좀처럼 이해하지 못합니다.

학교가 끝나고 태석이는 버스를 타러 급히 달려갑니다. 발걸음에 활기가 묻어 있습니다. 오늘은 태석이가 가장 좋아하는 학원 수업이 있는 날이기 때문입니다. 바로 로봇 조립 교실입니다. 부품을 이리저리 조립하는 모습이 자못 진지합니다. 그래서인지 시작한 지 얼마 되지도 않았지만 벌써 큰 대회에서 두 번이나 입상할 정도로 실력을 갖추었습니다. 그러하다 보니 돌아오는 로봇 올림피아드 대회에도 아주 관심이 많습니다.

"로봇 올림피아드 대회가 오 일간 열리는데 오 일 내내 참가하겠다고?"

선생님의 말에 태석이는 조립판에서 고개도 들지 않고 대답합니다.

"네."

"의욕이 지나친 거 아닐까? 그렇게 참석하다가 쓰러질 수도 있어."

"자신 있어요."

태석이에게 체력적으로 힘든 것은 전혀 걱정할 문제가 아닙니다. 틈틈이 목장 일을 돕기 때문에 상당히 다부진 몸을 가지고 있기 때문입니다.

“목장 일을 통해 심신이 단련되어 있어서 괜찮은 모양이구나.”

선생님도 그런 태석이를 잘 알기에 납득하는 겁니다.

태석이는 로봇의 세계를 우연히 접했지만 알면 알수록 이 세계에 빠져들었습니다. 아버지와 형님을 대신해 힘든 목장 일을 할 로봇을 만들겠다는 분명한 목표 덕에 더 집중할 수 있습니다.

다음 날, 태석이는 형수님 심부름으로 할머니 댁에서 고구마를 가지고 왔습니다. 그런데 그런 태석이에게 조카가 대뜸 엉뚱한 소리를 했습니다.

“엄마, 고구마 윤상이가 들고 왔어.”

“뭐? 삼촌이 안 들고 왜 조카를 시켜.”

형수님이 주방으로 간 사이 태석이는 정희를 잡으며 똑바로 말하라고 시킵니다. 하지만 정희는 윤상이가 가져왔다는 소리만 하고, 그 모습을 본 형수님은 조카들을 협박하지 말라고 말합니다. 어린 도련님을 놀리려고 한 말이지만 태석이는 조카들에게 제대로 골탕 먹은 것 같아 기가 막힐 뿐입니다. 그런 데다 형님께 먹을거리를 전하러 가야 했습니다. 새벽부터 시작하는 일 때문에 형님은 축사 옆에 마련한 방에서 숙식을 하고 있기 때문이죠. 태석이는 영 마음이 내키지 않습니다.

“파리 열 마리만 잡고 가.”

형님은 태석이를 보자마자 퉁명스럽게 대하며 일을 시킵니다. 가뜩이나 나이 차이도 많고 몸집도 큰데 늘 태석이에게 무섭게만 대하는 형님입니다. 태석이는 이래서 오는 것이 내키지 않았던 것입니다.

“여기, 여기. 한데 잘 모아 놔.”

“여기 발에 붙었다. 빨리.”

“천천히 잘 때려라.”

형님은 소파에 기대 실컷 잔소리만 합니다. 어쨌든 하라는 대로 열심히 파리채를 이리저리 휘둘러 보지만 형님 앞에서 쪼그라든 마음 때문인지 파리가 잘 잡히지는 않습니다. 급기야 형님은 이렇게 말합니다.

"가라. 파리도 제대로 못 잡고."

이렇게 핀잔만 주는 형님이 태석이는 야속하기만 합니다.

그다음 날, 축사에서는 한 생명이 세상으로 나왔습니다. 젖소가 귀여운 송아지를 출산한 것입니다. 엄마의 품과는 달라 낯설기만 한 세상이 두려운 듯 송아지는 몸을 떨며 뒤뚱거립니다. 송아지가 태어나자마자 태석이에게 한 달 동안 중요한 임무가 주어집니다.

"네가 아침마다 송아지한테 우유 줘야 돼. 아침 일찍, 학교 가기 전에 여기 들러서!"

형님의 당부에 태석이는 연신 고개를 끄덕입니다.

어미젖을 담은 우유 통을 송아지에게 갖다 대었습니다. 몇 번 피하던 송아지가 이내 우유 통에 달린 꼭지를 물며 힘차게 우유를 빨아들였습니다. 태석이는 송아지가 예쁘고 귀엽게만 느껴집니다. 한편으로는 조카들도 저 송아지처럼 조그마한 아기일 때가 귀여웠다는 생각을 했습니다. 그런데 어느새 저렇게 커서 자신의 속을 썩이는 장난꾸러기가 되었습니다. 생각만 해도 한숨이 푹푹 나옵니다.

태석이는 방에 들어가 탁자를 펼치고 로봇 조립판을 꺼냈습니다. 로봇 대회가 이제 한 달여밖에 남지 않아 집에서도 연습해야 했기 때문입니다. 이때만큼은 아무에게도 방해받고 싶지 않아서 조카들을 피해 방문도 닫아 겁니다. 하지만 아니나 다를까 삼촌과 놀고 싶은 정희와 윤상이가 문을 열

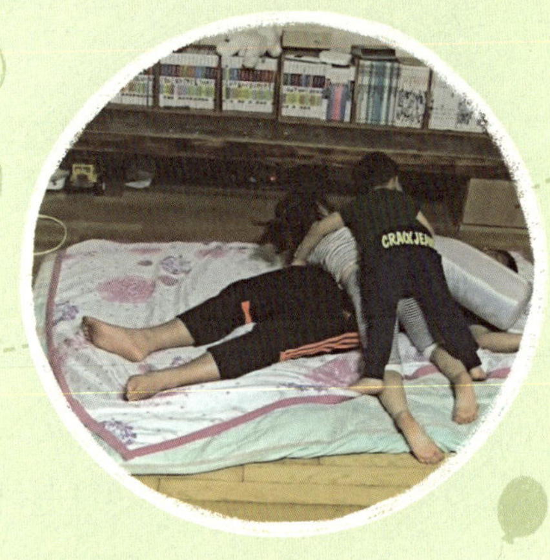

조카 정희와 윤상이도
송아지처럼 조그마한 아기일 땐
귀여웠는데…….

어 달라고 떼를 씁니다. 조카들이 하도 떼를 쓰자 아버지가 들어와 한마디
하십니다.

"작은아버지가 될 녀석이 그러면 되겠니?"

태석이는 기어들어 가는 목소리로 말합니다.

"아니요."

"그럼 조카들 잘 데리고 놀아."

아버지의 호통에 태석이는 순간 꿀 먹은 벙어리가 됩니다. 그저 탁자 앞
에 앉은 조카들에게 작은 소리로 으름장을 놓을 수밖에요.

"만지지 말고 보기만 해."

하지만 호기심 많은 꼬마들이 가만히 보고 있을 리가 없습니다. 조카 정
희와 윤상이가 부품에 슬금슬금 손을 대기 시작합니다. 안 그래도 조카들
에게 신경이 쓰여 집중할 수가 없는데, 정희가 기어코 부품을 만져 망가뜨
리고 맙니다. 이러니 태석이도 몹시 화가 납니다. 그래서 조카 정희의 팔을
툭 치며 야단을 치고 맙니다.

"너, 나가! 그럴 거면."

정희가 나가자 이에 질세라 윤상이가 소리를 칩니다.

"아빠, 삼촌이 누나 팼어!"

"울린 것도 아니잖아."

태석이는 억울해서 이렇게 외칩니다. 그러나 잠시 후, 방으로 형님이 들
어왔습니다. 형님을 보자 태석이의 마음이 더 울렁거려 이제 눈물부터 나
려고 합니다.

"계속 만지니까 그러는 거 아냐."

"뭘?"

도끼눈을 한 형이 태석이를 몰아세웁니다.

"재료도 별로 없는데 정희가 만져서 망가진다고."

"가지고 논다고 부서져? 다시 맞추면 되잖아."

"플라스틱이라 잘 부서져서 동강 난다고."

"사 주면 될 거 아냐? 네가 어린애니? 왜 애랑 같은 대우를 받으려고 해?"

초등학생인 자신도 아직 아이인데, 조카 편만 들면서 자신의 마음을 전혀 알아주지 않는 형님이 태석이는 마냥 야속하기만 합니다. 그간 쌓였던 억울함이 물밀 듯 밀려들어 눈물이 자꾸 흐릅니다. 형님이 나가고 아버지가 다시 들어와 태석이를 타일러 보려고 합니다.

"조카 아니냐? 작은아버지가 왜 그래?"

아버지의 말에 태석이는 속상한 마음이 폭발하고 말았습니다.

"누가 삼촌 되고 싶댔어?"

"그럼 어떡하니? 조카가 셋이나 생겨 버렸는걸."

아버지의 그런 말에도 태석이의 속상한 마음은 누그러지지 않습니다.

"둘 중에 하나는 다시 배 속으로 들어가면 좋겠어요!"

태석이가 버럭 소리를 지릅니다. 늘 참기만 해야 하는 상황에 화만 났지요. 어린 태석이 입장에서는 이런 상황이 조금은 억울할지도 모르겠습니다.

이 일이 있고 며칠 후, 태석이 친구들이 목장 집에 놀러 왔습니다. 신기한 듯 축사를 구경하는 친구들 앞에서 태석이는 자신이 돌보고 있는 송아지를 자랑했습니다. 송아지는 다리에 제법 힘이 붙어 태석이를 쫓아 달리기도 했습니다. 이윽고 송아지 구경이 끝나자 태석이는 친구들과 함께 소에게 짚을 먹였습니다. 태석이에게는 일상이지만 친구들에게는 신기하고 생생한 체험이었습니다.

그날 정희와 윤상이도 한껏 들떠서 삼촌의 친구들을 쫓아다녔습니다. 그 사이 어머니께서 먹을거리를 준비했습니다. 목장에서 나는 신선한 우유로 만든 팬케이크와 셰이크 등 먹음직스러운 간식들이 그날 뛰어노느라 배고픈 아이들을 기다리고 있었습니다. 친구들이 즐거워하는 모습을 보자 태석이도 기분 최고입니다. 하지만 얼마 후 태석이의 머릿속은 아주 바쁘게 움직입니다. 어떻게 하면 조카들을 떼어 놓고 친구들과 놀러 나갈지, 고민이 시작된 것입니다.

방에 모인 태석이와 친구들은 한 명씩 몰래 집 밖으로 나가기로 모의했습니다. 흡사 007 대작전처럼 긴장감이 감돕니다. 하나, 둘, 셋 …… 태석이를 끝으로 작전이 성공한 듯했는데, "삼촌, 어디 가?" 하는 조카들의 목소리와 함께 기대는 와르르 무너지고 말았습니다. 삼촌을 찾는 데 귀신같은 감각을 가진 조카들에게서 빠져나가기란 여간 어려운 것이 아닙니다. 조카들과 함께 놀면 다칠까 봐 계속 감시해야 하니 마음껏 놀 수가 없습니다. 감자밭에서 놀 거리를 찾은 태석이가 묘안을 짜냈습니다. 밭으로 들어오려는 정희와 윤상이에게 이렇게 소리를 쳤습니다.

"여기 벌레 있다. 무서운 벌레."

삼촌의 말에 조카들은 겁을 먹고 밭으로 들어오지 못했습니다. 그러면서 얼른 나오라며 알아들을 수 없는 노래만 불렀습니다. 태석이는 이제야 마음 놓고 밭에서 친구들과 감자 꽃을 따며 놀았습니다. 감자 꽃을 따면 감자가 자라는 데 도움이 되니 놀면서 좋은 일을 하는 셈입니다.

그런데 정신없이 친구들과 노느라 젖소들 젖 짜는 일에 늦었습니다.

"놀면 돼, 안 돼?"

형님이 도끼눈을 하고 태석이를 야단칩니다. 태석이는 자신을 무섭게 다그치기만 한 형님이 미워서 말도 않고 묵묵히 일만 하다 돌아왔습니다. 이렇게 엄하게 혼나는 날은 목장을 벗어나고만 싶습니다. 조카들에게는 어른처럼 굴기를 바라고, 혼낼 때는 아이처럼 대하는 형님에게 서운한 감정만 계속 쌓여 갑니다.

"삼촌 어디 갔지?"

"못 찾겠다, 꾀꼬리!"

다음 날 오후 정희가 태석이 삼촌을 찾으러 다닙니다. 정희와 윤상이가 집 안 구석구석을 살핍니다. 하지만 어디에도 태석이의 모습은 없습니다. 조카 정희는 곧장 증조할머니 댁을 찾습니다.

"할머니, 삼촌은요?"

증조할머니는 어리둥절한 얼굴로 고개를 가로젓습니다.

정희는 애가 타는지 창고며 비닐하우스 구석구석까지 몽땅 뒤집니다. 하지만 여전히 삼촌의 흔적도 발견할 수 없습니다.

"진짜 어디 간 거지?"

그 시각, 태석이는 조카들의 애타는 마음도 모른 채 친구 다빈이네에서 놀고 있었습니다. 삼촌 역할은 물론 목장 일꾼 역할도 내팽개치고 모험을 강행했습니다. 각종 의무에 대한 반항심이 극에 다다른 것이지요.

"정희랑 윤상이는 어떻게 하고 왔어?"

친구들이 걱정스러운 듯 물었습니다.

"그때, 방 탈출할 때처럼, 딴짓할 때 나왔지."

아무렇지 않게 답하기는 했어도 태석이의 마음이 편할 리는 없습니다. 그때 다빈이 어머니께서 간식을 내오시며 말합니다.

“정희랑 윤상이도 데려오지.”

“저를 때리고 괴롭혀요. 데리고 다니기 싫어요.”

삼촌을 때리고 괴롭히는 것도 애정 표현이라고, 그렇게 대가족이 한 울타리에서 떠들썩하게 함께 사는 게 얼마나 다복하고 좋으냐며, 친구 어머니께서 부럽다는 듯 말합니다.

‘제 처지가 되어 봐야 아시겠지요.’

태석이는 친구 어머니가 간식으로 내주신 떡볶이만 묵묵히 입안에 넣습니다. 그 누구도 자신을 온전히 이해하지 못할 거라는 생각입니다.

그날 밤이었습니다. 태석이는 집으로 가지 않고 할머니 댁으로 향했습니다. 집에 혼날 일이 있거나 말 못 할 고민이 있으면 태석이는 늘 할머니 품을 찾습니다. 할아버지, 할머니에게 태석이는 언제까지나 눈에 넣어도 안 아픈 귀한 손자입니다. 그래서 무슨 잘못을 저질러도 다 품어 주지요.

“조카 태어나니까 그만큼 사랑 못 받는 것 같아 섭섭하지?”

할머니 곁에 자리를 펴고 누워서 이렇게 자신의 마음을 잘 아는 할머니의 위로를 받으니 기분이 좀 나아지는 것 같습니다. 가족에게서 상처를 받아도 이렇게 또 가족에게 위로를 받을 수 있습니다. 이런 것이 대가족의 힘입니다.

다음 날, 태석이는 일찌감치 목장으로 나가 송아지에게 우유를 먹입니

다. 새날처럼 기분도 신선해지다 보니 쑥쑥 자라는 송아지를 봐도 기분이 좋고, 착유실에 가서도 자발적으로 일을 시작합니다. 형님이 시키는 대로 다루기 쉽지 않은 기계들도 알아서 잘 정리합니다. 그 모습을 흐뭇하게 지켜보던 형님이 일 끝나고 돌아가는 길에 태석이의 어깨에 팔을 두르며 말합니다.

"내가 너 미워서 그러겠니? 네가 좀 더 책임감 있게 자랐으면 해서 그러는 거지."

그렇게 무섭게 야단만 치는 형님인 것 같아도 태석이가 열심히 노력하고 있다는 사실을 잘 아는 것입니다. 태석이도 이런 형님의 말에 서운했던 마음이 눈 녹듯 녹아 버립니다. 좀 더 시간이 지나면 형님을 더 잘 이해하게 될 날이 오리라 생각하면서요.

형님이나 부모님보다 조카들 눈치를 봐야 하는 태석이가 조카들을 두고 부모님과 함께 시내로 향합니다. 얼마 전 조카들이 망가뜨린 로봇의 부품을 사기 위해서지요.

그런데 만약 조카들과 함께 나선다면 모든 계획은 허사가 될 겁니다. 조카들을 떼어 놓지 못하면 로봇 부품은커녕 시장만 보고 돌아와야 하기 때문입니다. 이 하루, 부모님은 태석이가 그간 속병을 앓은 것을 위로하기 위해, 조카들을 놔두고 부모님하고만 따로 셋이서 시내에 가고 싶어 하는 태석이의 소원을 들어주기로 했습니다.

이윽고 울며불며 차 뒤를 따라붙는 정희와 윤상이를 떼어 놓고 간신히 시내로 출발했습니다. 아버지는 "저렇게 떼어 놓고 가서 마음이 아프다"라고 하시면서도 지난번과 달리 이번에는 차를 멈추지 않았습니다.

이날 태석이는 동네 떠나가라 우는 조카들 때문에 뒤통수가 간질거리면서도 한편으론 삼촌에서 벗어나 온전히 부모님 아들로서 보내는 이 시간이 너무나 행복했습니다. 로봇 박물관도 가고 좋아하는 중국 음식점에도 가고, 눈과 입이 제대로 호강했습니다.

"함께하니까 즐거운 거야. 그치? 우리가 몇 대 가족?"

"사대."

"그래. 다음에도 일 열심히 하면 아빠가 또 데려와 줄게."

아빠의 말에 태석이는 고개를 힘껏 끄덕입니다. 따뜻한 기운이 태석이의 마음속에서 뭉글뭉글 피어올랐습니다. 어쩐지 얄밉기만 했던 조카들도 갑자기 보고 싶었습니다. 열세 살 태석이는 누가 뭐래도 둘, 아니 세 조카들의 멋진 삼촌입니다.

책임감

누군가를 사랑한다는 것은 결과적으로 '책임감'이라고 생각합니다. 보호해 주고, 배려하며, 인내하도록 만드는 많은 책임감의 요소들은 실제로 감당하기 어려운 일입니다. 그래서일까요, 요즘 아이들에게 책임감이라는 말이 참 낯설게 들립니다. '온실 속의 화초'라는 표현이 더 적절한 단어인지 모릅니다. 그래선지 자녀들이 힘든 일을 경험하지 않도록 하려고 그 일을 직접 처리하는 부모님을 자주 볼 수 있습니다. 그 배경에는 어려움이 없는 삶이 곧 행복한 삶이라고 생각하는 마음이 있다고 봅니다.

물론 평온함도 행복의 범주에 속하지만, 어려움을 해결하는 성취감도 행복의 중요한 요소입니다. 책임감이야말로 모두가 더불어 행복하게 살기 위한 중요한 전제 조건입니다. 따라서 인내하고, 남을 배려하며, 때론 양보하는 훈련이 필요합니다.

이 글에 나오는 주인공 태석이는 어린 나이에 벌써 조카들을 돌보고, 목장 일을 돕는 등 자기에게 주어진 책임을 다하고 있습니다. 하지만 어린 태석이에게 책임감의 무게가 다소 무겁게 느껴지기도 합니다. 아직은 보호받으며 관심의 대상이 되어야 할 어린아이니까요. 친구와 시간을 갖거나, 부모님과의 특별한 시간을 갖고 싶은 태석이의 욕구가 좌절당하는 것을 볼 수 있습니다.

이러한 욕구의 충족 없이 책임감만 요구한다면 자녀의 마음에 억울함이 쌓이게 되겠지요. 그렇게 되면 이 책임감은 마음의 짐이 될 수 있습니다. 따라서 책임감과 함께 특별한 관심도 필요합니다. 이와 같은 균형 속에서 올바른 책임감이 자랄 수 있을 테니까요.

책임감은 사랑의 또 다른 표현입니다. 그 힘이 서로를 배려하고 가족을 위한 양보의 마음을 불러일으킵니다. 자녀에게 책임을 지는 일을 맡기지 않는 것보다는, 책임과 함께 특별한 사랑을 경험하게 하는 그 균형이 필요할 것입니다.

누 나 는 금 지 옥 엽

누나는 무서워

"뽀뽀! 나 업어 줘."

요즘 들어 현중이는 자신이 남자로 태어난 것이 얼마나 억울한지 모릅니다. 이게 다 얄미운 누나 때문입니다. 아영이 누나는 틈만 나면 아빠에게 갖은 애교를 떨어 점수를 땁니다. 하지만 현중이는 누나의 본모습을 알고 있습니다.

"김현중! 빨리 풀어. 십 초 만에 풀어, 이 바보야. 그것도 모르냐?"

아빠만 없으면 때리고 욕하고 고래고래 소리를 지르는 누나입니다. 이게 아영이 누나의 진면목이지요. 지난 십일 년 동안 누나에게 당하고 산 걸 생각하면 얼마나 서러운지 모릅니다. 피할 수도, 덤빌 수도 없는 무시무시한 누나의 존재 앞에서 현중이는 자꾸만 작아집니다.

긴 겨울이 지나고 현중이가 사는 강원도 산골에도 반가운 봄이 왔습니다. 그런데 현중이네 오 남매는 아직도 겨울잠을 자는 중인가 봅니다.

"형아, 일어나!"

막내 민성이의 고함 소리에 가장 먼저 눈을 뜬 건 셋째 아영이 누나입니다. 현중이네 오 남매 중 제일 목소리가 큰 아영이가 일어났으니 다른 형제들도 늦잠 자긴 글렀습니다.

"빨리 일어나! 일어나라고!"

결국 둘째 완중이 형도 잠에서 깼습니다. 이 난리 통에도 굳건히 잠을 청하는 이는 넷째 현중이밖에 없습니다. 유난히 아침잠이 많은 현중이를 깨우려면 보통 손이 가는 게 아닙니다. 아영이 누나는 매운 손으로 현중이 엉덩이를 찰싹찰싹 때립니다. 이쯤 되면 당할 도리가 없습니다. 현중이는 항복하고 자리에서 일어납니다.

현중이네 집 지붕 아래에는 유난히 많은 식구들이 삽니다. 첫째 효중이 형, 아빠와 엄마, 그리고 할머니까지 더해 모두 여덟 명이나 되는 대가족입니다. 그중 최고 권력자는 다름 아닌 금지옥엽 아영이 누나입니다.

"아, 이뻐. 아영이 많이 먹어."

아빠는 하나뿐인 딸을 세상에서 가장 사랑하는 딸 바보입니다. 집 안에서 아빠와 누나의 두 눈 뜨고 볼 수 없는 닭살 행각이 수시로 이어집니다. 현중이가 아빠와 누나의 애정 행각을 목격한 지도 어언 십일 년째. 이제는 모른 척 외면하는 경지에 이르렀습니다만, 아빠라는 든든한 배경을 두고 자주 패악을 부리는 누나가 영 마음에 들지 않는 건 사실입니다.

"효중이하고 완중이, 현중이는 차에 빨리 타."

아빠의 단호한 목소리가 산등성이에 울려 퍼집니다. 아무래도 일요일 아침부터 남자들의 수난이 시작될 모양입니다.

"아영이는 민성이 잘 보고 있어."

"싫어. 난 더 잘 거야."

아빠 말에 누나는 방으로 쏙 들어갑니다. 여자로 태어난 게 무슨 특혜라도 되는 건가요? 아빠는 유독 아들들에게만 엄격하게 대하니 억울한 노릇입니다. 남자 많은 집에 하필 남자로 태어난 것이 죄라면 죄입니다. 아빠는 농사일을 하면서 작은 펜션도 운영하고 계신데 이불 털기, 세탁, 창문 닦기 등 봄 대청소를 하기 위해 이른 아침부터 집안 남자들을 모았습니다.

"옆으로. 그렇지, 그런 식으로 열 번씩만 턴다!"

"하나, 둘, …… 열. 아빠, 근데 왜 아영이 누나는 군대 안 가?"

"여자니까 안 가지."

"아영이 누나가 나보다 힘도 세고 싸움도 잘하는데?"

현중이가 아빠의 말에 반문합니다. 세상에는 참 이해 못 할 일도 많은데 지금이 딱 그렇습니다. 현중이와 형제들이 힘들게 일을 하고 있는 지금 이 시각, 힘도 세고 무거운 것도 척척 잘 드는 아영이 누나는 단지 여자라는 이유로 따뜻한 방 안에 누워 단잠을 청할 수 있습니다.

"허튼소리 말고 가서 고추 말뚝 뽑아!"

현중이가 아무리 투덜대 봐야 아빠의 말은 지킬 수밖에 없는 상관의 명령과도 같습니다. 작년 한 해 지었던 고추 농사의 흔적을 깨끗이 지워 버리는 것이 그날의 두 번째 임무였습니다. 현중이도 인간인지라 짜증이 샘솟습니다.

"아영 누나는 여자라고 안 하고 ……."

"그럼 니가 여자 하든가."

현중이 말에 아빠가 퉁명스럽게 대꾸합니다. 내색은 하지 않아도 효중이, 완중이 형도 이 상황이 짜증스러운 건 마찬가지입니다. 그런데 그때 엄마가 새참을 들고 나타났습니다. 현중이는 사막에서 오아시스를 발견한 것처럼 엄마와 새참이 그렇게 반가울 수가 없습니다.

하지만 불청객도 왔습니다. 아영이 누나는 뭐하러 여기까지 따라온 걸까요? 무슨 이산가족 상봉도 아니고, 아빠와 누나는 만나기만 하면 반갑고 좋다고 난리입니다. 아빠 앞에서 갖은 애교를 떠는 누나가 눈엣가시 같습니다.

"아영아, 이것 좀 먹어 봐. 아영이 먹고 아빠 먹을게, 조금만. 아, 이뻐!"

누나는 일도 안 해 놓고 새참을 잘도 먹습니다. 게다가 딸 가진 아빠들은 다 저런 걸까요? 아빠는 아들들 앞에선 호랑이 같다가도 누나 앞에서는 순한 양이 되어 버립니다. 현중이는 맛있는 빵 새참도 고무 씹듯이 질겅질겅 씹어 넘깁니다. 이제까지 누나에게 받은 스트레스를 이 빵처럼 꼭꼭 씹어서 삼켜 버릴 수 있으면 좋겠습니다. 사실 아빠는 누나에게 속고 있는 겁니다. 누나의 본모습을 현중이는 아주 잘 알고 있습니다. 아빠 앞에서 진실을 밝힐 수도 없고, 모른 척하자니 속이 부글거리고, 괜히 지나가는 강아지에게 화풀이를 하고 맙니다.

최근 들어 현중이는 누나와 함께 수영을 배우고 있습니다. 같이 수영을 배우는 동안 아영이 누나에 대해 더 많이 알게 되었습니다.

"하나, 둘, 쭉 펴. 머리 가만있고, 발 올리고!"

아직 수영 걸음마 단계인 현중이에 반해 누나의 수영 실력은 수준급으로, 각종 수영 대회에 나갈 때마다 상이란 상은 다 휩쓸 정도입니다. 작년 봄에는 학교에서 수영을 잘하는 학생들에게 주는 장학금까지 받았을 정도입니다.

현중이에게 세상에는 세 종류의 인간이 있습니다. 남자, 여자, 그리고 누나! 괜히 장난 한번 쳤다가 잘못 걸리는 날에는 뼈도 못 추립니다.

“까불래, 안 까불래? 까불 거야, 안 까불 거야, 어? 하지 마, 누나가 시키는 대로 해. 팔을 쭉 뻗어, 세게 당겨. 빨리 당기지 말고. 그리고 발 세게 차. 알았어?”

“안 해, 안 해. 누나 계속 때리잖아!”

“짜증 나게 할래, 어?”

말투까지 아빠를 꼭 빼닮아 뭐든지 명령조입니다. 자존심이 상한 현중이는 괜히 반항심이 생깁니다. 하지만 웬만한 장정도 때려잡을 것 같은 누나의 기에 처참하게 눌리고야 맙니다. 아빠는 누나가 연약한 여자이기 때문에 보호해야 한다고 하지만, 누나의 어디가 어떻게 연약하다는 건지 현중이는 도통 알 수가 없습니다. 누나는 현중이가 넘기에는 너무 높은 산입니다.

겨울 방학이 끝나고 개학을 하자마자 누나는 전교생이 보는 앞에서 또 상을 받았습니다. 지난번에 수영 대회에 나가서 또 은메달을 땄기 때문입니다. 뭐든 잘하는 팔방미인 누나가 자랑스러워야 하는 건데, 현중이는 도리어 화가 납니다. 이제는 어떻게 해도 누나를 이길 방법이 없어 보입니다. 게다가 누나는 현중이가 제일 싫어하는 공부까지 잘합니다. 현중이는 성적도 수영처럼 바닥을 헤엄쳐 다니는데, 누나는 공부도 1등, 수영도 1등입니다.

다음 날, 현중이네 오 남매는 오랜만에 엄마와 함께 춘천 시내로 나들이를 나왔습니다. 이제 중학교 1학년이 된 완중이 형의 새 교복을 사기 위해서입니다. 비록 교복이라도 새 옷을 산다니 형은 얼마나 좋을까요? 현중이도 새 옷을 간절히 원하는데, 심지어 엄마는 아영이 누나에게만 새 옷을 사 줄 모양입니다.

“됐어? 이게 마음에 들어?”

“응!”

아빠뿐만 아니라 엄마도 누나가 딸이어서 더 예쁜가 봅니다. 그간의 서러움이 밀물처럼 밀려오는지 현중이는 옷가게 문밖에 서서 결국 울음을 터트립니다.

“왜 울어, 울지 마. 뭐 갖고 싶은데, 응? 아들, 엄마가 어떻게 해주면 좋을까?”

엄마는 깜짝 놀라 현중이를 달랩니다. 하지만 달래는 순간도 아주 잠깐입니다. 현중이의 눈물에도 상황은 크게 달라지지 않습니다. 결국 완중이 형은 새 교복을 샀고, 누나도 덩달아 새 옷을 얻었고, 현중이는 완중이 형의 헌 옷을 받았습니다.

“또, 형 입던 거 입어야 돼?”

“그럼 어떻게 해. 이거 다 새거잖아. 이거 봐, 몇 번 못 입었어.”

“아니잖아, 백 번 넘게 입었잖아.”

“아니야, 멋있어. 네가 정말 부러워했던 완중이 형 옷이잖아.”

엄마는 늘 이런 식입니다. 아들 넷 중 셋째로 태어난 탓에 새 옷 구경하기란 하늘의 별 따기입니다. 현중이가 이번에는 그냥 넘어가지 않을 요량으로 엄마에게 짜증을 부리고 있는데, 형과 누나는 밖에서 아주 염장을 지릅니다. 집으로 돌아온 뒤 거실에서 완중이 형의 패션쇼가 벌어진 겁니다. 잠시 후에는 아영이 누나까지 새 옷을 입고 나와서 아주 난리가 났습니다. 불난 데 기름을 붓는 것도 아니고 현중이는 계속 마음이 상합니다. 정말로 새 옷을 갖고 싶다기보다는 엄마, 아빠의 관심을 더 받고 싶은 마음입니다. 현중이의 속내를 알아주는 이가 이 집안에는 없는 것만 같습니다.

다음 날 아침, 엄마는 현중이에게 새 옷을 사 주지 못한 미안함 때문에 더욱 마음을 씁니다. 하지만 현중이는 고개를 푹 숙인 채 무거운 걸음으로 학교에 갑니다.

이윽고 수업이 시작되고 누나가 있는 6학년 교실에 새 소식이 전해졌습니다.

"자, 여러분. 6학년이 되었는데요. 6학년 중에 전교 어린이 회장이 나와야 돼요. 어떤 친구가 입후보하고 싶은지 회장, 부회장 나갈 친구 손들어 볼까요? 그래요, 아영이하고 종신이하고 현경이? 아영이도 하고 싶어요?"

"네."

아영이 누나는 전교 어린이 회장 선거에 출마를 하려나 봅니다. 이러다 덜컥 회장이 되기라도 하면 가뜩이나 높은 누나의 콧대가 더 높아질 텐데……. 현중이는 마음이 조마조마합니다.

그날 오후, 누나는 토라진 현중이를 따라다니다 말고 막내 민성이를 데리고 놀았습니다. 화장 놀이를 하려나 봅니다.

"민성이, 여자 할래? 남자 할래?"

"여자."

"정말? 왜?"

"그냥."

"그럼, 민성이 매니큐어 바르자. 매니큐어도 바르고, 반짝이도 하고. 알았지?"

이럴 때 여자 형제를 자처하며 함께 있어 주는 막내가 얼마나 고마운지 모르겠습니다. 생각해 보면 아영이도 형제들에게 서운한 것이 많습니다. 그래서 자매가 있었으면 좋겠다, 한두 번 소원을 빌었던 것이 아닙니다. 노는 방식도 취향도 다른 남자 형제들 틈에서 살아가려면 누나도 남자처럼

행동할 수밖에 없었습니다. 사실 아빠도 아영이가 마냥 예뻐서라기보다는 안쓰러운 마음이 더 커서 편이 되어 주신 겁니다.

그런데 집으로 돌아와 이 광경을 목격한 현중이는 저게 또 무슨 짓인가 싶어 어이가 없습니다. 누나가 민성이에게 립스틱을 발라 주고 있습니다. 멀쩡한 남자아이에게 여자들이 하는 화장을 해 놓다니 ……. 현중이는 아영이 누나가 도통 이해가 가지 않습니다. 하지만 무서운 누나 등쌀에 나서서 대놓고 말릴 수는 없습니다. 현중이는 멀찌감치 떨어져 상황을 지켜보기로 합니다. 거울을 들여다보며 좋아하는 막내는 진짜 자신이 여자라고 생각하는 걸까요?

"바보야, 너 남자라고. 바보야!"

현중이는 괜스레 막내에게 소리를 질러 답답한 마음을 전합니다.

다음 날 아침, 학교에는 어린이 회장 선거에 출마하는 세 후보의 포스터가 나란히 걸렸습니다. 현중이는 누나의 포스터조차 얄미워 보입니다. 누나를 향한 분노가 현중이의 장난기도 잠재운 건지 현중이는 부쩍 말수도 없어졌습니다. 모르긴 몰라도 누나는 절대 안 뽑을 생각인가 봅니다. 현중

누나도 빨리 일해!
힘도 나보다
훨씬 세잖아!

이 마음 같아서는 어린이 회장 선거에 뚝 떨어져서 아영이 누나의 콧대가 납작해지면 속이 다 시원하겠습니다.

드디어 결전의 날이 밝았습니다. 총 45명의 전교생이 모처럼 강당에 함께 모였습니다. 전교 어린이 회장 선거를 앞두고 교내에는 긴장된 분위기가 가득합니다. 세 명의 후보 중 누가 과연 회장으로 선출될까요? 하지만 선거가 진행되건 말건 현중이는 크게 관심이 없습니다. 선생님의 진행에 따라 입후보자 연설이 이어졌습니다.

"그럼 얘기를 들어 보도록 하겠습니다. 김아영 어린이, 나와 주세요."

"안녕하십니까. 저는 전교 어린이 회장 선거에 출마한 기호 1번 김아영입니다. 저희 집은 형제가 다섯입니다. 저는 집에서도 오빠, 동생들과 사이좋게 지낼 수 있도록 노력했습니다."

현중이는 누나의 말에 새삼 놀랍니다. 언제 사이좋게 지냈다고! 이 무슨 자다가 봉창 두드리는 소리입니까? 이윽고 친구들은 저마다 점찍어 둔 후보들을 골라 투표를 했지만 현중이의 마음은 마지막까지 갈팡질팡 갈피를 못 잡고 방황합니다. 누나는 절대로 안 뽑겠다고 속으로 결심했건만, 긴장한 누나의 얼굴을 보니 어쩐지 조금은 안쓰러운 기분도 듭니다. 과연 현중이의 마음은 누구를 향할까요? 결국 팔은 안으로 굽는다더니 아무리 미워도 누나는 누나입니다. 끝내 현중이의 표는 아영이 누나를 향했습니다. 이제는 결과를 기다릴 차례입니다.

"김아영, 박현경, 박현경, 김아영, 박현경, 김아영, 박현경 ……."

좀 전까지만 해도 덤덤했던 마음입니다. 하지만 어느새 현중이도 아영이 누나도 마음이 함께 요동을 치고 있습니다. 손에 땀을 쥐게 하는 박빙의 승부가 이어집니다.

"후보 2번 박현경 어린이가 전교 어린이 회장으로 선출되었습니다. 그리고 2등에인 후보 1번 김아영 어린이가 전교 어린이 부회장으로 선출되었습니다. 모두 축하의 박수를 쳐 주시기 바랍니다."

아, 딱 한 표 차이로 누나가 부회장이 되었습니다. 섭섭한 마음을 감출 길 없는 누나의 마음을 애써 모른 척해 보지만 누나가 얼마나 실망했을지 아는 현중이의 마음도 편하진 않습니다. 누나가 어린이 회장에 떨어지면 좋겠다 싶었는데 막상 현실이 되고 보니 너무 미안한 마음이 듭니다. 화가 났던 마음도 벌써 저 멀리 달아나 버렸습니다.

그날 오후, 집으로 가는 길에 아영이는 고개를 푹 숙이고 걸었습니다. 늘 당당하기만 했던 아영이 누나인데 기죽은 모습이 정말 어울리지 않았습니다. 현중이는 누나에게 어떤 말도 건네지 못합니다. 이럴 때 누나에게 필요한 것은 딸 바보 아빠의 위로일 겁니다. 그런데 이게 무슨 일일까요? 집에 와 보니 아빠가 없습니다. 일하시다가 다쳐서 병원으로 갔다고 합니다.

"무슨 일이야?"

"펜션에서 일하시다가 다치셨대. 빨리! 아빠 친구가 아빠를 춘천으로 데려가셨대."

마른하늘에 날벼락도 아니고 설마 아빠가 크게 다친 걸까요? 엄마 얼굴에 당황한 표정이 역력합니다. 하필이면 그날따라 나쁜 일들이 겹쳐서 일어납니다. 현중이 얼굴에도 먹구름이 끼었습니다. 아빠의 위로가 절실한 누나의 마음이 어떨지 현중이로서는 짐작조차 가지 않습니다.

이윽고 현중이네 가족들은 아빠가 입원해 있는 춘천의 한 대학병원에 도착했습니다. 아빠 병실을 찾아가는 내내 현중이의 심장이 방망이질을 해 댑니다.

“에이. 뭘 또 다 왔어.”

아빠의 목소리가 들립니다. 몸은 다쳤어도 말투에서 기운이 느껴집니다.

“다쳤다는데 어떻게 해?”

“이 사람아, 바쁠 텐데 뭐하러 와. 계단에서 미끄러져서 그랬어. 괜찮아!”

“거기 계단 내가 항상 조심하라고 그랬잖아.”

다행히 아빠는 많이 다치진 않은 모양입니다. 병원에서 며칠 쉬고 나면 바로 퇴원을 할 수 있다고 합니다. 아빠는 다친 몸보다 아영이 누나의 안부가 먼저입니다.

“아영이, 회장 선거는 어떻게 됐어?”

“…….”

아영이 누나는 차마 입이 떨어지지 않는 모양입니다. 아픈 아빠에게 실망감을 안겨 드리기 싫은 까닭입니다. 아빠는 현중이에게 누나를 잘 위로해 주라는 당부를 건넵니다. 그래도 누나에게는 역시 아빠의 따뜻한 위로가 큰 힘이 되나 봅니다.

집으로 향하는 길, 현중이는 아빠도 아픈 지금 누나의 마음이 얼마나 슬플까, 안쓰러운 기분이 생겼습니다. 그래서 현중이는 누나에게 함께 놀자고 청했습니다. 누나는 이런 현중이의 변화에 조금 쑥스러운지 장난으로 응수했습니다. 화장 놀이를 하잡니다. 마음먹고 누나와 놀아 주기로 했지만 화장 놀이는 생각지도 못한 일입니다.

“안 돼. 입 다물어, 눈 감아!”

그런데 누나는 화장을 하는 건지, 고문을 하는 건지, 화장술이 거칠기 짝이 없습니다. 하지만 고진감래라고 덕분에 사이좋은 오누이로 돌아오긴 했습니다.

3월, 이른 봄 강원도에는 흰 눈이 내립니다. 오누이의 묵은 앙금까지도 하얗게 물들이고 온 세상을 눈부신 빛으로 바꿔 놓은 후에야 눈이 그쳤습니다. 오랜만에 다 같이 눈썰매를 타러 가기로 했습니다. 산골에 산다는 것이 이럴 때는 참 기쁜 일입니다. 제일 신이 난 건 누가 뭐래도 현중이입니다.

"간다!"

현중이는 비료 포대를 썰매 삼아 신 나게 내려옵니다. 그런데 현중이 표정이 심상치 않습니다. 엉덩이를 만지며 뭐라 말도 못 하고 혼자서 수습하느라 끙끙댑니다. 걷는 모습도 뒤뚱뒤뚱 가관입니다. 엉덩이에 가시가 박힌 겁니다.

"내가 빼 줄게, 누나가."

해가 서쪽에서 뜰 일입니다. 누나가 현중이를 돕겠다고 나섰습니다. 혹시라도 많이 다친 건 아닌지 걱정이 되는 모양입니다. 그런데 아무리 찾아도 가시의 행방이 묘연합니다.

"아, 여기 있다!"

누나가 현중이 엉덩이의 가시를 쏙 빼냅니다. 이렇게 고마울 데가 있을까요? 아무리 싸워도 남매는 남매입니다. 함께 눈썰매를 타는 동안 아이들의 우애도 깊어만 갑니다. 그리고 며칠 후, 드디어 아빠가 퇴원해 돌아왔습니다. 집에 오자마자 아이들을 데리고 어딘가로 향했습니다. 바로 옆 마을에 소를 사러 가는 겁니다. 오랜만에 소를 보자 아이들도 신이 난 모양입니다.

"이거 아영이 소 할까, 현중이 소 할까?"

"현중이 소!"

아빠는 송아지를 사 갈 작정입니다. 하지만 어미 소와 떨어지지 않으려

축사를 휘젓고 다니는 송아지 잡기가 만만치 않아 보입니다. 병원에서 퇴원하신 지도 얼마 되지 않았는데 저러다 상처가 덧나지는 않을까, 현중이랑 아영이 걱정이 이만저만이 아닙니다.

"아빠, 내가 도와줄까?"

"현중이 닮아서 만만치가 않아, 송아지가."

결국 아빠는 현중이에게 구원을 요청합니다. 주인아저씨가 합세하고도 한참을 고전한 끝에야 송아지를 잡았습니다. 아빠가 어미 소가 아니라 송아지를 사는 데는 이유가 있었습니다. 아이들이 다섯이나 되다 보니 아빠는 아이들 대학교 보낼 일이 걱정이었는데, 이제 저 송아지를 잘 키워 학비 밑천으로 삼으려고 합니다.

송아지가 생겼다는 사실에 마냥 싱글벙글한 현중이입니다. 물통을 들고 송아지 돌보는 일을 자청해서 합니다. 아빠는 그런 현중이 모습이 기특하기만 합니다. 아빠가 잠시 집을 비운 사이 아이들은 한 뼘쯤 성장한 것 같습니다.

그날 오후 누나와 현중이 단둘이서만 외출에 나섰습니다. 이제 현중이에게 누나는 더 이상 무서운 존재가 아닙니다. 아빠 말처럼 아영이 누나는 현중이가 감싸 줘야 할 소중한 가족이란 걸 알게 되었습니다. 든든하면서도 어여쁜 누나랑 함께 세상을 향해 나아가는 지금, 현중이는 세상 누구보다 겁 없는 동생이자 행복한 소년입니다.

가운데 낀 자녀

형제는 인간이 경험하는 관계 중 가장 긴 관계입니다. 일방적인 사랑으로 맺어진 부모 자녀 관계를 제외하고, 출생하여 처음 맺는 사회적 관계입니다. 부모 자녀 관계와 달리 형제 관계에서는 일방적인 사랑보다는 경쟁이 존재하기 때문에 형제간 우애는 그리 쉬운 게 아닙니다. 그렇기에 형제간 우애는 가정의 화목과도 직결됩니다. 하지만 사이좋은 형제가 된다는 것이 쉬운 일일까요? 부모님이 걱정하는 양육의 어려움 중에 빠지지 않는 것이 바로 형제간의 경쟁입니다. '깨물어 안 아픈 손가락 없다'라는 옛말이 있듯이, 현중이도 그렇습니다. 현중이처럼 형제가 많은 가정은, 형제간에 존재하는 다양한 어려움이 있습니다. 정신의학자 아들러Adler는 출생 순위에 따라 다르게 형성되는 성격에 관해 설명했습니다. 그중 가운데 끼인 아이는 '샌드위치'에 빗대어 설명합니다. 위아래로 끼어서 지적의 대상이 될 수 있기 때문입니다. 현중이한테 아빠의 사랑까지 독차지하는 누나는 눈엣가시 같은 존재입니다. 형제 중 유일한 여성이라 더 챙기는 아빠의 마음을 이해하기에는 현중이는 아직 사랑받고 싶은 어린아이입니다.

이처럼 형제간에 존재하는 불협화음을 중재하기 위해선 부모의 세심한 배려가 필요합니다. 무엇보다 먼저, 서로 비교하지 않습니다. 부모가 각 아이에 대한 기대를 표현하되 그것이 다른 형제와의 비교가 되면 형제간의 우애를 경험하기 힘듭니다. 또한 각 아이에게 맞는 역할을 배분해야 합니다. 간혹 '너는 큰아이니까 참아야지' 혹은 '누나는 여자니까 네가 이해해'라는 등의 말은 동등한 사랑을 받고 싶은 자녀의 마음에 상처가 될 수 있습니다. 자녀에게 역할을 배분할 때 각자에게 맞는 역할을 함께 배분해 주어야 합니다. 예를 들어 현중이와 그 형들이 아버지의 일을 도와야 한다면, 그 시간에 아영이는 엄마의 일을 돕도록 해야 할 필요가 있지요.

마지막으로, 다툼을 스스로 해결할 수 있도록 기다려 줍니다. 화해를 위해 부모가 섣불리 개입하면 분명 양쪽 모두 억울한 감정을 가지게 될 테니까요. 누군가는 양팔저울을 들어 형제가 느끼는 부모의 사랑을 비유했습니다. 양팔저울의 균형을 맞추는 것처럼 미묘하고 어려운 일이 바로 형제를 양육하는 것입니다. 어쩌면 완전한 균형은 불가능한 일인지도 모릅니다. 그렇지만 현재 저울의 눈금을 항상 확인해야 합니다. 특별히 기대의 대상이 되는 첫째와 가족의 귀염둥이 막내와 달리, 가운데 낀 자녀는 소외감을 경험할 수 있습니다. 따라서 부모가 그 자녀와 특별한 시간을 가지거나 가족 내에 특별한 역할을 부여함으로써 소속감을 느낄 수 있도록 해야 합니다.

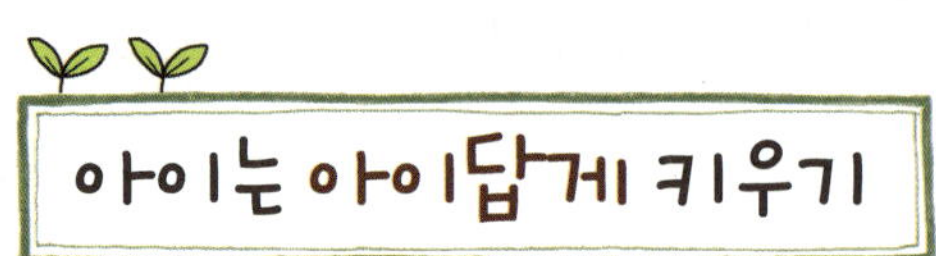

아이는 아이답게 키우기

🌼 사랑이 무엇인가, 사랑의 실체는 무엇인가

사랑의 정의를 사람마다 다르게 표현하고 설명하겠지만 사랑 중의 으뜸은 어버이 사랑입니다. 이유는 아낌없이 주는 마음과 행동에서 비롯되기 때문입니다. 이러한 사랑은 자청해서 행하는 희생입니다. 그리고 이 행위를 우리는 사랑이라고 합니다. 부모가 자식에게 본능적으로 베푸는 자식 사랑은 부모와 자식 간의 끈끈한 사랑으로, 모든 사랑의 근원이기도 합니다.

🌼 사랑은 어떻게 시작되고 어떻게 자라는가

인간은 이기적 유전자를 가지고 태어났습니다. 자신에게 이롭도록, 손해나지 않도록 프로그래밍이 되어 있습니다. 그러나 단 한 가지 본능적으로 희생하는 행동은 자식을 양육하는 행동입니다. 종족 보존을 위해, 다음 세대를 기르기 위해 본능적으로 희생할 수 있는 인간이 부모입니다. 그러나 출생을 통하지 않아도 입양이나 위탁 등의 형태로 가족이 되어 미운 정 고운 정이 들면 또 다른 가족의 사랑이 자라납니다. 이런 사랑은 힘든 과정을 거쳐 만들어지기에 살아갈수록 더욱 돈독해지며 본능적인 사랑의 힘을 뛰어넘기도 합니다.

그러나 일부의 사람들은 이 부분에 고장이 나 있거나 장애가 있어서 자신이나 타인을 사랑하지 못하는 경우가 있습니다. 바로 이런 사람들을 '사랑의 장애인'이라 합니다. 심리학적으로 어릴 때 사랑을 충분히 받고 자란 사람은 다른 사람을 믿고 사랑할 수 있습니다. 이는 경험을 통해 축적된 힘이 살아가면서 발휘되기 때문입니다. 그러나 생후 초기에 사랑과 관심이 결핍될수록 사랑의 장애인이 될 확률이 높습니다. 어린 시절의 성장 과정에서 적절한 양육과 관심, 사랑을 받지 못한다면 부적절한 사랑의 행동을 보일 수도 있습니다. 타인에게 무관심하거나 이기적이거나 집착이 심하거나 의심이 많거나 인색하거나 불안과 강박이 지나치거나 우울이 심한 성격장애를 갖기도 합니다.

🌼 사랑스러운 아이로 키우려면

아이는 연령 수준에 맞는 적절한 양육을 받아야만 행복한 아이로 성장합니다. 한 살까지는 배고플 때 먹을 것을 즐겁게 먹게 하는 것이 중요합니다. 입을 통해 행복을 알아 가기 때문입니다. 두세 살 무렵의 대소변 훈련 시기에는 부모의 세심한 관심 속에 자기가 스스로 조절하는 경험을 통해 행복을 쌓아 갑니다. 아이는 스스로 대소변을 조절함으로써 칭찬을 받는 과정을 통해 자율감을 키웁니다. 유치원 시기에는 부부 사이가 좋아야 합니다. 그래야 아이가 불안해하지 않고 자신감 있는 행복한 아이로 자랍니다. 세 살까지 잘 자란 아이는 정신병에 걸리지 않으며, 여섯 살까지 잘 자란 아이는 힘든 상황에서도 신경증에 쉽게 걸리지 않는다고 합니다. 그만큼 여섯 살까지의 양육이 성격의 근원이 되기에 이때까지가 아주 중요합니다.

사랑스러운 아이로 키우려면 전략이 필요합니다. 어렸을 때는 기본적인 의식주를 반드시 해결해 주어야 합니다. 여기에 부모의 사랑을 받고 있다는 확신을 주어야 합니다. 그러기 위해서는 신체적·언어적 의사소통이 중요합니다. 맞벌이 부부의 경우 하루 종일 떨어져 있던 자녀와 만나는 시간에는 "사랑하는 아들(딸), 하루 어떻게 보냈어?" 등 수식어로 사랑을 표현하면서 친근하게 해 줍니다. 잠자리에 들기 전에는 끌어안아 주면서 "우리 아들(딸), 고운 꿈 꾸자" 하며 스킨십 하여 행복한 기분으로 잠들 수 있게 해 줍니다. 특히 잠자리에 들기 전에는 무서운 이야기나 동화를 접하지 않도록 합니다. 그래야 행복한 꿈을 꿀 수 있습니다. 이렇게 어린 시절을 행복하게 보내는 아이는 사랑스러운 아이로 성장합니다.

🌼 자녀에게 적극적으로 사랑 표현하기

아이를 돌보는 사람 또한 아이 행복의 중요한 조건입니다. 아이들은 어릴수록 부모의 표정과 감정을 쉽게 전달받아서 행복과 불행을 빠르게 느낍니다. 행복한 부모를 보면 아이들은 행복하게 자랍니다. 행복하지 못한 부모를 보면 아이는 겁이 나서, 마치 어른처럼 행동하거나 자신의 감정을 숨기는 행동을 합니다. 이런 시간이 길어질수록, 이런 행동을 자주 하게 되면서 점점 애어른이 되어 갑니다. 이런 행동은 결코 좋지 않습니다. 바로 부모화된 아이의 행동입니다. 병환으로 누워 있는 어머니를 둔 어린아이가 부모가 할 일을 대신 하려고 하는 것은, 어머니가 세상을 떠나면 어쩌나 하는 불안 때문에 조숙한 어른 역할을 자처하는 것입니다. 그러므로 무조건 칭찬할 일이 아니라 어머니의 일을 대신할 어른을 찾아야 합니다. 가족 간에 나누어 할 수 없으면 국가나 사회의 도움을 받아서라도 아이가 어른 노릇을 안 하게 해야 합니다. 이런 이유 때문에 돌봄 서비스의 복지 제도가 필요합니다. 아이는 같은 연령의 아이들이 느끼는 감정을 자연스럽게 느끼고 표현할 수 있을 때 건강하게 자랍니다.

만약 부모 자신이 행복한 상태가 아닐 때는 자주 거울을 보길 권합니다. 누구나 거울을 볼 때는 찡그리기보다는 쉽게 미소 짓기 때문에, 부모 자신의 표정도 밝아지고 부모의 어두운 감정이 여과되어 아이에게 전달될 수 있습니다. 아울러 "네가 ~~하니 자랑스럽구나" "네가 그렇게 말해 주어 기쁘구나"처럼 아이의 행동이나 표정을 구체적으로 칭찬해 주면 아이들은 사랑받고 있다고 느낍니다.

🌼 부모화를 경험한 아이라면

아이는 아이다워야 합니다. 어른처럼 조숙하게 생각하고 행동하면서 어른이할 일을 대신 하는 아이를 '부모화된 아이'라고 합니다. 보통 사람은 누구나 자기 자신을 제일 사랑하고 두 번째로 타인을 사랑합니다. 그다음에 이타심을 발달시킵니다. 그렇지 않으면 진정한 자기가 없고 남의 눈치만 보게 됩니다. 또 자존감이 낮으며 자기 탓만 많이 하는 불행한 사람이 됩니다. 만약 어쩔 수 없이 부모화의 행동을 하는 아이가 있다면 그 아이에게 스스로를 돌보는 기회를 갖게 하고 감정을 표현할 수 있는 기회를 자주 주어야 합니다. 노래를 부르거나 그림을 그리거나 연극, 이야기 꾸미기 등 표현 활동을 장려하여 다양한 감정을 느끼고 표현할 수 있게 하여야 합니다. 그래야 진정한 자기를 잃지 않습니다.

부모는 아이가 바라보는 행복의 거울입니다.
행복한 부모를 보고 자란 아이는 "나는 행복해"라고 말하지만,
불행한 부모를 보고 자란 아이는 표정이 미워집니다.
아이는 부모의 불행을 자신의 것으로 생각하기 때문입니다.
아이를 위해서라도 부모로서, 하나의 인격체로서
자신만의 행복을 꼭 찾으세요.

CHAPTER 02

행복

즐거움과 의미가 만나는 기쁨

요리하는 세 자매의 행복 레시피

"손아귀에 딱 쥐고 짤 수 있는 만큼만 짜면 돼요."

제과제빵 시간에 선생님이 쿠키 반죽 짜는 시범을 보입니다.

학생들은 선생님의 가르침을 하나라도 놓칠세라 집중해서 수업을 듣습니다. 그리고 선생님이 가르쳐 준 대로 조심스레 쿠키 반죽을 만듭니다. 볼에 계란을 넣고 거품기로 휘젓고 밀가루를 체에 쳐 내리는 동안 온 정성을 기울입니다.

"나 잘못하면 어쩌지?"

"괜찮아."

"왜 이렇게 안 나와."

"좀 조물조물하자!"

소리의 걱정 어린 말에 옆 친구가 조금 거들어 줍니다.

열일곱 살 소녀 소리는 경기도 시흥시에 있는 조리과학고등학교에 다닙니다. 수제 쿠키는 처음 만들어 보는 거라 이번 수업이 쉽지만은 않습니다.

요리 공부를 정식으로 시작한 1학년 신입생 소리는 앞으로 배워야 할 게 산더미처럼 많습니다.

쿠키가 완성되면 기념으로 가져갈 수도 있고 예쁘게 포장해 선물할 수도 있습니다. 쿠키가 구워지는 동안 소리는 편지를 씁니다. 첫 작품이 나오면 가장 먼저 선물해야 할 사람이 있기 때문입니다.

"으음, 다 됐다!"

드디어 소리가 첫 작품을 완성했습니다. 소리는 편지와 함께 잘 구운 쿠키를 예쁘게 포장했습니다. 조리반장의 경례 소리와 함께 제과제빵 실습이 끝나고 소리는 발 빠르게 움직여 3학년 교실을 찾았습니다.

"언니들, 이거 내가 만든 쿠키야."

소리가 쌍둥이 언니 아름이와 다운이에게 쿠키를 건넵니다. 소리는 처음 만든 쿠키를 언니들이 가장 먼저 맛보게 하고 싶었습니다.

"소리의 첫 쿠키를 먹어 볼까?"

언니들은 소리가 만든 쿠키를 한입에 넣습니다.

"잘했다. 모양이 좀 찌그러졌지만 첫 작품치고는 잘했어."

"그런데 이거 구울 때 얘네들 모양을 똑같이 해야 하는 거 알지?"

언니들이 칭찬에다 조언을 덧붙입니다.

쌍둥이 언니 아름이와 다운이는 소리의 든든한 지원군이자 하늘 같은 학교 선배입니다. 아름이, 다운이 언니는 일찍이 초등학교 때부터 조리과학고등학교에 들어가는 것을 목표로 삼았습니다. 어릴 적부터 요리를 좋아한 언니들은 엄마만큼이나 자주 부엌을 드나들었습니다. 그런 언니들의 영향으로 동생 소리까지도 요리 공부를 시작했습니다.

아름이, 다운이 언니는 소리가 쓴 편지도 읽어 봅니다.

언니들 안녕. 나 소리야.

실습하면서 포장해서 주는 건 처음이다.

맛있게 먹고 우리 앞으로 싸우지 말고 학교생활 잘하자.

언니들은 어느새 훌쩍 자라 학교 신입생으로 들어온 소리가 기특하기만 합니다. 편지를 읽으면서 아름이와 다운이는 선배로서 소리에게 더 많은 것을 가르쳐 주겠다고 결심했습니다.

이윽고 3학년 실습 시간이 돌아왔습니다. 아름이, 다운이 언니는 1학년인 소리와는 비교도 안 될 정도로 눈 깜짝할 새에 먹음직스러운 마파두부를 완성하고, 이어 새롭고도 낯선 양식 요리에 도전합니다. 빵 속에 부드러운 대구 살을 넣은 고난도 요리인 대구 웰링턴입니다. 세 자매 가운데 맏딸 아름이는 모두가 쩔쩔매는 어려운 요리도 척척 만들어 냅니다. 최고의 요리를 목표로 아름이는 대구 웰링턴의 마지막 장식 하나에도 심혈을 기울입니다.

"음, 바삭바삭하네. 빵 속에 있는 생선과 재료들의 맛이 잘 어울리는군. 맛은 괜찮아."

선생님의 칭찬을 듣자 아름이 입가에 미소가 번집니다.

잠시 후 시식 시간이 이어졌습니다. 아름이는 친구들과 함께 마파두부와 대구 웰링턴을 맛있게 먹으면서 선생님에게 들은 칭찬과 지적을 머리에 새겨 둡니다. 요리하는 아름, 다운, 소리 세 자매가 이렇게 열심히 요리를 공부하는 이유는 뭘까요? 바로 꿈 때문이지요. 이름이 예쁜 세 아이들은 앞으로 힘을 합쳐 가족 레스토랑을 여는 게 최종 목표입니다.

“학교 다녀왔습니다!”

세 자매가 학교에서 돌아왔습니다. 엄마는 저녁 준비를 하느라 분주합니다. 저녁 메뉴는 엄마가 가장 잘하는 스파게티입니다. 평소 요리를 좋아하는 엄마는 요리 솜씨 또한 수준급입니다. 초등학교 때부터 늘 먹어 왔던 엄마의 스파게티는 세 자매를 요리의 세계로 안내한 고마운 음식입니다.

“엄마, 스파게티 면 삶을까요?”

딸들은 음식 만드는 것도 거들고 식탁을 차리는 것도 거듭니다. 엄마 옆에 조수가 셋이나 되니 손이 많이 가는 음식도 일사천리로 뚝딱 완성합니다.

“우와, 맛있겠다.”

아빠가 푸짐한 저녁 식탁을 보며 말합니다. 늦둥이 막냇동생 샘도 엄마와 누나들이 해 준 음식을 맛있게 먹습니다.

“얘들아, 아빠는 무지 행복해. 뭐가 먹고 싶다고 말만 하면 식탁에 올라오니까.”

아빠가 엄지손가락을 치켜세우며 말합니다. 아름, 다운, 소리네 가족은 행복 만찬을 앞에 두고 웃음꽃이 피었습니다. 이렇듯 요리는 세 자매와 가족을 단단히 묶어 주는 고리이기도 합니다.

세 자매는 집에서도 끊임없이 요리 공부를 했습니다. 미래의 요리사 셋이 모여 새로운 레시피를 연구하는 게 하루 일과가 되었습니다. 딸들이 요리에 빠져 있을 때, 아빠는 딸들을 위해 노래를 만들었습니다. 아빠는 1집 앨범도 낸 가수 겸 작곡가입니다.

“아름다운 소리~ ♩♫”

아빠의 노랫소리가 밤공기를 은은하게 적십니다.

다음 날 아침, 세 자매는 나란히 학교에 갑니다. 집에서 학교까지는 스쿨

♪아름다운 사랑 이야기~.
또 나의 사랑 이야기~.♪
(아, 가족 노래는 언제나 오글오글!)

버스로 사십 분 거리입니다. 등교 시간이 꽤 길지만 소리는 언니들과 함께 다닐 수 있어 힘들다는 생각을 전혀 하지 않습니다.

쉬는 시간에 3학년 선배들이 동아리 홍보차 소리네 교실을 찾았습니다. 맛집 탐방 동아리 '라온'과 '도시락 연구부'에서 나온 선배들이 열심히 자신의 동아리를 홍보합니다. 푸드스타일리스트가 꿈인 소리는 어떤 동아리가 좋을지 고민합니다.

"우리 도시락 동아리는 메뉴도 개발하고, 용기도 디자인하고, 포트폴리오도 만들어."

선배의 말에 소리가 관심을 보입니다. 소리는 동아리 활동뿐 아니라 학교 공부도 열심히 하고 싶습니다. 나중에 대학도 가고 유학도 가려면 요리뿐 아니라 다른 교과목도 잘해야 되기 때문입니다.

담임 선생님이 소리를 교무실로 부릅니다.

"졸업 후 진로는 어떻게 생각하고 있니?"

"취업해서 야간대학에 다녀 볼 생각이에요."

"그렇구나. 나중에 꿈을 이루려면 지금 최선을 다하는 게 중요해. 내신 관리도 잘하고. 어려움이 있으면 선생님한테 이야기해도 되고, 언니들한테 조언을 구해도 돼. 앞으로도 언니들이랑 힘을 합해 잘하면 좋겠구나."

"네, 고맙습니다."

선생님의 진심 어린 격려가 소리에게는 큰 용기가 됩니다.

그날 밤 소리는 일본어 공부를 시작했습니다. 소리는 취업을 해서 학비를 벌면 일본 유학에 도전해 볼 생각입니다. 하지만 어떻게 해야 할지 막막하기만 합니다.

"일본 대학 가려면 일본어 자격증을 따야겠지?"

소리가 고민하며 묻자 언니들이 답합니다.

"일본어는 전문적으로 학원에서 배우면 좋은데, 경제적으로 부담되니까 혼자 독학을 해 보면 어떨까?"

"교회 선생님 중에 일본어 자격증도 있고, 일본으로 유학 다녀온 분이 있거든. 그 선생님에게 궁금한 걸 여쭤 보는 게 어때?"

소리 곁에는 선배가 둘이나 있어 언제나 든든합니다.

일요일 아침, 세 자매는 교회에 가서 음식 봉사를 했습니다. 다운이는 찜닭을 만들고, 아름이는 삼색밀쌈을 맡고, 초보 요리사 소리는 콩나물국을 끓이기로 했습니다. 그런데 30인분을 준비하려니 생각보다 쉽지가 않습니다. 밀전병의 크기가 커지니까 속이 삐져나오고 잘 말아지지도 않습니다. 찜닭 간을 맞추는 것도 만만치 않습니다. 곧 예배가 끝나면 사람들이 몰려올 텐데 큰일 났습니다. 그때 엄마가 행동대장으로 나섭니다. 사고 수습에는 수십 년 동안 실전 경력을 쌓은 엄마의 손길이 빛을 발휘합니다.

"국에 넣을 파는 이렇게 썰면 안 되지. 송송 썰어야 해."

세 사람은 처음으로 많은 양의 음식을 하느라 실수투성이였지만 뜻깊은 경험을 했습니다. 앞으로 요리를 공부하는 데 큰 밑거름이 될 것입니다.

음식 봉사가 끝나고 소리는 지난밤 언니들의 조언대로 교회 선생님을 만났습니다.

"선생님, 어떻게 하면 집에서도 효율적으로 공부할 수 있어요?"

"만화를 많이 보면 도움이 될 거야. 만화는 아이들이 보기 때문에 굉장히 정확한 발음으로 더빙을 하거든."

소리는 학원에 가지 않더라도 스스로 미래를 준비할 수 있다는 자신감이 생겼습니다.

　며칠 뒤 소리가 도서관에서 다양한 요리책을 빌려 왔습니다. 쌍둥이 언니들도 소리가 빌려 온 요리책에 푹 빠졌습니다.

“아, 이분들 예전에 텔레비전 프로에서 봤던 세 자매 요리사 맞지?”

“어. 우리의 롤모델이잖아.”

“우리 여기 레스토랑 찾아가서 음식도 맛보고 요리사님도 만나 볼까?”

“좋아!”

　아름, 다운, 소리 세 자매는 자신들과 비슷한 세 자매가 함께 운영하는 레스토랑에 갈 생각에 흥분이 되었습니다. 하지만 고민이 생겼습니다. 덜컥 예약은 하고 말았지만 주머니 사정이 넉넉하지 않았기 때문입니다. 그때 엄마가 또 든든한 지원군이 되어 주었습니다.

“음식값이 좀 비싸지만 너희가 꼭 가 보고 싶었던 곳이니까 엄마가 기쁜 마음으로 보태 줄게.”

“엄마, 고맙습니다.”

　세 자매는 자신들의 용돈도 탈탈 털어 모았습니다.

　다음 날, 세 자매는 지하철을 타고 레스토랑에 도착했습니다. 사 년 전부터 꿈꿔 온 만남이 현실로 이루어진다는 생각에 가슴이 뛰었습니다.

“나는 아까워서 못 먹을 것 같아. 안에 뭐가 들어 있는지 계속 보기만 할 거야.”

　아름이가 잔뜩 긴장한 얼굴로 말했습니다.

　세 자매는 주문한 음식을 기다리는 동안 진열장에 있는 그릇들을 구경했습니다.

“너는 푸드스타일에 관심이 많으니까 이런 그릇도 잘 봐 둬.”

　다운이가 소리를 보며 말합니다.

“응, 어떤 접시에 담느냐에 따라 느낌이 완전히 달라지는 것 같아.”

소리는 다양한 접시들을 꼼꼼하게 살펴봅니다.

드디어 기다렸던 음식들이 나왔습니다. 세 자매는 으레 버릇처럼 수저보다는 카메라를 먼저 챙겨 들었습니다. 한눈에 봐도 먹기 아까울 만큼 예쁜 요리였습니다. 평범한 삼겹살이 마치 요술을 부린 듯 눈을 뗄 수 없게 만들어져 있습니다.

“내가 학교에서 만든 거랑은 차원이 달라.”

아름이가 감탄하며 말합니다.

“지금 이거 먹고 있는 게 꿈만 같아.”

소리가 들뜬 목소리로 말합니다.

“나도 무지 행복해.” 다운이도 맞장구를 쳤습니다.

그때 세 자매가 그렇게도 보고 싶어 했던 김은희 요리사가 나타났습니다.

“반가워요. 근데 세 사람 얼굴이 닮은 것 같아요.”

“네, 저희는 자매고요. 저희 둘은 쌍둥이고, 얘는 셋째 동생이에요.”

맏언니 아름이가 동생들을 가리키며 소개합니다.

“그렇구나. 근데 음식을 별로 안 먹었네요. 고기랑 채소를 함께 섞어서 먹어 봐요. 그러면 나중에 물감 짜 놓은 것처럼 되거든요. 그런 접시를 볼 때 가장 행복해요. 그냥 맛있게 막 드세요.”

“예뻐서 먹기 아까워요.” 세 자매가 한목소리로 말합니다.

“요리하실 때 어디서 소재를 얻으세요?”

아름이가 언니답게 궁금한 것을 묻습니다.

“우리나라 계절 재료를 많이 써요. 봄, 여름, 가을, 겨울을 주제로요. 그때그때 계절에 맞는 재료로 만들고 싶은 요리를 구상해요.”

"세 자매가 함께 일하실 때 어려운 일도 있을 것 같은데, 그럴 때는 어떻게 하세요?"

이번에는 소리가 질문을 합니다.

"가끔 싸울 때도 있지만 요리라는 공통 주제가 있다 보니 서로 돕게 돼요. 어린 나이에 같이 하려고 마음먹는 게 쉽지 않을 텐데, 여러분이야말로 정말 대단해요. 앞으로 각자 할 일을 나눠서 서로 도와주면 좋겠어요."

김은희 요리사는 언니 같은 마음으로 조언을 해 주고, 세 자매와 기념사진도 찍었습니다.

집으로 돌아오자 아빠가 딸들을 불렀습니다.

"너희들 이 노래 한번 불러 봐."

아빠가 먼저 노래를 시작하고, 세 자매가 따라 불렀습니다.

"아름다운 사랑 이야기~ ♩ 또 나의 사랑 이야기~ ♬♪"

아빠가 만든 노래에는 세 자매 아름, 다운, 소리의 이야기가 담겨 있었습니다. 세 자매가 하나의 목표를 향해 가다 보면 불협화음이 될 때도 있을 것입니다. 아빠는 그럴 때마다 딸들이 서로 도와 노래처럼 하모니를 이루기를 바랍니다. 소리의 피아노 반주와 아빠의 첼로 반주에 맞춰 가족이 다 함께 하모니를 이루며 노래를 불렀습니다.

세 자매는 하나의 꿈을 향해 인생의 마라톤을 달리고 있습니다. 때로는 장애가 나타나고, 때로는 인내와 기다림으로 숱한 시간을 견뎌야 할 겁니다. 하지만 앞에서 끌어 주고 뒤에서 밀어 주는 가족이 함께 있어 서로에게 힘이 되겠지요. 아름다운 소리라는 이름처럼 환상의 하모니로 가족 레스토랑을 이끌어 갈 자매 요리사들, 그들의 행복 레시피는 앞으로도 계속 지지고 볶고 굽고 간하며 맛있게 이어질 것입니다.

자기결정성

요즘 청소년들을 만나 보면 무기력을 호소하는 이들이 참 많습니다. 이들에게 꿈이 뭐냐고 질문하면 정해 놓은 답변처럼 모르겠다고 합니다. 하고 싶은 것도 없고, 되고 싶은 것도 없습니다. 그저 하루하루를 살아간다고 합니다. 그나마 하고 싶은 거라면 '게임'이라고 답합니다. 삶의 방향성을 잃은 아이들. 많은 꿈을 꾸어야 할 이 시기에 왜 이런 일들이 발생할까요? 그 해답은 '자기결정성self determination'에 있습니다.

이 개념은 심리학자 라이언Ryan과 데시Deci가 주장한 것으로, 인간이 자율성을 발휘하며 살아갈 때 행복할 수 있다는 것입니다. 인생이라는 배의 키를 누가 잡고 있느냐가 관건이지요. 입시가 미래의 질을 결정한다고 생각하는 경쟁 분위기는 아이들이 아닌 부모님이 부추깁니다. 아이들에게 맡길 여유가 없다는 겁니다. 눈앞의 결과를 위해 시작된 그 행동의 결과로 수동적인 아이, 성취감을 느끼지 못하는 아이, 자율성을 빼앗긴 아이로 성장하게 됩니다. 결국 아이는 무기력의 나락으로 떨어지게 됩니다.

하지만 소리네 가족의 경우는 다릅니다. 자신이 직접 진로를 선택하고 꿈을 향해 달려갑니다. 당장 대학에 진학하지는 못해도 일본어 자격증을 준비해서 유학을 가겠다는 당찬 포부를 밝히는 소리에게서 젊은이의 패기를 발견합니다. 이렇게 가는 길은 다소 늦을지 모릅니다. 하지만 자기 인생의 키를 잡고 가는 아이들의 얼굴에서는 행복을 느낄 수 있습니다.

자녀가 성장하면서 부모의 위치는 달라집니다. 자녀가 어릴 때는 부모가 자녀보다 한발 앞서 좋은 모델이 되어 주면서 이끌어 주는 것이 필요하다면, 사춘기에 접어들게 되면 자녀의 옆에서 함께 동행하며 필요할 때 조언을 줄 수 있는 조언자의 역할이 필요합니다. 앞서서 이끌어 주진 않지만 자녀가 잘 가고 있는지 관심을 가지는 '선택적 관심'이 필요합니다. 이 시기의 부모는 무언가를 결정해 주기보다는 아이의 결정과 계획을 경청하고 그것의 효율성을 함께 논의해 보는 태도를 보여야 합니다. 그리고 경우에 따라 한발 뒤에서 격려해 줄 수 있는 탄력적인 부모의 역할이 필요한 시기가 바로 사춘기입니다.

격려보다는 훈계가, 기다림보다는 먼저 처리해 주는 것이 쉬울 수 있습니다. 하지만 수동적인 아이가 될 수 있는 가능성도 커지게 되겠지요. 한동안 TV에서 광고했던 '당신은 부모인가, 학부모인가?'라는 질문을 드리고 싶네요. 지금 여러분의 자녀에게 여러분은 학부모인가요? 부모인가요?

청 학 동 을 누 벼 라 강 훈 장 님 댁 삼 형 제

자연 그 자체인 아이들

"어서 일어나라. 이불 개고. **"**

청학동 풍교헌 서당에 날이 밝았습니다. 할아버지 훈장님, 아버지 훈장
님 아래 구섭이는 두 남동생, 황섭이와 백섭이를 둔 맏이입니다. 삼 형제는
일어나자마자 강당에 모여 훈장님인 아버지께 큰절로 예를 갖추며 하루를
시작합니다. 열 명 남짓의 학생들이 한문을 공부하고 예의범절을 배우기
위해 이곳에 모였습니다. 책을 펴 놓고 큰 소리로 읽습니다. 저마다 진도가
다르기 때문에 크게 읽고 외우면서 학습하는 것입니다. 서당에서는 다 다
른 학년이고 보통 학교에서처럼 1등, 2등도 없습니다. 여섯 살 때부터 한
문 공부를 시작한 구섭이는 요즘 율곡 이이 선생님이 학문을 시작하는 어
린이들을 위해 쓰신《격몽요결擊蒙要訣》을 읽는 중입니다.

오늘 구섭이는 하교 후, 서당 친구들과 가을 문턱에서 마지막 물놀이를
즐겼습니다. 수영도 하고 바비큐 파티도 하며 멋진 오후를 보냈지요. 하지
만 놀 때는 놀더라도 공부할 때는 야무지게 공부해야 하는 법. 저녁에는 훈

장님께 '강'을 바쳐야 합니다. 강이란 자신이 배운 것을 훈장님 앞에 돌아앉아 등지고 외는 걸 말하는데요. 오늘은 할아버지 훈장님께 강을 바치는 날입니다. 구섭이는 낮에 한없이 들떴던 마음이 차갑게 가라앉으며 긴장되는 걸 느낍니다. 호랑이 같은 할아버지 훈장님 앞에서는 평소 잘 외워지던 구절도 머뭇거리게 됩니다.

"반듯하게 못 앉나?"

자세가 조금이라도 흐트러진 친구에게도 불호령이 떨어지고,

"뭣이 어째? 다시 한 번 말해 봐라."

조금이라도 틀린 부분을 칼같이 잡아내십니다.

이런 모습을 보며 차례를 기다리는 구섭이의 심장은 점점 더 거세게 뛰었습니다. 훈장님 아들이라는 점에서 더 잘해야 한다는 부담감도 사실 컸습니다. 아무도 그것을 두고 구섭이에게 잔소리하지는 않지만 스스로 아버지에게 누를 끼쳐서는 안 된다는 생각이 자꾸만 드는 것이죠.

"신체는 불가 ……."

드디어 시작된 구섭이의 강. 경쾌하고 막힘없이 시작했습니다. 하지만 이내 말문이 막히고 말았습니다. 몇 번씩이나 외우던 그 구절이 전혀 떠오르지 않아 입만 달싹였습니다.

"너, 그것도 모르면서 글을 읽는다고 한 게냐?"

구섭이는 여지없이 떨어지는 할아버지의 호통을 듣자 머릿속이 하얘지며 입이 바싹바싹 말랐습니다. 분명히 자다가도 저절로 줄줄 나오던 그 구절이 왜 지금 이렇게 지우개로 지운 듯 사라져 버린 걸까요? 구섭이는 답답한 마음에 눈물이 나오려고 합니다.

"잘했다."

간신히 강을 끝내자 할아버지께서 격려해 주었습니다. 하지만 구섭이는 전혀 마음이 편해지지 않습니다. 이런 모습을 보인 것은 정말 처음입니다. 할아버지께서 큰집으로 가시고 서당의 하루도 끝났지만 구섭이는 스스로에 대한 실망감에 잠을 이룰 수가 없습니다. 그래서 그날은 밤이 늦도록 책을 읽고 또 읽었습니다.

책을 읽는 동안 구섭이는 자꾸만 낮에 잡았다 놓아준 사슴벌레가 떠오릅니다. 사슴벌레 ……. 사슴벌레가 구섭이의 온 마음을 사로잡아선지 그날 저녁 사슴벌레에 대한 시를 지었을 정도입니다.

사슴벌레

커다란 뿔 창을 앞세우고

검은 갑옷을 반짝이며

여름밤을 주름잡는

무적의 주인공

딱딱한 갑옷을 펼치고

힘차게 날갯짓을 하며

내 마음을 사로잡는

그 이름 사슴벌레

동생들 황섭이와 백섭이가 오늘도 사슴벌레로 서로 한바탕했습니다. 황섭이의 사슴벌레를 백섭이가 가지고 놀고 싶어서 안달 냈고, 그 모습을 본 서당의 누나와 형들이 사슴벌레를 빼앗아 백섭이에게 쥐여 주자, 이번에는 황섭이가 서러움에 눈물을 흘렸습니다. 정작 사슴벌레는 자신을 두고 왜 이런 사달이 나는지 알 수 없다는 듯이 다리를 버둥거릴 뿐입니다. 이번에는 황섭이를 위해 어머니가 나서서 백섭이를 달랬습니다.

"원래 형 거잖니. 형한테 돌려주고 조금만 갖고 놀게 해 달라고 부탁해 보자."

그래서 다시 사슴벌레는 황섭이 차지가 되었습니다. 황섭이는 백섭이의 애원에 여러 번 줄 듯 말 듯 놀리다가 기분이 풀리자, 백섭이에게 사슴벌레를 잠시 맡겼습니다. 드디어 사슴벌레를 당분간 손에 쥐게 된 백섭이. 하지만 백섭이 기분이 완전히 좋지만은 않은가 봅니다. 허탈한 듯 사슴벌레를 쳐다보며 만지작거릴 뿐입니다. 가지고 놀 수 있게 되긴 했지만 결국 형에게서 억지로 빼앗은 것이며 온전히 자신의 것도 아니기 때문입니다.

두 동생의 싸움을 보다 못한 구섭이가 형 노릇을 하기로 했습니다. 사슴벌레를 잡아서 백섭이에게 주기로 한 것입니다. 엄마에게 흑설탕을 얻어다가 물과 함께 페트병에 넣고 잘 섞었습니다. 달달한 설탕물로 사슴벌레를 꾀어낼 생각입니다. 사슴벌레가 많이 서식하는 참나무와 상수리나무 기둥에 페트병에 든 것을 골고루 뿌렸습니다. 이제는 기다리기만 하면 됩니다.

밤이 되자 아버지와 황섭이와 함께 설탕물을 뿌렸던 곳으로 갔습니다. 사슴벌레 생포 작전을 계획한 구섭이가 당당히 앞장섰습니다.

"이번에 제일 큰 놈 잡으면 누구 줘야지?"

아버지가 아들들에게 묻습니다.

"백섭이오."

간만에 맏형 노릇을 하기로 한 구섭이가 큰 소리로 대답합니다.

"그래, 우리 백섭이 주자."

아버지는 동생을 생각하는 구섭이가 기특한지 연신 머리를 쓰다듬으며 말합니다. 나무 기둥에 전등을 이리저리 비추었습니다. 후다닥 뭔가가 날아갔습니다.

"나방이다."

그리고 다시 한 번 이리저리 미끼를 뿌려 놓은 곳을 비추어 보았습니다.

"사슴벌레다."

아버지의 키를 훌쩍 넘는 위치에 사슴벌레가 있습니다. 아버지의 목말을 타고 구섭이는 사슴벌레를 손에 넣었습니다.

"억수로 크다. 진짜 크다."

아버지의 말대로 사슴벌레, 백섭이에게 주겠노라 선언했던 그 사슴벌레는 크기가 엄청나게 컸습니다. 이렇게나 폼 나는 큰 게 잡힐 줄 구섭이는 생각도 못 했습니다. 그 후로 한 마리 더 생포하기는 했지만 크기는 이것만 못했습니다.

"큰 것은 백섭이 주자. 주기로 했지?"

"네."

아버지가 다시 한 번 확인하기 위해 묻자, 구섭이는 힘없는 목소리로 겨우 동의했습니다. 이렇게나 훌륭한 사슴벌레를 동생에게 주어야 한다니, 어째 아까운 생각이 들었던 것입니다. 조그마한 아기인 동생에게는 그에 맞는 작은 사슴벌레가 어울리는 것이 아닐까. 동생에게 준다고 큰소리나 치지 말걸, 사람의 마음은 왜 이리도 요상한지 모르겠습니다. 구섭이는 백섭이에게 커다란 사슴벌레를 건네는 순간까지도 마음이 복잡했습니다.

"백섭아, 형아가 사슴벌레 잡아 왔다."

아버지의 목소리에 혼자 공을 가지고 놀던 백섭이의 두 눈이 커졌습니다. 아버지와 형들이 자기만 두고 놀러 갔다는 생각에 아까까지만 해도 심통이 났는데 형이 내미는 사슴벌레, 그것도 지금껏 본 적 없는 큰 사슴벌레를 보자 그 좋던 공도 내팽개쳐 버렸습니다. 사슴벌레는 백섭이의 손을 덮을 정도로 컸습니다. 사슴벌레들의 보금자리에 넣어 두자 위풍당당한 그 생김새가 몹시 돋보입니다. 구섭이는 보면 볼수록 아쉬움이 커집니다.

"아가 거가 제일 크고 좋네."

할머니는 구섭이 마음도 모르고 한마디 덧붙입니다.

다음 날 아버지가 마치 계단 오르듯 쉽게 나무에 척척 올라갑니다. 가을이 되면 서당 뒷산은 잣나무, 밤나무 등 자연의 먹을거리로 넘쳐 납니다. 그중 특히 가장 먼저 가을을 알리는 열매가 바로 잣입니다. 꼬마 시인 구섭이는 잣을 따는 설레는 마음을 시로 지었습니다.

잣 따기

가을 하늘 품속으로 곧게 뻗은 잣나무

쳐다보면 아득히 높기만 한데

가지 끝엔 대롱대롱 녹색 별이 달렸다

총총이 자리한 잣나무 가지는

하늘을 오르는 계단이 되고

아버지는 조심조심 녹색 별을 따신다

모닥불에 구운 잣 알갱이를
냉큼 집은 미식가 황섭이의 한마디.
"와, 엄청 고소해!"

가을의 연례행사 가운데 하나인 잣을 따기 위해 서당 아이들이 뒷산으로 몰려갔습니다. 훈장님인 아버지는 구섭이의 표현대로 하늘 계단을 올라 녹색 별을 땁니다. 녹색 별은 잣송이입니다. 솔방울보다는 좀 크고 비늘처럼 뾰족뾰족 뻗은 데다 초록빛을 띠니 과연 녹색 별이라는 표현이 맞습니다. 잣송이가 후두둑 떨어지면 아래에 있던 아이들이 그것을 푸대에 잘 담습니다.

구섭이는 이맘때쯤 먹는 잣의 맛을 늘 기억하고 있습니다. 고소한 그 맛을요. 손에 진득진득한 송진이 묻어나기도 하지만 구섭이는 잣을 맛볼 생각을 하며 능숙하게 잣송이를 주워 모읍니다. 잣 따기가 끝나고 옹기종기 모여 앉아 장기자랑 시간을 가졌습니다. 구섭이가 자신 있게 한 곡조 뽑기 시작합니다.

"아리 아리랑 쓰리 쓰리랑 아라리가 났네. 에에에. 아리랑 응응응 아라리가 났네. ♬ ♩ ♪"

구섭이는 훈장님 댁 맏이답게 민요「진도아리랑」을 구성지게 부릅니다. 눈을 감고 제법 감정을 담아 그 곡에 심취하고 있는 것 같습니다. 걸그룹 소녀시대나 원더걸스처럼 또래 아이들이 좋아할 법한 가요를 구섭이는 알지 못합니다. 하지만 구섭이의 아리랑은 청학동의 풍경과 너무나도 잘 어울렸습니다. 우리의 노래를 좋아하며 부르는 아들의 모습을 아버지 훈장님도 흐뭇하게 지켜보았습니다.

이윽고 훈장님이 딴 잣송이가 대야 가득 담깁니다. 잣송이 하나에 평균 120개의 잣이 들어차 있습니다. 구섭이와 황섭이는 마치 부자라도 된 듯한 기분입니다. 아버지는 모닥불을 피웁니다. 잣송이를 불에 달궈 송진을 빼내고 잣알을 발라내기 위해서지요. 송진이 다 빠지기를 기다리는 그 시간이 약간 지루해지려는데 아버지가 말합니다.

"이거는 다 됐다. 벌써 송이가 벌어진다."

입을 다물고 있던 잣송이들이 입을 벌리며 잣을 토해 내고 있습니다. 이 잣 알갱이들의 껍질을 벗겨 주면 하얀 속살의 잣들이 나오는 것입니다. 매번 봐도 신기한 이 광경을 구섭이는 눈을 뗄 줄 모르고 쳐다봅니다. 불길에 잠시 자리를 피해 있던 동생들도 달려왔습니다.

"엄청 고소하다!"

황섭이는 눈을 동그랗게 뜨고 잣을 맛본 감상을 말합니다. 백섭이도 옆에서 아버지께 잣을 어서 까 달라고 난리입니다. 구섭이 삼 형제는 잣의 고소한 맛에 취해 밤이 깊어 가는 줄도 몰랐습니다. 구섭이에게는 이처럼 계절별로 가족들과 함께하는 먹을거리와 놀 거리가 풍족하기에 TV나 게임기도 부럽지 않습니다.

오늘은 구섭이네 삼 형제에게 아주 특별한 날입니다. 어머니가 진주에 장 보러 가는 날이지요. 아버지는 괜스레 백섭이에게 어머니 따라가지 말라고 놀립니다. 그러자 백섭이는 혹여나 정말 갈 수 없게 될까 봐 마음이 조여 금방 눈물을 글썽거리기도 했습니다. 그저 장 보는 걸로 끝나는 게 아닙니다. 특별한 이벤트가 있습니다. 바로 오리배 타기입니다. 폼 나게 구명조끼를 걸치고 호수에서 배를 타며 바람을 쐬자니 그렇게 신이 날 수가 없습니다. 다음은 신기한 대형 마트 장보기입니다. 구섭이는 괜히 기분이 들떠 백섭이 같은 아기만 겨우 타는 카트에 타려고 했습니다. 그 모습에 어머니는 호통을 칩니다.

"내려와. 네가 여기에 타면 안 돼."

그러면서 어머니가 한마디 덧붙입니다.

“촌티 내지 마라.”

구섭이는 당돌하게 대꾸합니다.

“촌놈이 촌티 안 내고 살 수 있어요?”

이렇게 가끔 구섭이는 어머니를 기막히게 합니다. 스스로 촌놈이라고 당당히 이야기하던 구섭이의 관심이 다른 곳으로 향했습니다.

“박처럼 생긴 이상한 과일이 있던데.”

그 과일은 멜론입니다.

“우리 이거 사요.”

가격표를 본 어머니는 단호하게 거부합니다. 이런 곳에 오면 괜스레 무엇이라도 사고 싶기 마련인지 구섭이는 이것저것 어머니에게 내밀어 봅니다. 하지만 소득이 없습니다. 사실 이럴 땐 그저 포기하고 구경만 하는 것이 남는 장사라는 것을 구섭이도 잘 압니다. 그러던 구섭이가 절대 포기할 수 없는 것이 생겼습니다. 바로 선크림입니다. 구섭이가 관심 어린 눈으로 바라보자 점원 아주머니가 친절하게 소개해 줍니다.

“이거는 한 개에 9,500원이고 이거는 세트로 11,500원이니까 세트로 사는 게 더 싸요. 이건 어린이 전용이고.”

구섭이는 아주머니가 권해 주는 선크림을 껴안고 주변을 돌아보지만 어머니와 동생을 태운 카트는 보이지 않았습니다. 너무 열중해서 구경하고 있었던 탓인 모양입니다. 겨우 찾은 어머니에게 달려간 구섭이는 선크림을 내밀며 간절하게 말해 봅니다.

“이건 꼭 필요해요.”

“네가 이것이 왜 필요해?”

어머니는 도무지 알 수 없다는 듯이 묻습니다.

"시골에 있으니까 그럴수록 더 하얘야 돼요. 선크림 효능이 얼마나 좋으냐면요, 창욱이 형이 팔에다 발랐는데 물놀이하고 왔더니 바른 그 부분만 하얗더래요."

효능까지 들먹이며 구섭이는 필사적으로 어머니를 설득합니다. 검은 피부가 되는 것은 정말 싫기 때문입니다. 단호한 어머니의 표정에 그만 시무룩해진 구섭이. 하지만 그 풀죽은 얼굴에 어머니가 결국 승낙합니다.

"세트 말고 낱개로 된 것으로 하나 가져와."

만세, 속으로 쾌재를 부르며 구섭이는 얼른 선크림을 다시 가지고 왔습니다. 그야말로 부리나케 뛰어왔습니다.

"무슨 선크림이야? 그런 거 바르지도 않더니."

다음 날, 학교 갈 준비를 하며 구섭이가 유난히 바쁩니다. 선크림을 난생처음으로 바르는 날이기 때문입니다. 설명서대로 우선 얼굴을 깨끗하게 씻고 방으로 뛰어갑니다. 하지만 마음대로 되지 않습니다. 어머니가 양손에 묻혀 착착 두드리라고 코치해 주지만 그것도 쉽지 않습니다. 그렇게 많이 바른 것 같지 않은데 어째 "나 오늘 처음 선크림 발랐어요" 하고 광고하는 꼴이 될 정도로 얼굴이 두드러지게 허옇게 되어 버렸습니다. 구섭이는 조르고 졸라 선크림을 산 보람이 없지 않을까 걱정이 되어 한참을 문지르고 또 문질렀습니다. '하얀 피부가 되어라'라고 빌면서 말이죠. 왜 피부색은 흰 어머니를 닮지 않고 가무잡잡한 아버지를 닮았는지 괜스레 아버지가 야속해지기도 합니다.

"피부가 희면 약해서 기미도 생겨. 아버지는 아무것도 안 생기잖니."

아버지의 말은 전혀 위로가 되지 않습니다. 구섭이는 얼굴에 뭉친 선크림을 정성껏 펴 바르는 데만 열중했습니다. 그렇게 한바탕 소동을 벌인 후에야 학교로 달려갔습니다.

맑은 하늘에 걸린 나뭇가지에서 까치가 울면서 아침을 반깁니다. 오늘은 집안에 중요한 일이 있습니다. 드디어 강 훈장님 댁 삼 형제 중 막내 백섭이가 서당에 입학하는 날이기 때문입니다. 백섭이는 황섭이 형의 코치로 꼬까옷을 입고 머리에 복건도 씁니다. 할아버지, 아버지도 백섭이의 입학식을 위해 일찌감치 서당으로 왔습니다. 할아버지 앞에 뒤뚱거리며 절하는 백섭이를 보며 구섭이의 얼굴에도 흐뭇한 미소가 피어났습니다. 서당은 정해진 나이에 입학하는 것이 아닙니다. 누구나 공부할 준비가 되었을 때 입학하는 것이라 사람마다 그 시기도 다릅니다. 아버지는 아들이자 제자가 될 백섭이를 위해 책을 골랐습니다. 자라면서 예절과 윤리를 배울 수 있는 책입니다. 바른 아이로 자라라는 아버지의 마음이 담겼습니다. 이제 백섭이도 형들을 따라 어엿한 서당의 학생으로 본격적인 한문 공부를 시작할 것입니다.

"어진 선비가 되어야 한다."

할아버지의 말씀에 백섭이는 그 뜻을 아는지 모르는지 고개를 끄덕였습니다.

할아버지가 아버지에게 글을 가르쳐 주었던 것처럼 아버지는 다시 구섭이에게 글을 가르쳐 주었습니다. 구섭이도 할아버지나 아버지처럼 훈장이 될 것인지는 아직 잘 모르겠습니다. 하지만 지금은 백섭이의 훌륭한 선배님이자 선생님이 되기 위해서라도 한문 공부를 열심히 할 작정입니다. 오늘도 청학동 풍교헌에는 한문을 공부하는 소리로 시끌벅적합니다. 여전히 제각각 배운 만큼 다른 소리를 내니 참 풍요로운 소리입니다.

자연친화적인 교육 활동

부모 세대인 우리의 성장 과정과 비추어 볼 때 요즘 아이들의 삶은 많이 풍요로워졌습니다. 흑백 TV에서 나오는 몇 편 안 되는 만화영화를 손꼽아 기다리던 때와 비교하면 요즘 아이들은 미디어의 홍수 속에서 살아갑니다. 어떤 아이는 스마트폰이야말로 자신의 진짜 친구라고 하기도 합니다. 이렇듯 풍요로움 속에서 지내는 아이들이 왜 이리 삭막해져 갈까요? 기계와의 상호작용 속에서 그 단조로움을 익혀서는 아닐까요? 청학동에서 자라는 강 훈장님 댁 삼 형제의 생활은 말 그대로 자연 그 자체입니다. 개울에서 목욕하고 모닥불에 고기를 구워 먹으며 친구들과 함께 자연 속에서 자라는 삼 형제의 생활에서 우리가 그토록 찾는 힐링을 경험하게 합니다.

철학자이자 교육자 루소Rousseau가 부르짖은 "자연으로 돌아가라"라는 말에서 그 자연이 인간에게 주는 힘과 회복을 느끼게 합니다. 실제로 아동이 접하는 자연과 행복 간의 관계를 연구한 결과에 의하면, 자연친화적 교육 활동을 통해 아이들은 내적인 안정감을 가지게 됩니다. 또한 주변 환경을 더 적극적으로 탐색하고 접촉하며 모든 일에 자신감을 향상시키고 타인과 자신에 대한 긍정적인 자아 개념을 형성하고 행복을 느끼는 데 긍정적인 효과를 미친다고 합니다.

자녀가 자연에서 배울 수 있는 시간을 주는 것이 필요합니다. 주말에 가족이 함께 캠핑을 하거나, 등산이나 물놀이 체험 등을 한 기억을 떠올려 보십시오. 자연은 그 자체로 자녀에게 장난감이 되고 교과서가 됩니다. 그 시간엔 게임기가 없어도, 책이 없어도 심심하지 않습니다. 자연 속에서 한껏 웃으며 즐거움을 경험한 아이들은 다음에도 이런 기회가 주어지길 희망합니다. 그것이 바로 자연이 주는 '살아 있는 지식'이요 '살아 있는 체험'입니다. 책이나 장난감이 주는 정해진 틀이 없기 때문에 아이들은 적극적으로 그것을 만지고 느끼며 경험할 수 있습니다. 이로 인해 우리가 중요하게 생각하는 창의성 교육에도 좋은 기회가 될 수 있습니다. 이 중요성을 잘 알고 있는 부모는 자연을 접할 수 있는 기회를 제공하려고 노력합니다. 자연은 그 자체로서의 치유와 행복을 경험하게 합니다.

방송에서처럼 찬물에서 너무 오래 놀면 배탈이 날 수 있기 때문에 중간중간 따뜻한 돌에 배를 깔고 눕는 것을 책이 아닌 몸으로 배운 아이들. 자연은 체험을 주는 좋은 공간이 됩니다. 가족이 함께 자연으로 떠나는 여행을 계획해 보면 어떨까요?

덕 평 분 교 의   마 지 막   겨 울

세상에서 제일 행복한 놀이터

이른 아침 5학년 소영이는 동네 강아지 푸름이와 함께 길을 나섭니다. 이렇게 함께 학교에 간 지도 벌써 일 년째, 소영이와 푸름이는 그 어떤 죽마고우도 부럽지 않은 단짝이 되었습니다. 푸름이는 소영이네 반 교실도 제집인 양 익숙하게 드나듭니다.

"어, 푸름이 왔네?"

담임 선생님이 누구보다 먼저 푸름이를 반겨 줍니다. 매일매일 하루도 빠짐없이 출석 도장을 찍다 보니 푸름이는 이제 덕평분교 학생이나 다름없습니다.

높은 산등성 아래 아늑하게 자리 잡은 마을, 넉넉한 인심으로도 소문난 충북 괴산면 덕평리에는 마을 사람들 모두가 거쳐 간 오래된 학교가 있습니다. 바로 육십이 년의 역사를 자랑하는 덕평분교입니다. 이곳에 언제나 시끌벅적한 덕평골 여섯 아이와 강아지 푸름이가 있습니다.

동생들도 푸름이도 똑소리 나게 잘 챙기는 5학년 맏언니 소영이, 그 곁에는 늘 웃음이 넘치는 4학년 병환이가 있고요, 엄하기로 소문난 군기반장 4학년 예빈이와 못 말리는 개구쟁이 막내 2학년 정안이가 함께합니다. 남학생 중에 5학년 맏형 현기는 신문 보는 게 취미이고요, 괴산 군수가 되는 게 꿈입니다. 어리지만 차분하고 꼼꼼한 3학년 병탁이까지, 이렇게 덕평분교에는 나이도 성격도 제각각인 여섯 명이 때로는 육 남매처럼, 때로는 가족보다 더 따뜻하게 마음을 나누며 지내고 있습니다.

이윽고 고학년 사회 수업이 시작됩니다. 이번 시간에는 뉴스를 보고 서로 이야기를 나누기로 했습니다. 사회 문제라면 누구보다 관심이 많은 현기가 눈을 반짝입니다.

"선생님, 북방한계선이 뭐예요?"

"어, 좋은 질문이야. 방금 뉴스에서 북방한계선을 넘어서 포격을 했다, 그랬죠?"

이현호 선생님은 아이들이 어떤 질문을 하든 일일이 척척 대답해 줍니다. 고학년이라고 해 봤자 네 명이 전부인 교실 안은 항상 화기애애한 사랑방 분위기입니다. 어느새 푸름이는 교실 뒤편에서 꾸벅꾸벅 졸고 있습니다.

수업이 끝나 갈 즈음 하늘에서 갑자기 함박눈이 펑펑 쏟아지기 시작합니다. 아이들은 누가 먼저랄 것 없이 모두 운동장으로 뛰쳐나옵니다. 눈싸움은 자연스럽게 전교생 체육 수업이 되고 맙니다. 쉬는 시간이 지나도 누구 하나 교실로 들어갈 기미가 없었거든요.

눈이 그치고 잠시 창밖을 내다보던 소영이가 운동장으로 부리나케 내달립니다. 근처를 지나던 길에 소영이 엄마가 학교에 들른 겁니다. 엄마는 소영이에게 커다란 냄비 하나를 덥석 안겨 줍니다. 냄비 안에는 감자전 반죽이 들어 있습니다.

곧바로 이어진 덕평분교의 점심시간, 조금은 특별한 풍경이 펼쳐집니다. 교무실은 순식간에 부엌으로 변하고, 선생님이 미리 준비해 둔 소시지를 지글지글 굽습니다. 군기반장 예빈이도 선생님을 도와 힘을 보태 봅니다. 조금 서툴러도, 함께 만들어 가는 점심시간입니다.

"전 좀 뒤집어!"

"으악! 부서졌다."

"그래도 맛있으면 돼."

감자전에 소시지, 육개장, 밥, 김까지 선생님과 아이들, 소영이 엄마가 삼삼오오 모여 만든 음식들이 순식간에 한 상 가득입니다. 눈밭에서 뒹구느라 진땀을 뺀 아이들에게 이보다 더 꿀맛인 점심이 있을까요? 소영이는 맏언니답게 수저까지 꼼꼼히 챙기더니, 다음에는 밥 안 먹겠다고 투정하는 막내를 챙깁니다.

"여정안, 정말 밥 안 먹을 거야?"

"어! 머리가 아프단 말이야."

"한 숟갈이라도 먹지."

정안이가 무슨 일인지 교무실 구석에 토라져 있습니다. 밥 먹기가 싫은 모양인지 아까부터 교무실 소파에 누워 찡얼거립니다. 급기야 선생님까지 와서 달래자 그제야 슬그머니 일어섭니다. 밥 먹고 약 먹자며 엄마처럼 챙겨 주는 선생님 손길만큼은 뿌리치지 못하는 귀염둥이 막내입니다.

"소영이 엄마께 감사합니다, 하고 먹자!"

선생님 말씀이 떨어지기 무섭게 아이들이 "감사합니다!" 하고 참새처럼 입을 모아 합창합니다. 때로는 식당으로, 때로는 놀이터로, 늘 아이들과 부모님들로 북적이는 교무실입니다. 선생님들은 교무실 문턱을 낮추기 위해

아이들 의자 여섯 개며 낮은 탁자까지 마련했고, 그 후로 현기는 급식실보
다 교무실에서 먹는 밥을 훨씬 더 맛있게 먹습니다.

덕평분교만의 추억이 깃들어 있는 밥상은 설거지 내기로 마무리됩니다.
아쉽게도 가위바위보에서 진 현기가 그릇 더미를 잔뜩 챙겨 나섭니다. 이
를 지켜보던 선생님이 괜스레 불안한 마음에 함께 따라갑니다. 학교 일이
라면 뭐든지 나서서 도맡는 현기지만 행여 차가운 찬물에 고생할까 걱정스
러운 선생님이 뜨거운 물을 틀어 줍니다. 씩씩한 현기는 대수롭지 않은 듯
의연하게 맨손으로 척척 설거지를 합니다. 이렇게 시린 손으로 설거지하
는 날도 얼마 남지 않았거든요. 덕평분교는 이번 겨울방학을 끝으로 폐교
가 되기 때문입니다.

그 때문에 아이들은 학교에서의 마지막 공연을 위해 밤늦도록 바이올린
연습에 매달리고 있습니다. 지난봄 아이들은 선생님께 중고 바이올린 하
나씩을 선물받았고, 태어나서 처음 바이올린을 만져 보아 굉장히 신이 났
었어요. 하지만 뜻밖에도 올해 마지막 공연을 준비하게 된 아이들의 마음
은 반대로 참 무겁습니다.

그날 오후, 아이들이 연습을 끝내고 어디론가 뛰어갑니다. 학교 바로 뒤

에 자리 잡은 선생님의 사택으로 가는 겁니다. 아이들은 틈만 나면 제집 드나들듯 선생님 집으로 갑니다. 순식간에 여섯 아이들이 점령한 거실, 아이들에게는 제2의 집입니다. 공연 준비로 지쳤을 아이들을 위해 선생님이 기타를 꺼내 듭니다. 아이들은 선생님의 콧노래에 금세 흥이 나고, 세상에서 가장 밝은 웃음으로 즐겁게 춤을 춥니다. 덕평골 여섯 아이들의 즐겁고도 아쉬운 밤이 이렇게 흘러갑니다.

다음 날 이른 아침, 마지막 공연을 앞두고 덕평분교 전교생이 한자리에 모여 긴급회의를 합니다. 아이들은 먼저 각자 맡을 역할부터 나눕니다.

"내가 사회자 해도 되나? 정현기가 학교 안내하고."

소영이 말에 막내 정안이가 말꼬리를 잡아 장난을 칩니다.

"남자들이 오면 여자 화장실로 들어가라고 안내해야지."

"너희 셋, 장난치지 말고!"

이윽고 아이들이 본격적으로 공연장 꾸미기에 나섭니다. 학교에서의 마지막 무대다 보니 모두들 그 어느 때보다 준비하는 모습이 진지한데, 유독 막내 정안이만큼은 예외입니다. 정안이가 누나들 곁에서 자꾸만 깐죽거리자 참다못한 군기반장 예빈이가 나서서 혼쭐을 냅니다. 천하무적 예빈이

의 제압 앞에서는 정안이도 금세 꼬리를 내립니다.

얼마 후 덕평골 음악회를 알리는 플래카드가 서서히 모습을 드러냅니다. 그런데 지금껏 이를 묵묵히 지켜보던 현기가 갑자기 고개를 숙입니다. 그간 꾹꾹 참아 왔던 눈물이 그만 터지고 말았습니다. 한 번도 실감해 본 적 없고, 실감하고 싶지도 않은 학교의 마지막 행사입니다.

"형아! 뭐 때문에 운다고? 뭐 때문에 울고 싶다고? 어?"

이번에는 철없는 막내 정안이가 도리어 현기의 무거운 마음을 달랩니다.

"학교 떠나니까 울고 싶어. 학교 떠나면 예전같이 놀 수도 없고……."

막연하게만 느껴지던 학교와의 이별이 너무 금방 가까이 온 것 같습니다. 이 작은 학교에서라면 뭐든지 신 나고 즐거웠는데 선생님도 아이들도 도시로, 큰 학교로 뿔뿔이 흩어진다는 상상을 하니 더욱더 막막하기만 합니다.

그날 오후에 현기는 눈물을 닦고 집으로 씩씩하게 돌아왔습니다. 부모님이 걱정할까 봐 인사도 유독 우렁차게 했지요. 현기는 집에 돌아오자마자 집안일부터 거드는 덕평골 효자입니다. 빨래 먼지 망도 손으로 척척 걸러낼 정도로 야무진 현기는 집에서 가까운 덕평분교를 다니는 걸 어느 누구보다 좋아했습니다. 바쁜 부모님을 대신해 어린 두 동생들을 돌보면서도 수시로 집과 학교를 오갈 수 있기 때문입니다. 하지만 봄부터 새 학교를 다니게 되면 지금처럼 동생들을 돌보는 건 어려워집니다. 현기는 동생들 앞에서 눈물이 터져 나올까 봐 묵묵히 설거지만 합니다. 동생들이 입학하고 졸업할 때까지만 학교가 남아 있어 주면 얼마나 좋을까요? 아쉬움은 생각할수록 자꾸만 더 커집니다.

며칠 후의 일이었습니다. 선생님이 여섯 아이들을 서둘러 차에 나눠 태

선생님의 기타 반주에
신 나게 놀다 보니
어? 이가 툭 빠져 버렸네?

웠습니다. 아이들이 간 곳은 학교에서 이십여 분 정도 떨어진 괴산의 또 다른 마을이었습니다. 봄이 되면 아이들은 새 학교, 문광초등학교에 다녀야 합니다. 새 학교도 둘러볼 겸 새 교장 선생님께 학력 우수상을 받으러 왔지만 아이들의 마음은 무겁습니다. 덕평분교에서는 늘 웃음이 넘치던 아이들인데 새 학교에서는 하나같이 돌덩이처럼 시무룩합니다.

"덕평분교는 환갑이 넘었습니다. 역사로 따지면 육십 년도 넘은 학교가 아쉽게도 학생이 너무 급격히 감소해 내년 3월 1일 자로 없어집니다."

문광초등학교 교장 선생님의 말입니다. 기분이 좋아야 할 시상식인데 상을 받으면서 이렇게 속상했던 적은 없습니다. 아이들의 낙원이던 덕평분교가 사라지는데 그 어떤 상장도 위로가 되질 않습니다.

다음 날, 소영이는 새벽부터 학교 갈 준비를 서두릅니다. 조금이라도 일찍 학교로 가고픈 마음에 소영이의 발걸음이 평소보다 급합니다. 손에는 푸름이에게 줄 간식까지 챙겨 나왔습니다. 멀리 버스를 타고 통학해야 하는 새 학교로 가게 되면 푸름이와 함께 등교하는 것도 불가능한 일입니다. 매일 똑같기만 했던 등굣길이 그날따라 소영이에게 더 소중하고 특별한 의미로 다가왔습니다.

이윽고 아무도 없는 교실에 제일 먼저 소영이가 들어섭니다. 직접 꾸민 게시판도 손때 묻은 책걸상도 겨울 방학이 시작되면 모두 마지막이 되는 풍경입니다. 소영이는 이 풍경을 단 며칠만이라도 전보다 더 깨끗하고 정돈된 교실로 만들고 싶습니다. 아마 예빈이도 같은 맘이었나 봅니다. 여섯 아이들 중에 유난히 마음이 잘 통했던 소영이와 예빈이는 함께 교실을 쓸고 정리합니다. 마주 앉아 수다를 늘어놓자 그동안 함께 공부했던 시간들이 타임머신처럼 스쳐 지나갑니다.

그날 아이들은 옹기종기 모여 앉아 학급 회의를 했습니다. 아이들은 분교에서의 추억을 오래도록 간직하기 위해 타임캡슐을 만들기로 했습니다.

"우리 이거 묻은 다음 이십 년 뒤에 여기 와서 열어 보는 거야. 여기에다가 조그만 것들, 추억될 만한 것들을 넣자. 뭘 넣을까?"

아이들은 먼저 이십 년 뒤 자신의 꿈을 써 보기로 했습니다. 함께 모여 한 자 한 자 채워 가는 꿈, 덕평분교에서 키운 소중한 꿈과 소망을 종이에 조심스레 옮깁니다.

여정안 이십 년 후에 상품권 타기

안병탁 이십 년 후에 잘되기

안병환 이십 년 후에 정현기 형 때리기

정현기 이십 년 후에 치안 장관

조예빈 이십 년 후에 제빵사 되기

박소영 이십 년 후에 화가 되기

"자, 다 적었지? 안에 넣고 뚜껑 닫자."

그런데 이게 다가 아니었습니다. 아이들은 갑자기 푸름이를 둘러싸더니 날카로운 가윗날을 휘두릅니다. 도대체 무슨 엉뚱한 일을 벌이나 했더니, 아이들이 푸름이 꼬리털 일부를 조심스레 잘라 냈습니다. 이렇게 해서 타임캡슐 안에 덕평분교 마지막 학생들만의 추억이 또 하나 담깁니다. 현기는 바이올린을 가르쳐 준 고마운 선생님의 명함도 캡슐 안에 같이 넣습니다. 자, 이제 땅에 묻는 일만 남았습니다. 아이들은 이십 년 뒤 찾아내기 쉽도록 구령대 바로 옆을 타임캡슐 묻는 곳으로 낙점했습니다.

어느새 마지막 공연이 코앞으로 다가왔습니다. 선생님은 인사하는 법이며, 무대를 여는 법이며, 아이들 연주 자세까지 뭐 하나 소홀히 넘기지 않고 세심하게 점검합니다. 아이들은 실전처럼 리허설도 꼼꼼히 치릅니다. 사실 바이올린을 든 지 일 년도 채 안 된 아이들에게 공연의 부담감은 생각보다 너무 큽니다. 잘하려는 마음만 앞선 탓에 곳곳에서 불협화음이 나기 일쑤이고, 결국 한 명씩 집중 연습에 들어갑니다.

"소리를 좀 들으면서 해야지. 합주에서 혼자 막 그렇게 나가는 사람이 어디 있어?"

"「에델바이스」 노래는 결국 자기 조국을 떠나는 이별의 곡이야. 알았니? 그래서 의미 있는 곡이라고!"

선생님의 지적과 쉼 없이 이어지는 수업. 하지만 이 정도 고생쯤이야 단단히 각오한 아이들입니다. 이제 곧 정든 학교와 아쉬운 이별을 준비하는 덕평분교 아이들에게 거듭된 연습보다 힘든 건 예정된 헤어짐입니다. 그날 밤 여섯 아이들의 바이올린 소리는 밤늦도록 멈추지 않았습니다.

며칠 후 덕평분교에서의 마지막 수업 날이 밝았습니다. 때마침 교정에 하얀 눈이 소복하게 쌓였습니다. 마치 동화 속 풍경처럼 고요하고 아름다웠습니다.

"어젯밤에 눈이 많이 왔지? 마침 5학년이 「눈꽃송이」 노래를 배울 시간이란 말이지. 그러니까 이번 시간에 그 노래를 해 보자."

마지막 수업은 아이들이 가장 좋아하는 음악 시간. 5학년 음악 교과의 마지막 곡 「눈꽃송이」가 교실 안에 울려 퍼졌습니다. 아이들은 선생님의 피아노 반주에 맞춰 목청껏 노래를 불러 보았습니다. 그런데 그때 창문 너머로 눈이 펑펑 내렸습니다. 덕평분교의 마지막 음악 수업을 위해 마치 하늘에서 준비라도 한 것처럼 말입니다. 노래 속, 그리고 창문 너머 새하얀 눈꽃송이가 아이들 가슴에 사뿐히 내려앉았습니다.

수업이 끝나고 아이들이 교무실로 모였습니다. 이곳에서 덕평분교만의 조촐한 방학식이 시작됐습니다. 선생님은 예전처럼 기타를 메고 아이들은 언제나처럼 노래를 부르고, 막내와 개구쟁이들은 여전히 장난을 치고 춤을 추며 까불거립니다.

"애들아, 여기서의 마지막 방학식이다. 서로 친구들 잊지 말고 ……."

마지막이 안 올 줄만 알았는데 결국 오고야 말았습니다. 선생님의 눈가에 참아 온 눈물이 맺힙니다. 선생님에게 여섯 아이들은 뒤늦게 얻은 자식 같습니다. 그런데 졸업장 하나 안겨 주지 못하고 떠나보내려니 마음이 더 아픕니다. 맏언니 소영이가 제일 먼저 다가가 선생님을 뒤에서 안아 봅니다. 잠시 후 고마운 선생님들을 위해 아이들이 준비한 방학식이 이어집니다. 소박하고 허술하지만 아이들이 직접 깜짝 파티를 꾸몄습니다. 예빈이가 대표로 아이들이 쓴 편지를 선생님께 읽어 드립니다.

저희들의 소중한 학교는 폐교되지만 진한 우정, 정신만큼은 무너지지 않을 거예요. 그리고 추억도 아이들도 잊지 않고 열심히 씩씩하게 '난 문광 덕평분교 출신이다' 하고 당당하게 말할 수 있는 어른이 되겠습니다.

여섯 명 용돈을 탈탈 털어 산 선물도 전합니다. 선생님께 받은 바이올린과 사랑을 이렇게나마 보답하고 싶은 아이들. 선생님의 입가에도 흐뭇한 미소가 번집니다.

"마지막 음악회예요. 꼭 와 주세요."

방학식 후에도 아이들은 무척 바빴습니다. 학교의 마지막 잔치, 연주회를 알리기 위해 아이들은 정성껏 초대장을 만들었습니다. 개구쟁이 남학생들도 이번에는 제법 열심히 움직였습니다. 동네 어르신들에게 초대장을 돌리기 위해 온 동네를 뛰어다니며 발품을 팔았고, 한밤중에도 바이올린을 내려놓지 못했습니다. 모교에서 펼칠 수 있는 마지막 무대, 이 연습이 아니었다면 아이들은 밤이 이렇게 짧은 줄 몰랐을 겁니다.

드디어 연주회 날 아침이 밝았습니다. 교실 안에서는 연주회장 장식에 여념이 없고, 운동장에서는 지난 육십이 년간 이 학교를 거쳐 간 선배들의 이름을 하나하나 다느라 분주합니다. 1949년 첫 졸업생부터 한 분 한 분 손글씨로 이름을 적은 아이들. 덕평분교의 육십이 년의 역사가 한자리에 모였습니다.

연주회 시간이 가까워 오자 하나둘 손님들이 도착합니다. 아이들이 정성껏 써 놓은 이름표를 보고 동네 어르신들은 만감이 교차합니다. 할머니, 할아버지, 아저씨, 아주머니, 아빠, 엄마 선배님들은 아이들의 정성에 그만

목이 메고 맙니다. 모교의 마지막 모습을 지켜보기 위해 멀리 서울에서 내려온 분들도 있습니다.

잠시 후 아이들이 준비한 마지막 콘서트가 펼쳐집니다. 공연장은 아이들의 바람대로 동네 사람들과 선배님들로 가득 찼습니다.

"안녕하세요. 올 겨울 덕평골에는 유난히도 눈이 많이 내렸습니다. 눈이 많이 내리는 해에는 온갖 행복들이 눈처럼 온다고 합니다. …… 바이올린을 처음 시작하며 배웠던 곡을 연주해 드리겠습니다. 다 함께 「작은 별」을 연주하겠습니다."

첫 번째 「작은 별」 합주를 무사히 마치고 아이들의 개인 무대가 이어집니다. 막내 정안이가 아쉽게도 너무 떤 나머지 제 실력을 발휘하지 못합니다. 하지만 미래의 군수 현기가 정안이의 실수를 만회라도 하듯 깔끔한 연주 솜씨를 선보입니다. 제일 마지막 맏언니 소영이의 완숙한 연주까지 아이들의 연주회가 성공리에 끝났습니다. 그러자 다음에는 흐뭇하게 지켜보던 졸업생 선배들이 나섰습니다.

"뒤에서 듣다 보니 자꾸 눈물이 나오려 합니다. 마지막 순서로 덕평분교 교가를 제창하겠습니다. 졸업생 대표들, 앞으로 나오시길 바랍니다."

올 겨울이 지나면 완전히 사라져 버릴 덕평분교. 선배들은 마지막으로 자신의 모교에서 힘차게 교가를 불러 봅니다. 덕평분교의 마지막 콘서트는 이렇게 모두의 아쉬움 속에 끝이 났습니다.

　새하얀 눈꽃송이와 함께 시작된 덕평분교의 마지막 겨울이었습니다. 여섯 아이들이 한 가족처럼 지냈던 작고 따뜻한 학교는 싹 트고 꽃 피는 봄이 오면 이제 사라지고 없을 겁니다. 하지만 아이들은 잘 알고 있습니다. 학교는 없어지지만 온정이 넘치던 덕평골, 여섯 아이들의 놀이터이자 낙원이었던 덕평분교는 아이들과 선생님, 동네 사람들의 추억 속에 언제나 함께일 것입니다.

경쟁보다는 협동을

정보화 사회를 살아가면서 다른 사람보다 빠른 성과를 내는 것이 너무도 중요한 이슈가 되었습니다. '~보다 빠른'이라는 전제 속에는 남과 겨루어 이겨야 하는 속성이 존재합니다. 이런 분위기 속에서 다른 사람을 배려하고, 양보하는 사람의 모습은 어떻게 비칠까요? 약간 우둔하고 시대의 흐름을 헤아리지 못하는 사람으로 보일지도 모릅니다. 하지만 '상승효과'를 다루는 연구에서는 오히려 경쟁보다 협력이 일의 능률과 함께 더 나은 삶의 질을 경험할 수 있다고 합니다.

경쟁은 모든 것을 과정이 아닌 결과로 판단합니다. 또한 서로에게 적대감이나 의심을 갖게 하지요. 이러한 분위기 속에서 상승효과를 기대하기는 어렵습니다. 협동의 중요성을 강조한 교육학자 데이비드 존슨David Johnson과 로저 존슨Roger Johnson은 "협동적 상황에서는 사람들이 실수를 두려워하지 않고 여러 가지를 시도하는 용기를 갖고 모험을 시도하기 쉽지만, 경쟁적 상황에서는 다른 사람들의 공격이 두려워서 약점이 될 만한 일들은 시도하기 어렵고, 실수가 생기면 드러내고 고치기보다는 숨기려 한다"고 보고합니다. 더 빨리 가기 위해 경쟁을 부추기게 되지만 결과적으로 다른 사람과 함께할 때 더 유익한 결과를 가져오게 된다는 거지요.

덕평분교 아이들의 웃음 속에서 우리는 행복을 봅니다. 몇 명 되지 않는 전교생이지만 그 안에서 함께 자라는 아이들의 모습 속에는, 대도시의 풍요로움 속에 자라지만 앞다퉈 달려가는 우리 자녀들에게 보이는 경쟁이라는 굴레를 찾아볼 수 없습니다. '속도'보다 더 중요한 것은 '방향'입니다.

지금 자신의 자녀가 느끼는 감정이 무엇인지 헤아려 보세요. 혹시 요즘 학교의 존재 목적이 경쟁을 통한 상승에 있지 않나요? 이런 분위기 속에서는 진정한 우정도, 협동도 존재할 수 없습니다. 어떤 아이는 수학을 잘하고 어떤 아이는 체육을 잘하고, 또 어떤 아이는 공부는 못해도 친구들을 즐겁게 해 줍니다. 모두들 제각기 잘하는 무언가가 있지요. 그것을 찾아서 격려해 준다면 아이들은 자신의 강점으로 협동하는 방법을 체득하게 될 것입니다. 이것이 우리가 진정으로 나아가야 할 교육의 방향이 아닐까요? 학업으로 지쳐 가는 우리 아이들에게 친구들과 어울려 한껏 웃는 모습을 다시 되돌려 주고 싶습니다.

비진도를 지키는 미래 소년 코난

저는 여덟 살 1학년 박한상입니다. 저는 통영시 비진도에 살고 있습니다. 취미는 수영이고요, 특기는 물수제비입니다. 저의 소원은 여덟 살 친구가 한 명이라도, 딱 한 명이라도 전학을 오는 겁니다. 이 소원이 꼭 이루어지면 좋겠습니다.

까까머리 소년이 일기를 씁니다. 비진도에 사는 바다 소년입니다. 얼굴에는 장난기가 그득한데 일기에는 은근한 외로움이 묻어납니다. 비진분교의 유일한 1학년 한상이는 하루빨리 또래 친구를 만들고 싶습니다.

항구 도시 경남 통영에서 배를 타고 사십 분을 더 들어가면 그 소박한 아름다움이 첫눈에 가슴을 설레게 하는 섬, 비진도가 나타납니다. 비진도는 500미터의 긴 해수욕장이 안 섬과 바깥 섬을 이어 주는 독특한 모양새의 섬입니다. 특히 비진해수욕장은 부드러운 은모래와 잔잔한 파도가 명물이라 여름이면 관광객들의 인기를 독차지하는 비진도의 자랑거리입니다.

여기 비진도의 안 섬, 그중 내항 마을에는 비진도 바다를 앞마당처럼 내려다보는 자그마한 학교가 하나 있습니다. 바로 한산초등학교 비진분교입니다. 전교생 네 명 중에 세 명이 한상이네 삼 남매, 한 명이 산 너머 외항 마을에 사는 송은이입니다.

"엄마, 다 같이 가족 수영 좀 가 보자!"

한상이가 아침부터 목청에 힘을 주어 말합니다. 아빠가 이불을 널다 말고 한상이의 짱알거리는 잔소리를 듣습니다.

"가요. 출발!"

한상이는 엄마, 아빠, 누나, 동생들과 함께 학교에 딸린 사택에서 살고 있습니다. 아빠는 근처 섬 초등학교 선생님이고, 엄마는 비진분교의 유일한 선생님입니다. 한상이에게는 두 누나들 외에 아직 어린 꼬마 동생들도 있습니다. 언젠가부터 아빠 엄마의 관심을 독차지하는 다섯 살짜리 동생 민상이와 두 살 까까머리 동생 지상이입니다. 엄마가 챙겨야 하는 아이가 무려 다섯이나 되는 만큼 일곱 가족의 바다 나들이는 시작부터 아주 분주합니다. 다만 좋은 점은 바다가 집 앞에 펼쳐져 있어 따로 피서 계획을 세울 필요가 없다는 점이지요.

"이 나뭇잎이오. 초록색이에요. 이게 무궁화예요, 무궁화. 좋다. 마이 좋다."

한상이가 나무도 보고 꽃도 보며 신 나게 걸음을 옮깁니다. 그러다가 동네 구멍가게 앞에서 걸음을 딱 멈춥니다. 며칠 전에 생긴, 섬에서 하나밖에 없는 슈퍼입니다. 여름 휴가철에만 문을 열고 끝나면 사라지는, 딱 하나뿐인 가게이지요. 이 가게가 문을 열면 비진도 아이들은 평소에 구경도 못 해 본 달콤하고 맛있는 과자와 아이스크림을 살 수 있습니다.

"먹고 싶어."

"그럼 사 먹어!"

"나 돈 많이 없단 말이야."

한상이가 누나들 앞에서 울상을 짓습니다.

'그냥 확 먹어 버릴까?'

고민 끝에 한상이는 주머니에서 쌈짓돈을 꺼냅니다. 일 년에 며칠 안 되는 기회를 앞에 두고서 그냥 지나칠 수는 없지요. 하지만 한상이는 이내 돈을 다시 집어넣습니다. 우물쭈물 잠시 생각해 보더니 어쩔 수 없이 다음번을 기약하나 봅니다.

이곳 비진도에서 여름이면 아이들이 가장 많은 시간을 보내는 곳은 마을 선착장입니다. 일 년 중, 비진도가 가장 활기에 넘치는 기간이 바로 여름 휴가철이지요. 한상이네 삼 남매는 배 타고 들어오는 관광객들에게 있는 힘껏 손을 흔듭니다. 배편에 아는 사람이라도 탄 걸까요? 아닙니다. 물론 환영 세리머니이긴 하지요. 아이들은 배에 탄 사람이 누구든지 그저 사람이면 좋은 겁니다. 사람 구경하기 힘든 비진도에서 여름이면 섬을 즐기려고 모여드는 관광객들은 아이들에게 한편으로 최고로 재미난 구경거리이거든요. 이른바 사람 구경이지요. 매일 보고, 매일 수영하던 바다에 관광객들이 새로운 풍경을 만듭니다. 비진도 바다가 조금은 낯설게, 그리고 재미있게 느껴지는 때가 바로 여름 휴가철입니다.

밀양에 살다가 비진도에 들어온 것은 올 3월입니다. 비진도 부근 섬, 용초도에 근무하는 아빠를 따라, 엄마는 비진분교로 학교를 옮기기로 결심했고, 그것이 섬 생활의 시작이었습니다. 섬 생활을 시작하면서 아이들에

게 숙제가 하나 생겼습니다. 인정사정없는 아빠의 수영 강습. 그것을 견뎌
내는 것입니다. 배가 드나드는 선착장이 아이들의 수영 연습장. 망설일 틈
도 없이 아이들은 바다에 던져집니다. 한상이는 구명조끼라도 입었지만,
맨몸으로 던져진 누나들. 보는 사람도 덜컥 겁이 날 정돈데요. 올림픽 수영
금메달리스트, 박태환 선수도 울고 갈 강행군. 선착장에서 육지까지 왕복
수영이 오늘의 목표입니다.

"박한울! 니 왜 솔이를 잡나! 부딪히잖아."

"나 파도 땜에 물만 먹었다. 목이 칼칼해서 죽는 줄 알았다."

"잘했어, 한상이. 물 마셔."

"물 마셨어요. 바다에서 마셨어요. 세 번이나 마셨어요. 소금물 마셨어
요."

소금물 제대로 먹었다는 한상이. 하지만 여기서 끝이 아닌 것 같습니다.

"한상이 너 뛰어. 중간에 안 쉬고 바로 간다! 끝까지!"

갈수록 태산입니다. 이젠 중간에 쉬지도 말고 바로 왕복을 해야 한다니.

바닷가 오면 물에 빠져 죽으면 안 되잖아요. 언제든지 물에 빠졌을 때 저
혼자 살아 나와야 하고, 항상 바다에 빠질 위험이 있으니 이럴 때 틈틈이
연습을 해야 해요. 아빠의 혹독한 수영 훈련에는 역시 깊은 뜻이 있습니다.
조금 무리가 된다 싶어도 섬에 사는 이상, 아이들이 반드시 넘어야 할 과정
이라는 것이죠.

한상이에게 떨어진 두 번째 과제! 구명조끼 벗고 수영하기. 갑작스러운
제안에 얼어붙어 버린 한상이. 일단 뛰어내리긴 했지만 자꾸만 물속으로
빨려 들어가는 몸. 긴장되는 건 아빠도 마찬가집니다. 난생처음 겪어 보는
공포. 한상이는 울상이 되었습니다. 하지만 그대로 포기할 한상이가 아닙

니다.

두 번째 시도! 태어나 처음으로 구명조끼 없이 물살을 헤쳐 가는 이 순간! 두려움이 큰 만큼, 성취감도 크다는 걸 한상이도 알았을 겁니다. 한상이 키가 한 뼘 더 자라면 누나들보다 더 멋진 수영을 보여 줄 수 있을 거예요. 아무것에도 의지하지 않고, 혼자 힘으로, 바다를 이겨 낸다는 것. 여덟 살 한상이가 오늘, 그 일을 해냈습니다. 그렇게 긴 하루가 저물어 갑니다.

잠자리에 들기 전, 아이들이 일기를 씁니다.

> 수영을 했다. 인제 쪼끼를 벗고 했다. 그런데 조끼를 벗고 하니까 죽을 것 같았다. 아빠가 튜브를 던져 줘서 살았다. 끝이다.

다음 날, 아이들 간식을 마련할 곳이 마땅히 없는 비진도에서 바닷가는 훌륭한 보물창고입니다. 특히 홍합과 고동은 최고의 간식거리입니다. 이 정도면 며칠 동안 간식 걱정은 안 해도 되겠는데요? 엄마 마음은 절로 부자가 된 것 같습니다. 날마다 바다가 전해 주는 선물. 그 속에는 맛난 고동과 굴, 그리고 소박한 행복도 함께 있습니다.

그날 저녁을 먹고 가족들이 교실에 모였습니다. 아빠의 특별한 선물이 기다리고 있다는데요. 이렇다 할 놀 거리가 없는 아이들을 위해 마련한 만화영화 특별 상영입니다. 텔레비전 채널도 몇 개 잡히지 않는 섬에서 아빠가 보여 주는 애니메이션『미래 소년 코난』은 한상이에게 최고의 선물입니다. 한상이는 아예 화면 속으로 빨려 들어갑니다.

"누나, 나 코난 할란다."

"코난은 니처럼 안 새카맣거든."

"새카마면 더 좋지. 코난 사나이 아니가."

다음 날이었습니다. 마침내 비진도 바다에 코난이 나타났습니다. 한상이는 코난표 작살을 급조해 멋지게 던집니다. 누나들이 코난 흉내 내기에 빠진 한상이를 비웃습니다.

"아주 쇼를 해라. 너 코난만큼 못 던지네!"

"코난은 가벼운 거 들어서 그렇다! 변태 강도 도둑. 우주의 악당들. 비진도에서는 바다에 쓰레기 버리는 사람, 바다에 오줌 누는 사람, 바다에 침 뱉는 사람, 내가 혼쭐낼 거다."

"왜 혼쭐내노?"

"바다를 더럽히니까."

한상이가 코난 노래를 부르며 뚝방을 달립니다. 누가 뭐라건 한상이는 비진도 코난이고 싶습니다. 나쁜 악당들을 물리치고, 세상의 평화를 지키는, 이 순간만은 분명 코난입니다. 그날 여덟 살 한상이는 미래 소년 코난에 푹 빠졌습니다.

한편 전교생이 네 명뿐인 비진분교에서 여름방학 특별 수업이 있는 날입니다. 엄마는 전교생 네 명의 공동 담임 선생님이기도 합니다. 멀리 산 너머 외항마을에 사는 송은이 누나까지 한 반에 누나만 세 명입니다. 한상이는 누나들과 한 교실에서 수업을 받습니다. 누나들은 모두 함께 공부를 하지만 또래 친구가 없는 한상이는 무엇을 하든, 혼자인 경우가 많습니다. 방학이라 맡길 곳을 찾지 못해 그날은 어린 동생 지상이와 민상이도 특별히 참관 수업을 받게 되었습니다. 고학년 누나들도 있고 1학년 한상이도 있고 유치부와 유아부도 함께 있는 독특한 교실 풍경입니다.

그날 한상이는 받아쓰기 시험을 보았습니다. 엄마, 아니 선생님이 문제를 불러 줍니다.

"고운 털이 날 테니."

한상이는 자신이 있나 봅니다. 얼굴에서 여유가 느껴집니다. 심지어 세 번째 문제에서는 연필까지 책상에 탁탁 치며 신이 난 모습이었지요.

1. 고운 털이 날 테니

......

7. 새는 한 마리도 없고

8. 잃어버렸다

9. 나는 너 때문에

10. 지금은 안 돼 ......

'안 돼 …… 아, 아닌 것 같기도 하고.'

아, 안타깝습니다. 마지막 문제에서 한상이는 좀 전까지의 자신감이 갑자기 사라졌습니다.

"앞으로 십 초 줄게."

"아앙, 십 초 말고."

"그럼 이십 초 줄게."

"아앙, 이십 초도 말고."

"얼른 써라."

"이거야. 이걸로 하자!"

아, 심심하다.
내 친구는 도대체 언제 오나?

엄마와 십 초 여유를 놓고 실랑이를 벌이던 한상이입니다. 그런데 이제 정답이 생각난 걸까요? 단호하게 답을 적습니다. 사실 한상이는 한참 동안 '안됀니다'와 '안됍니다' 사이에서 방황했습니다. 하지만 바다 소년 코난처럼 과감하게 우선 '안됀니다'로 밀어붙이기로 했습니다.

이윽고 엄마의 빨간 펜이 움직이자 한상이의 가슴이 콩닥콩닥 뛰었습니다. 드디어 올 것이 왔습니다. 한상이는 자칭 받아쓰기의 고수건만 ……. 누나들과 동생들 앞에서 한상이는 꼭 100점을 받고 싶습니다.

"한상이 이리 와 봐. 그러니까 선생님이 어려운 글자가 있으면 여러 번 보고 익히라고 했잖아."

결국 한상이는 아리송하던 마지막 10번 문제의 답을 틀리고 말았습니다.

막상 틀리고 나니 고수 체면이 말이 아닙니다. 누나들 앞에서 망신 또 망신입니다. 이럴 때 동갑내기 친구라도 있다면 속상한 맘을 어떻게 풀어 볼 텐데 말입니다. 쉬는 시간이 되어도 학교 운동장은 언제나 한산합니다. 아이들 축구하는 모습은 절대 볼 수 없지요. 오직 학교 안 사택, 한상이네 집에서 기르는 강아지 똘이만이 한상이를 위로합니다. 언제나 그냥 옆에 있어 주는 착한 친구 똘이입니다.

"똘, 뽀뽀 한번 하자. 니 없어지면 나는 니랑 죽을 끼다."

아직 여덟 살이지만 이런 때는 한상이도 외로움이라는 말의 뜻을 조금은 알 것 같습니다. 그 외로움을 말 없는 똘이에게 겨우 위로받습니다.

다음 날, 아빠와 아이들이 서둘러 선착장으로 향합니다. 아빠, 엄마의 친구 가족들이 비진도에 찾아온 것인데요, 이게 얼마 만에 만나 보는 손님들인가요! 비진도로 들어오고 나서부터는 손님들이 찾아와 주는 날이 가장 기다려지는 날입니다. 그런데 한상이 기분이 별로입니다. 또래 친구가 없는 탓입니다.

모두 처음 보는 얼굴들. 각자 자기소개를 하기로 했는데, 여섯 살 남자아이 태규를 발견하자 한상이의 표정이 밝아졌습니다.

"태규 니, 내 부하 해라. 형이 수영 가르쳐 줄게."

아빠 덕분에 수영에는 자신이 붙은 한상이입니다.

드디어 태규 앞에서 형아 노릇을 합니다. 동생을 위해 불가사리 한 마리도 잡았습니다. 바다 소년 한상이의 어깨가 으쓱으쓱 올라갑니다. 어른들은 가늠하지 못할 만큼 투명한 아이들의 마음. 바다에서의 웃음 몇 번으로 처음의 어색함은 금세 저 멀리 사라집니다. 그날 밤, 아이들의 웃음소리가 비진도를 가득 채웠습니다.

만나자마자 이별이네요. 다시 손님들을 태우고 갈 배가 도착했습니다.

"잘 가라!"

한상이가 배를 향해 손을 흔듭니다. 앞으로도 이런 헤어짐을 몇 번이나 더 겪을지 모르지만 떠나가는 배를 바라보는 건, 여전히 쉽지 않은 일입니다.

"눈물이 날라 한다. 할머니 돌아가셨을 때처럼. 다음에 또 오실까?"

손님을 배웅하고 돌아가는 길은 언제나 약간 쓸쓸합니다.

그날 밤, 손님들이 떠나고 다시 고요해진 학교입니다. 서로 말없이 일기는 쓰고 있지만 무언가 하고 싶은 말이 많은 모양입니다. 누나들이 지우개가 없다고 투덜거립니다. 지우개 하나가 필요해도 섬을 나가야 하는데, 통영 시내에 나가 본 것이 벌써 두 달 전 일입니다.

한상이는 방학 특별 수업으로 구구단을 외우기 시작했는데요. 두 달 전 시작한 구구단이 아직 4단을 못 넘기고 있습니다. 더듬더듬하는 느낌. 그런데 한상이가 구구단을 다 외우면 시내 나들이를 한답니다. 이런, 태어나서 처음 느껴 보는 막중한 책임감입니다. 누나들이 그토록 원하는 나들이가 이제 한상이의 암기력에 달렸습니다.

구구단을 모두 외우기로 한 날이 밝았습니다. 잠을 설친 걸까요? 제일 먼저 일어난 한상이가 어디론가 향합니다.

얼마 전 빠진 앞니를 학교 뒤뜰에 고이고이 묻어 두었던 한상이. 이 아침에 뜬금없이 빠진 앞니를 꺼내 봅니다. 가장 소중한 보물. 한상이한테는 빠진 앞니가 가장 소중한 보물이자 또 다른 친구입니다. 가만히 꺼낸 이를 보더니 바로 옆 화단에 다시 묻어 줍니다.

"이야, 여기 계속 있으면 심심하지? 그러니까 이사해 줄게."

"한상아, 무슨 고민 있어?"

엄마가 조용히 한상이 옆에 다가와 묻습니다.

"네, 구구단 다 못 외워요. 어차피 4단도 까먹었는데요."

게다가 아무래도 앞니 하나가 또 빠질 것 같습니다. 엄마가 이를 잡으니 한상이가 아프다고 징징거립니다.

"이 뽑고 7단 외워라. 그럼 시내 데려갈게."

"정말?"

한상이가 자리에서 벌떡 일어납니다. 이게 웬 떡입니까! 이를 뽑으면 구구단을 다 못 외워도 시내에 나갈 수 있답니다. 시내가 바로 눈앞에 보이는 순간인데요. 하지만 곧장 펜치를 들고 나타나는 아빠, 한상이는 다시 무서워서 구구단 도망갑니다. 시내고 뭐고, 일단 펜치는 피하고 볼 일입니다.

석양이 지는 바다, 엄마와 한상이가 엎드려 구구단을 외웁니다. 아빠 앞에서 구구단 7단에 성공한 한상이. 누워 있던 민상이도 형의 성공 앞에 덩달아 좋아합니다. 어찌 되었든 우리의 한상이, 오늘 밤은 정말 두 다리 쭉 뻗고 푸욱 잘 수 있겠습니다.

꿈속에서는 벌써, 통영 시내가 오락가락할 테지요? 예쁜 나뭇잎 위에서 잠을 자게 될 한상이의 이는 이번엔 한상이에게 어떤 말을 걸어올까요? 예쁘고 하얀 새 이가 돋아날 때쯤이면 한상이는 또 어떤 꿈을 꾸게 될까요?

"내년에 꽃 필 때 저기에서 싹이 나면 이도 예쁘게 난단 말이야."

내년 봄, 다시 꽃이 필 때면 한상이도 아홉 살이 될 겁니다. 키도 한 뼘은 더 자라 있겠지요. 이 여름과 함께 또다시 이별입니다. 하지만 더 예쁜 봄이 기다리고 있으니 괜찮습니다. 한상이는 그날 밤 또 한 편의 일기를 완성했습니다.

저는 여덟 살 1학년 박한상입니다. 저는 통영시 비진도에 살고 있습니다. 취미는 수영이고요, 특기는 물수제비입니다. 저의 소원은 여덟 살 친구가 한 명이라도, 딱 한 명이라도 전학을 왔으면 좋겠습니다. 사람들은 바다를 건너도 가고요, 건너도 오고요. 하지만 저는 항상 바다 곁에 살고 있습니다. 그래서 좋기도 하고 나쁘기도 하지만 좋은 점이 더 많아요. 비진도가 내 집이라서 그런가? 저는 꼭 하고 싶은 말이 하나 있어요. 바다에 절대로 쓰레기 버리지 마세요. 그리고 내년 여름에 또 온나!

놀이학습

"바다에 쓰레기 버리지 마세요"라는 한상이의 마지막 말이 가슴 깊이 울립니다. 어느샌가 우리에게 '가진 것이 많아야 행복하다'라는 등식이 자리 잡았는지 모르겠습니다. 이러한 생각은 자녀에게 부족함이 없는 풍요로움을 주어야 행복할 것이라는 등식을 성립하게 했는지도 모릅니다. 하지만 자녀들은 많은 경험을 통해 성장하며 그 안에서 행복을 경험합니다. 자녀를 수영 강습하며 도전의식을 주는 한상이 아버지의 모습, 친구가 없어 외롭지만 똘이를 잘 키워야 한다는 책임감. 이 모두가 직접 경험을 통해 얻게 되는 일상의 소소한 행복입니다.

그동안 우리 사회는 마치 '행복은 풍요로움'이라는 목적을 향해 갔습니다. 하지만 우리의 어린 시절을 되짚어 보면 풍요롭진 않았지만 참으로 행복했습니다. 요즘 아이들은 어린 나이부터 성공을 향한 숨 막히는 질주를 하고 있습니다. 그저 마당에서 구슬치기하고, 고무줄놀이 하며 친구랑 한껏 웃었던 우리의 어린 시절을 요즘 아이들에게 되돌려 줄 순 없는 걸까요? 가진 것이 많지 않아도, 삶이 소박하고 단출해도 행복할 수 있습니다. 아니, 그러하기에 더 행복함을 경험할 수 있습니다.

아이들에게 좋은 책이나 장난감을 사 주기보다는 더 놀 수 있는 환경을 만들어 주세요. 아이들에게 놀이는 그 자체로 학습이며 경험입니다. 아이들의 놀이를 관찰해 보세요. 어떤 아이는 체계적이며 논리적인 놀이에 몰입하기도 하고, 어떤 아이는 그리거나 만들기 등의 예술적인 놀이에 몰입하기도 합니다. 어떤 아이는 놀이에서 대장이 되는 것을 즐기기도 하고, 어떤 아이는 다른 친구를 잘 챙기며 행복해하기도 합니다. 놀이에는 아이들의 성향과 강점 그리고 정서가 그대로 묻어납니다. 아이들은 놀이를 통해 내가 잘하는 게 뭔지, 어떤 때 가장 행복한지를 느끼며 자랄 수 있습니다. 따라서 부모님은 아이가 놀이 경험을 통해 꿈을 찾고 진로를 계획할 수 있도록 도와주어야 합니다.

또한 아이들에게 적절한 도전을 함께 제공해 주세요. 도전에는 분명 실패의 결과에 대한 아픔도 있다는 걸 기억해야 합니다. '좌절인내력'이라고 하는데요, 자존감이 높은 아이들은 좌절의 상황에서 포기하는 것이 아니라 그 좌절감을 가지면서 다시 도전하는 것을 볼 수 있습니다. 그리고 끝내 성공을 하게 되지요. 이때 맛보는 성취감을 통해 아이들은 삶에 자신감을 가집니다. 놀이와 도전은 민감하고 따뜻한 양육 경험과 함께 어린 연령의 아이를 교육할 때 필요한 요소입니다.

행복한 느낌 표현하기

🌼 행복이란 무엇인가

행복한 장면을 떠올려 보세요. '엄마의 품에 안겨 실컷 젖을 먹고 편안하게 잠이 든 아이'가 떠오르거나 '열두 시간의 대수술을 성공적으로 마치고 수술복 가운을 입은 채로 수술실 문을 나오는 외과 의사의 표정'을 떠올릴 수도 있습니다. 젖을 실컷 먹고 배가 불러 행복해 보이는 아이는 기본적인 욕구가 충족된 행복한 아이입니다. 열두 시간의 대수술을 마치고 땀을 닦으며 흐뭇해하는 의사는 자신의 가치에 따라 자신의 능력이나 행위의 결과에 만족하는 행복입니다. 둘 다 행복한 장면입니다. 이렇듯 행복이란 욕구 충족의 즐거움을 연상시키는 행복일 수도 있고 스스로 가치가 있고 보람도 있다고 여겨지는 행복일 수도 있습니다. 그러나 진정한 행복은 '즐거움과 의미가 만나는 곳'에 있습니다.

🌼 행복은 어떻게 시작되고 어떻게 자라는가

행복이란 감정은 기본적인 욕구 충족에서 비롯됩니다. 배불리 먹어 포만감을 느낄 때, 충분한 수면을 취해 몸과 마음이 가뿐할 때, 갖고 싶은 것을 가질 수 있을 때, 하고 싶은 일을 할 수 있을 때, 이루고 싶은 목표에 도달했을 때에 지속되는 즐거운 감정이 행복이라는 감정이며 행복한 상태입니다.

인간이 태어나 처음에는 생리적 욕구 충족에서 비롯된 행복이 가족과 친구와 사회와 소통하면서 행복의 대상이나 내용, 상태가 변하게 됩니다. 그러나 같은 상황이라고 모든 사람이 똑같이 행복을 느끼는 것은 아닙니다. 일부의 사람들은 타인에 비해 충분히 행복을 느낄 상황임에도 덜 행복하다고 느끼거나 불행하다고 생각합니다. 이런 사람은 늘 현실에 불만이 많고 자기가 소유하고 있는 실제의 내용이나 양에 비해 체감온도가 낮은 경우입니다. 우리가 늘 하는 이야기로 반 잔의 물이 담긴 컵을 바라보며 "반 잔밖에 안 남았네" 하는 사람과 "아직 반 잔이나 남았네" 하는 여유 있는 마음으로 말하는 사람이 있습니다. 행복의 비중이 다른 것입니다. 즉, 같은 무게라도 개인마다 다르게 가볍게 느끼거나 무겁게 느끼는 것을 주위에서 종종 볼 것입니다. 그런 사람들이 항상 우리 곁에 공존하고 있습니다.

심리학적으로 보면 어릴 때 욕구 충족을 충분히 경험한 사람은 자신이나 현재 상황을 긍정적으로 느낍니다. 이것은 경험을 통해 축적된 행복한 느낌이 일상생활에서 발휘되기 때문입니다. 그러나 생후 초기에 욕구가 결핍될수록 행복의 장애인이 될 확률이 높습니다. 어린 시절의 성장 과정에서 적절한 욕구 충족을 경험하지 못하고 자랐다면 행복을 위한 과도한 행복 추구 행동을 하게 됩니다. 예를 들면, 늘 부족하다 생각되어 물질에 집착하거나, 다른 사람의 관심에 예민하거나, 다른 사람의 호의를 의심하거나, 상대적 박탈감을 느끼고 우울이 심한 부적절한 상태나 행동을 보이기도 합니다.

🌼 행복한 아이로 키우려면

행복한 아이는 연령 수준에 맞는 적절한 욕구 충족이 되는 양육을 받았을 때입니다. 한 살까지는 먹는 욕구를 통해 부모와의 신뢰감을 쌓아 가며 행복을 느끼고, 두세 살 무렵의 대소변 훈련 시기에는 스스로 대소변을 조절하며 부모의 칭찬을 통해 행복을 쌓아 갑니다. 스스로 대소변을 조절하면 칭찬을 받고 어깨가 으쓱해지는 과정을 통해 스스로 의지를 시험하고 성취하며 자기만족의 행복을 경험합니다. 유치원생 시기에는 행복한 부모를 보면서 아이가 행복해집니다. 반면에 서로 미워하는 갈등 부모를 보면 남의 탓을 하는 태도를 익히게 되고, 자기가 가진 것보다 가지지 못한 것에 대한 갈등을 키워서 행복한 상황에도 행복을 느끼지 못하는 우울한 사람이 됩니다.

아이들의 언어가 발달하면 언어로 행복을 표현하는 연습을 해 줘야 합니다. "네가 내 아들(딸)로 태어나 주어 엄마(아빠)는 정말 행복해!"라는 말을 자주 듣는 아이는 바로 "엄마(아빠)가 내 엄마라서 정말 행복해"라고 자연스럽게 표현하고 느끼게 됩니다. 언어는 생각을 담는 그릇입니다. 행복의 느낌을 표현하고 나누는 부모의 양육 행동은 실제 가진 것보다 부자로 느끼도록 만드는 행복의 묘약입니다.

🌼 아이보다 먼저 행복한 부모 되기

자녀의 행복을 위해서는 부모가 먼저 행복해야 합니다. 이유는 아이를 돌보는 사람의 표정은 아이가 바라보는 행복의 거울이기 때문입니다. 나이가 어릴수록 부모의 표정과 감정을 쉽게 전달받습니다. 즉, 아이는 부모의 표정에서 보이는 행복과 불행을 자기 것으로 착각합니다. 아이를 행복한 아이로 만들기 전에 지금 부모 자신이 부모 역할에서 행복을 느낄 수 있고 말할 수 있어야 합니다. 행복하다는 이야기를 많이 하는 부모를 둔 아이는 스스로 "나는 행복해"라는 말을 자주 합니다. 부모의 행복하지 못한 모습을 보고 자란 아이는 그 모습이 자신의 모습이라고 착각하고 표정이 미워집니다. 나아가 자신은 행복하지 않은 사람이라고 내재화하여 자신감이 없고 부정적으로 생각합니다. 아이는 행복을 느낄 권리가 있습니다. 행복한 부모가 보살피는 환경에서 자란 아이들은 행복한 감정을 자연스럽게 느끼고 표현합니다.

부모가 행복하지 못하다면 먼저 자신을 돌아보아야 합니다. 비행기 안내방송에서는 산소마스크를 어른이 먼저 착용하고 그다음에 아이 착용을 도우라고 합니다. 어른이 건강해야만 지속 가능한 양육을 아이에게 해 줄 수 있습니다. 일부 어머니는 자녀의 행동이나 모습에서 자신의 행복을 측정하려는 실수를 합니다. 자녀의 성장이나 발달이 모두 부모 자신을 평가하는 성적표처럼 여겨서 마치 아이가 공부를 잘하면 행복에 도달했다고 느끼고, 아이가 기대치에 못 미치면 행복하지 않다고 착각하기도 합니다.

부모는 그야말로 보호자입니다. 그 이상도 그 이하도 아닙니다. 아이의 삶에서 부모는 '도와주는 역할'을 충실히 하는 것만이 중요합니다. 아이가 이룬 결과가 부모의 성적표는 아닙니다. 아이의 성적표를 부모 자신의 성적표라 착각하거나, 자녀를 도와주는 사람이 아니라 '자녀 삶의 주체'라고 생각한다면 부모 자신의 진짜 행복을 놓치게 됩니다. 최선을 다한 부모임에도 자책하게 되거나 자녀가 성공하지 못해 자신은 실패자라고 느끼기까지 합니다. 부모로서의 행복, 가족 구성원으로의 행복, 자신의 행복을 조금은 분리하려는 마음이 필요합니다. 자녀와 별개로 부모도 오늘 발견한 소소한 행복 속에서 행복한 자신을 찾아야 합니다.

아이는 자라면서 크고 작은 좌절을 겪게 됩니다.
그리고 부모의 지혜로운 격려는
아이가 좌절을 딛고 한 단계 성장할 수 있도록 도와줍니다.
'그대로의 너를 존중하고 사랑한다'는 믿음이
크나큰 격려가 되어 아이를 성장시킬 수 있습니다.

CHAPTER 03

성장

두려움을 털고 일어나는 일

여 섯 손 가 락 의 소 나 타

가장 아름다운 손이 전하는 선율

"**네가** 동생보다 컴퓨터를 잘 다루는 건 더 늙었기 때문이야."

태후가 키보드 자판 두들기는 것을 보고는 엄마가 웃으면서 말합니다. 그러자 태후는 영감님처럼 점잖게 고개를 끄덕입니다.

"네, 네, 알아요!"

열네 살 소년 태후는 또래들처럼 컴퓨터에 관심이 많습니다. 태어날 때부터 왼손이 주먹손이었던 태후는 양 손가락이 여섯 개지만 키보드 치는 데 전혀 불편함이 없습니다. 그저 보기에만 불편하게 보일 뿐이지요. 사실 태후는 오히려 양쪽 손가락이 모두 멀쩡한 동생보다 컴퓨터 다루는 실력이 더 뛰어납니다.

엄마는 태후가 스스로 장애를 과하게 의식하지 않도록 아이가 아닌 친구처럼 대합니다. 그런 엄마 앞에서 태후도 천진난만한 장난꾸러기가 됩니다. 태후는 선천적 무형성 장애로 태어날 때부터 왼쪽 손가락이 없었습니다. 엄마는 태후가 태어난 뒤 많이 울었습니다. 작은 것 하나만 달라도 피곤한 세상에, 왼손이 없는 태후가 어떻게 살아갈지 막막하기만 했습니다. 태후가 비록 손가락이 없지만, 엄마는 태후를 따뜻한 아이로 키우고 싶었습니다.

태후네 집은 돌아가면서 저녁 당번을 맡습니다. 그러다 보니 태후도 곧 잘 요리를 합니다. 태후는 냉장고에서 몇 가지 재료를 꺼내 뚝딱 상을 차려 냅니다.

"아들, 잘 먹을게."

"정말, 밥 하나는 잘한다. 감자도 쫀득하니 맛있다. 무조건 백 점!"

아빠의 인사에 엄마의 칭찬까지 들으니 태후도 뿌듯합니다.

태후가 잘하는 건 키보드 치는 것과 요리만이 아닙니다. 비록 손가락이 여섯 개뿐이지만 피아노도 잘 칩니다. 여섯 살 때 사촌 형을 따라 피아노 학원에 간 뒤 태후는 지금까지 피아노를 칩니다. 태후는 운명처럼 피아노에 빠져 버린 것입니다. 요즘 태후는 한창 편곡을 공부하고 있습니다. 여섯 손가락으로 풍부한 소리를 내려면 태후에게 꼭 맞는 편곡이 필요합니다. 그리고 열 손가락을 가진 친구들보다 몇 배나 피나는 노력을 해야 합니다.

엄마는 태후가 오래전에 꼈던 의수를 꺼내 왔습니다.

"정말 오랜만이다. 지금 이거 맞기나 할까? 한번 차 볼래? 흐흐."

엄마가 웃으며 장난을 겁니다.

"싫어요."

그렇게 말은 했지만 태후는 슬쩍 의수를 껴 봅니다. 조막만 했던 왼손이 훌쩍 커서 이제 의수가 꽉 낄 정도입니다.

"우와, 손 진짜 많이 컸다. 이거 병원 가서 주문 제작했던 게 엊그제 같은데 말이야."

태후는 피아노를 막 배울 때 의수를 끼고 진물이 날 때까지 연습했었습니다. 그러는 사이 지금 태후의 왼손은 의수를 끼지 않아도 될 정도로 자유로워졌습니다. 엄마는 어느새 훌쩍 커 버린 아들이 놀랍기도 하고 한편으로는 대견하기도 합니다.

다음 날 엄마와 태후는 정기 검진을 받으러 병원으로 갔습니다.

"다섯 번째 중수골이라고 하는 뼈가 생기고 살이 조금 더 나오긴 했어요. 미용학적으로 더 나아진 건 없지만 세상에서 가장 아름다운 손입니다."

의사 선생님의 말에 엄마와 태후가 활짝 웃습니다.

태후는 아침마다 학교 대신 중국어 학원에 갑니다. 중국어를 배운 지는 구 개월 남짓 되었습니다. 이른 시간에 수업을 시작하지만 하루도 빼먹지 않고 열심히 다닙니다. 이처럼 태후는 좋아하는 게 있으면 꼭 배우고 맙니다. 초등학교 내내 1등을 놓치지 않을 정도로 공부도 잘했지만 태후는 친구 관계에서 상처를 받고 중학교를 그만두었습니다. 그리고 고등학교 입학 자격 검정고시를 만점에 가까운 성적으로 합격했습니다.

한창 무르익은 가을날, 태후가 오랜만에 나들이를 나왔습니다. 다른 친구들은 학교에서 단체로 식물원에 가지만, 태후는 혼자 식물원에 가서 공부도 하고 다양한 체험도 합니다. 바오밥나무도 보고 어린 왕자와 셀카도 찍습니다. 혼자 있으면 자칫 의미 없이 보낼 시간을 태후는 혼자서도 알차게 보내는 방법을 압니다. 이렇게 혼자 있는 게 익숙하지만, 때로는 외로울 때도 있습니다. 그럴 때면 엄마가 운영하는 보습학원에 갑니다.

"엄마, 여기 꽃이오."

태후가 국화꽃 한 줄기를 엄마에게 건넵니다.

"우와, 이거 엄마가 좋아하는 소국이네. 센스쟁이. 어! 향 정말 좋다."

꽃을 보고 좋아하는 엄마를 보니 태후도 즐겁습니다.

때마침 친구들이 학교를 마치고 학원으로 왔습니다. 학원에 온 학생들이 태후에게는 유일한 친구들입니다.

"태후야, 나 이것 좀 알려 줘."

친구가 태후에게 모르는 문제를 묻습니다.

"나도 이것 좀."

또 다른 친구도 문제집을 내밀며 묻습니다.

초등학교 때부터 1등을 놓치지 않고, 중학교 과정까지 검정고시로 끝냈으니 친구들의 질문이 쉴 새 없이 이어질 수밖에요.

"걱만 있으면 다 다면체야."

태후가 친절하게 설명을 해 줍니다.

"넌 컴퓨터 같아. 모르는 게 없어. 우리가 물어볼 때마다 척척 대답해 주니까."

친구들의 칭찬에 태후가 부끄러워합니다.

다음 날 가족들이 모두 나가고 태후는 혼자 집을 지킵니다. 컴퓨터로 영어 공부도 하고, 틈나는 대로 책도 읽습니다. 그래도 집에만 있으니까 심심합니다. 그나마 동생 태현이가 학교를 마치고 와야 비로소 말할 상대가 생깁니다.

태현이가 학교를 마치고 돌아오자 태후는 태현이와 함께 인라인스케이트를 타러 나갑니다.

"좀 천천히 가."

태후가 앞서 가는 동생 태현이를 불러 세웁니다.

"아, 왜 이리 느려 터졌어."

태현이가 웃으며 타박을 합니다. 뭐든 잘하는 태후도 인라인스케이트 실력만큼은 동생보다 못합니다. 둘은 인라인스케이트 시합도 하며 신 나게 놉니다.

"오빠, 만날 집에만 있으니까 살찌잖아. 앞으로 운동도 하고 그래."

태현이가 오빠를 걱정하며 말했습니다.

"나 잘 나가."

"학원 갈 때만 나오잖아."

태후는 태현이 말처럼 밖에 자주 나가지는 않습니다. 가끔은 밖에서 사람들 틈에 있는 게 싫을 때도 있기 때문입니다. 아빠도 그런 태후를 걱정합니다.

하루는 아빠와 시장에 나갔습니다. 주머니에 손을 꽁꽁 숨긴 태후를 보며 아빠가 말합니다.

"태후야, 손 좀 빼고 걸어."

"싫어요."

태후가 괜스레 심통을 부려 봅니다.

"옷 늘어지게 그게 뭐니?"

아빠는 태후의 마음을 알지만 될 수 있으면 밖으로 내보내고 싶고, 사람들 앞에 당당하게 서길 바랍니다.

태후는 시장에서 만두를 한입 베어 먹고는 기분이 조금 풀렸습니다. 먹는 걸로 금세 기분이 좋아지는 걸 보면 역시 열네 살 아이답습니다.

많은 사람에게 사랑을 전하고 싶은 태후에게 좋은 기회가 왔습니다. 피아노 연주입니다. 병원에서 하는 자선음악회의 주인공이 되는 거지요. 태후는 생각보다 큰 무대에 설 생각에 걱정이 앞섭니다.

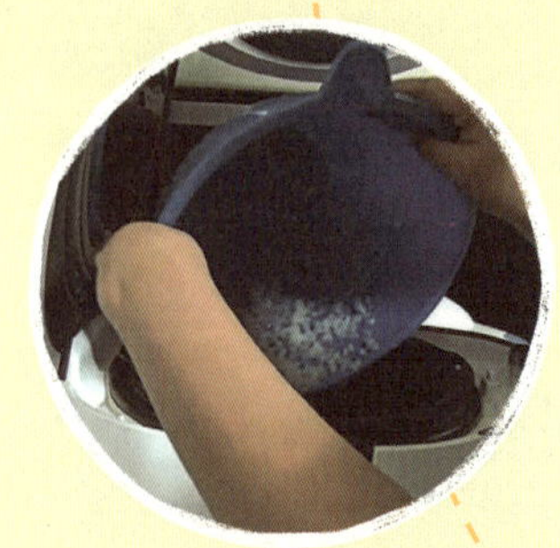

태후는 밥 하나는
정말 잘한다니깐.
"아들, 잘 먹을게."

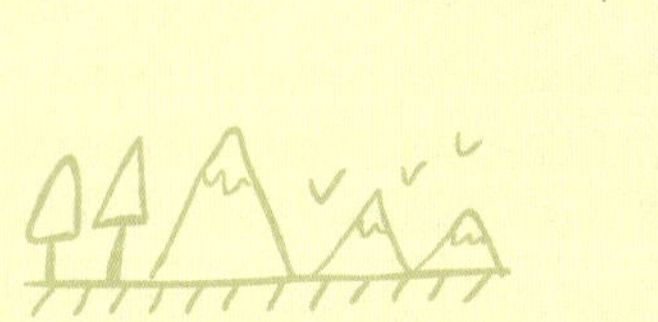

"너무 사람이 많이 올까 봐 무서워요."

태후는 일 년여 만에 서는 무대라 부담감이 밀려옵니다.

"뭐가 무서워? 연습하면 잘 해낼 수 있어."

엄마 아빠의 말에 태후가 피아노 앞에 앉아 연습을 시작합니다. 엄마가 지원군으로 나섰습니다. 그런데 마음이 조급한 탓인지 평소보다 잘되지 않습니다.

"빨라, 빨라."

엄마가 틀린 부분을 용케 잡아냅니다.

태후는 다시 피아노를 쳐 보지만 뭔가 뜻대로 되지 않습니다.

"이번엔 짧아. 음도 빼먹고!"

엄마의 귀는 점점 날카로워집니다.

"엄마가 이상한 거예요. 그냥 내가 알아서 할게요!"

태후가 엄마에게 짜증을 부립니다. 그러자 엄마와 태후 사이의 분위기가 싸늘해졌습니다. 엄마도 화가 나 방을 나갑니다. 그러고 나니 태후는 내심 엄마에게 화낸 게 미안해집니다. 그래서 더욱 열심히 연습합니다. 자신감은 오직 연습에서 나온다는 걸 태후도 잘 알기 때문입니다. 남들이 세 달 연습할 때 여섯 달을 연습해야 겨우 따라갈 수 있었고, 한 곡을 익힐 때까지 몇 배의 노력이 필요했습니다. 그랬기에 지금 이렇게 무대에도 설 수 있게 된 것입니다. 화가 났던 엄마도 태후가 치는 아름다운 피아노 선율에 마음이 녹아내렸습니다. 엄마는 태후의 연주를 들을 때마다 가슴 한쪽이 저려 왔습니다.

다음 날 엄마와 태후는 무대의상을 빌리러 의상실을 찾았습니다. 턱시도를 입고 나니 연주회가 더 실감이 납니다. 오늘까지는 학교 안 다니고 집에만 있는 태후가 내일이면 많은 사람 앞에서 피아니스트가 되는 것입니다.

드디어 자선음악회 무대에 오를 날이 왔습니다. 병원은 공연 준비로 분주한데, 엄마는 한쪽에서 바느질을 합니다.

"왼손이 짧다 보니까 소매가 길어 자꾸 걸리는구나. 안으로 접어 시침질을 해야 손이 엇갈릴 때 걸리지 않을 것 같아."

엄마는 태후에게 수선한 옷을 건넸습니다.

"훨씬 낫네요."

태후도 옷을 입어 보니 마음에 듭니다.

공연 시간이 다가오고 태후는 대기실에서 떨리는 마음으로 무대를 바라봅니다.

"사람들이 많이 왔어요."

꽉 찬 객석을 확인하자 가슴이 더 두근거립니다.

공연이 시작되고, 엄마가 인사말을 합니다.

"저희 아이는 왼손이 없습니다. 태어나서부터 십 년이 넘게 전국의 병원을 다 돌아다녔습니다. 아기였던 아들이 이제 피아노를 치는 중학생이 되었습니다. 제 아들 태후를 소개합니다."

태후가 무대로 걸어 나와 사람들 앞에 섰습니다.

"어렸을 때 사촌 형 따라서 우연히 가게 된 피아노 학원에서 저 덩치 큰 친구를 만났습니다. 친해져 보려고 노력을 했는데 워낙 성격이 까칠한 친구라 잘 되지 않았는데, 오늘만큼은 호흡이 척척 맞아 연주를 잘 끝내면 좋겠습니다."

태후가 씩씩하게 인사를 하고 피아노 앞에 앉아 연주를 시작합니다. 첫 번째 곡으로 영화 『기쿠지로의 여름』에 나오는 OST 「써머」를 멋지게 연주

해 나갔습니다.

연주가 끝나자 관객들이 힘차게 박수를 보냅니다. 태후는 다음 곡「시크릿」도 멋지게 연주합니다. 이번에도 관객들은 태후에게 뜨거운 박수를 보냅니다. 이렇게 태후는 피아노를 통해 사람들과 소통을 합니다.

공연이 끝나고 태후가 발그레한 얼굴로 엄마에게 묻습니다.

"엄마, 나 다리 떠는 거 봤어요?"

"그래? 엄마는 못 봤는데."

"내가 참았거든요."

태우가 능청스레 웃으며 말합니다.

공연도 끝났고, 태후는 그동안 가 보고 싶었던 곳을 찾았습니다. 바로 그곳은 또래들이 모인 오케스트라 합주실입니다. 태후는 수십 명이 함께 연주하는 모습을 보자 신기하기도 하고 부럽기도 합니다. 그날 태후는 지휘자 선생님 앞에서 피아노를 칠 수 있는 행운도 얻습니다.

"피아노를 칠 년 쳤다고? 그럼 엄청 잘 치겠네."

"아니에요, 못 쳐요."

지휘자 선생님의 말에 태후가 쑥스럽다는 듯 대답합니다.

태후는 지휘자 선생님이 보는 앞에서 여섯 손가락을 조심스레 움직여 봅니다. 어느 때보다 더 떨립니다. 지휘자 선생님도 태후의 손에서 눈을 떼지 못합니다.

태후가 연주를 마치자 지휘자 선생님이 손뼉을 치며 외칩니다.

"브라보! 왼손으로 쳐야 될 것을 오른손으로 치는구나. 정말 대단한데!"

"고맙습니다."

지휘자 선생님은 태후에게 조언도 아끼지 않습니다.

"옛날 음악가 중에 2차 대전 때 팔을 잃고 한 팔로만 연주하는 유명한 피아니스트가 있었어. 한 손을 위한 피아노곡을 쓰기도 했지. 태후는 이미 피아노를 잘 치니까 곡을 쓸 때도 훨씬 유리할 거야. 앞으로 책을 많이 읽는 것도 중요하고."

지휘자 선생님을 만나고 태후는 힘을 더 얻었습니다. 그 덕분에 태후가 용기를 내어 친구들을 자신의 생일에 초대합니다.

태후의 생일날, 친구들은 한달음에 달려와 태후의 생일을 축하해 줍니다. 엄마와 동생은 직접 만든 케이크를 내왔습니다. 친구들과 시끌벅적한 생일 파티가 시작되었습니다. 친구들이 대형 카드도 건네고 쓰레기봉투에 과자를 잔뜩 담아 선물도 건넵니다. 태후는 피아노 연주로 친구들에게 고마운 마음을 표시했습니다.

"태후는 피아노 칠 때 정말 멋있어."

친구들이 태후의 피아노 연주를 들으며 한목소리로 말했습니다.

태후에게 용기 있는 변화의 바람이 불고 있습니다. 쉬이 지워지지 않는 외로움을 소년은 굳이 말로 전하지 않습니다. 하지만 소년의 마음을 유일하게 빼앗은 친구 피아노를 통해 다른 친구들에게 조심스레 다가가 봅니다. 태후의 여섯 손가락이 만드는 피아노 선율은 결국 친구들의 마음도 열리게 했습니다. 태후와 친구들은 그 기적 같은 선율로 한 마디, 두 마디 조금씩 가까워집니다.

회복탄력성

네 손가락의 피아니스트 희아를 기억하는지요? 희아에게 감동하며 힘을 얻었던 것은 장애를 대하는 희아의 태도 때문입니다. 희아의 일기에 보면 "나는 손가락을 두 개 주신 하느님께 감사한다. 생각해 보면 내 손은 아주 귀중한 보물의 손이다"라고 표현했습니다. 고난을 좌절의 도구로 사용하지 않고 성장의 밑거름으로 사용한 거죠. 오늘 또 다른 희아를 봅니다. 바로 태후입니다. 선천적 무형성 장애로 인해 왼손이 불편한 태후는 그 어려움에 굴하지 않고 오히려 피아노 연주로 사람들을 감동시킵니다. 고난이 성장의 동력이 되는 것은 분명한 것 같습니다. 심리학에서는 이런 특징을 '회복탄력성resilience'이라 합니다. 고난을 이겨 내는 긍정적인 힘을 말하지요. 이 개념은 워너Werner와 스미스Smith가 카우이 섬의 원주민을 대상으로 한 실험을 통해 공고해졌습니다. 열악한 환경임에도 삼분의 일의 아이들은 건강하게 성장한 걸 보고, 그 특징을 회복탄력성으로 설명하였지요.

우리는 어려운 일을 당할 때 그 일에 대해 어떻게 설명하나요? 혹시 '역시 난 재수가 없어'라든지 '왜 꼭 이런 일이 나에게만'이라고 생각하지는 않나요? 혹시 자녀가 위축될까 봐 부모가 먼저 나서서 그 어려움을 해결해 주려고 하지는 않나요? 어려움을 경험하고 있는 자녀를 지켜보는 부모의 안쓰러운 마음은 누구나 이해할 수 있습니다. 하지만 그럴수록 자녀가 그 장애를 수용하고 당당할 수 있도록 도와주어야 합니다. 장애는 단지 불편함일 뿐이라는 인식을 갖도록 도와주어야 합니다. 그러하기에 그 불편함을 어떻게 해결할 수 있는지 함께 그 해결책을 찾고 노력하면 됩니다.

또 자녀의 있는 그대로를 수용하고 사랑해 주세요. 어떤 조건이라도 사랑하는 자녀라는 부모의 반응은 아이들로 하여금 무조건적 수용과 사랑을 경험하게 합니다. 그리고 자녀와 함께 감사의 조건들을 함께 생각합니다. 이러한 상황에도 불구하고 우리의 삶에는 감사의 조건들이 많이 있습니다. 그것들을 찾을 때 행복도 경험할 수 있습니다.

마지막으로 사회적 상황에서도 당당할 수 있도록 교육해야 합니다. 장애가 있기 때문에 도움을 받아야만 하는 사람이 아닌, 남을 위해 공헌할 수 있는 사람으로 성장할 수 있도록 사회적 상황에서의 대처 방안을 함께 찾으세요. 고난은 성장을 위한 기회입니다. 그 고난에서 의미를 찾을 수 있다면, 그 고난의 기회를 감사로 이해할 수 있다면 자녀는 더욱 성장할 수 있습니다.

속 리 산 소 녀 의 금 나 물 은 나 물

속리산의 선물, 예슬이

"할머니~."

학교에서 돌아온 손녀 예슬이가 할머니를 부르며 다가왔습니다.

예슬이는 올해 열네 살입니다. 예슬이는 초등학교 3학년 때부터 장사하는 할머니를 도와 심부름도 하고 나물도 캤습니다. 예슬이 할머니는 속리산 자락에서 십 년 넘게 나물을 캐고 말리고 찌고 이를 팔아 예슬이를 키웠습니다.

"자, 이것 좀 식당에 가져다주고 와."

"네, 다녀올게요."

예슬이는 나물을 자전거에 싣고 힘차게 페달을 밟았습니다. 할머니를 대신해 틈틈이 배달 일을 도왔기 때문에 이런 일쯤은 식은 죽 먹기입니다.

식당에 도착한 예슬이가 나물 봉지를 건네며 말합니다.

"안녕하세요. 여기 나물이오."

"더운데 오느라 고생했지?"

식당 주인아주머니 말에 예슬이가 웃으며 대답합니다.

"자전거 타고 와서 괜찮아요. 할머니가 덤으로 하나 더 넣으셨어요."

"아이고, 고마워라."

식당 주인아주머니가 좋아하며 예슬이에게 돈을 건넵니다.

"그럼 안녕히 계세요."

예슬이가 꾸벅 인사를 하고 식당을 나옵니다. 다른 건 몰라도 예슬이의 인사성만큼은 동네에서 따라올 사람이 없습니다. 예슬이는 다시 자전거 페달을 힘차게 밟아 할머니에게 갑니다.

"다녀왔습니다. 여기 나물값이오."

"아줌마가 돈 없다고 했는데, 돈을 줬어?"

아무래도 아주머니가 할머니를 도와주는 예슬이 모습이 예뻐서 바로 돈을 준 모양입니다.

"헤헤. 할머니, 저 갈게요."

예슬이는 할머니에게 인사를 하고 서둘러 집으로 가야 합니다. 집에는 몸이 아픈 할아버지가 계시기 때문입니다. 할아버지는 십 년 전 직장암 수술을 받은 뒤 심장병에 당뇨 합병증까지 걸렸습니다.

집으로 돌아오니 할아버지가 당 수치 검사를 하고 있습니다.

"할아버지, 다녀왔습니다. 오늘은 수치가 몇이에요?"

"306까지 올라갔어."

"100이 정상인데, 큰일이네요."

예슬이는 할아버지가 갑자기 쓰러지실까 봐 불안합니다. 그래서 할아버지 곁을 오래 비울 수가 없습니다. 하지만 아픈 할아버지를 두고 자리를 비워야 할 때가 있습니다. 바로 산 아래 텃밭에 가서 나물을 캐야 할 때입니다.

산에서 캔 나물을 모종 삼아 만든 밭에는 참나물과 취나물이 가득합니다. 예슬이는 누가 시키지 않아도 나물을 뜯고 다듬습니다. 그렇게 마련한 나물을 할머니에게 가져다주기 위해서지요. 예슬이는 생후 칠 개월 때 외할머니네 집으로 왔습니다. 엄마는 아빠와 이혼한 뒤 도시에 나가 일을 해야 했습니다. 십 년 넘게 엄마와 떨어져 살아야 했지만 예슬이는 엄마를 원망하지 않았습니다. 그리고 할머니가 속상하실까 봐 한 번도 불평을 늘어놓지 않습니다.

예슬이는 다시 자전거를 타고 할머니에게로 갑니다.

"할머니, 여기 나물 더 뜯어 왔어요."

"아이고, 우리 새끼, 잘했네."

할머니가 나물 봉지를 받으며 좋아합니다. 서당 개 삼 년이면 풍월을 읊는다고 예슬이는 웬만한 어른보다 산나물을 잘 뜯습니다.

"예슬아, 저기 택배 왔으니 가져가."

할머니가 돌아서는 예슬이를 불러 세웁니다. 엄마가 보내 준 선물이 온 모양입니다.

"양궁 하고 싶다고 말했더니, 작은 걸로라도 해 보라고 사서 보냈나 봐. 과자도 들어 있고."

엄마가 보낸 뜻밖의 선물에 예슬이 얼굴에 웃음꽃이 활짝 핍니다. 예슬이는 택배를 꼭 껴안고 집으로 돌아갑니다. 자전거가 날아갈 듯 가볍습니다.

"할아버지, 엄마한테 선물 왔어요!"

예슬이의 들뜬 모습을 본 할아버지도 흐뭇해합니다.

예슬이는 선물 상자를 뜯어 활과 표적판을 꺼냈습니다. 그러고는 활을 당겨 표적을 향해 쏘아 봅니다. 화살이 빗겨 맞았지만 그래도 신이 납니다. 예슬이가 엄마에게 전화를 겁니다.

"엄마, 나 택배 받았어요. 근데 생각보다 어려워요."

예슬이는 선물을 핑계 삼아 엄마 목소리가 듣고 싶었습니다.

"아, 그래. 근데 예슬아, 엄마가 지금 너무 바빠."

엄마는 일 때문에 서둘러 전화를 끊습니다. 예슬이는 서운한 마음이 들었지만 내색하지 않았습니다. 할아버지가 속상할까 봐 자신의 마음을 들키고 싶지 않았던 것입니다.

저녁이 되자 할머니가 장사를 마치고 돌아왔습니다. 할머니는 병원에서 받아 온 문진표를 꺼내 예슬이에게 건넵니다.

"할머니, 화장실을 몇 번 가는지 표시해야 해요."

예슬이는 문진표를 읽고 할머니에게 또박또박 설명했습니다. 할머니는 방광염 치료를 받아야 하는데, 글을 모르는 탓에 문진표를 대충 적었던 것입니다.

"이제 약 먹어서 괜찮아. 일 마치고 간다고 써."

외손녀를 딸처럼 애지중지 키운 지 벌써 십삼 년. 어느덧 예슬이는 할머니와 할아버지에게 세상의 전부가 되었습니다.

할머니는 새벽녘에 일어나 나물을 뜯고 장사 준비를 하느라 바쁩니다. 그러다 보니 예슬이가 할머니를 대신해 아침 준비를 합니다. 당뇨로 고생하는 할아버지에게는 무엇보다 규칙적인 식사가 중요하기 때문입니다.

할아버지가 거의 기다시피 해서 밥상 앞에 앉습니다.

"할아버지, 일어나서 걷는 연습을 해야 해요."

"응, 알았어."

할머니께 빨리
나물을 갖다드려야지
"할머니, 여기 나물 더
뜯어 왔어요."

예슬이는 늘 할아버지 건강이 걱정입니다. 그래도 할아버지가 좋아질 거라는 믿음만은 버리지 않습니다.

중학교에 들어간 예슬이는 학교에 가려면 보은까지 나가야 합니다. 아침 일찍 버스가 한 대밖에 없어서 학교까지 가는 거리가 여간 불편한 게 아닙니다. 그래서 아침에는 친구들과 함께 택시를 타고, 돌아올 때는 속리산으로 들어오는 고속버스를 타야 합니다.

예슬이는 자동차로 꼬박 삼십 분을 달려 학교에 도착했습니다. 중학생이 된 지 이제 석 달밖에 되지 않아 아직 어색한 게 많습니다. 어떤 날은 숙제를 못 해 갈 때도 있습니다. 한번은 집안일을 하느라 숙제를 못 해 담임 선생님에게 관자 누르기 벌을 받았습니다. 그렇다고 기가 죽을 수는 없었습니다. 숙제를 못 했으니, 수업 시간에 더 열심히 모자란 부분을 채워야 했습니다. 친구들은 이런 예슬이를 보며 영화 『7번방의 선물』에 나오는 '예승이'를 떠올립니다. 그래서 예슬이에게 붙은 별명이 '속리산의 선물'입니다.

수업이 끝나고 친구들은 모두 학원으로 갔습니다. 하지만 예슬이는 집으로 가는 고속버스를 타기 위해 서둘러 터미널로 가야 합니다. 버스를 한 대 놓치면 그만큼 집으로 가는 시간이 늦어지기 때문입니다. 그리고 집에 혼자 계시는 아픈 할아버지도 걱정이 되었습니다. 예슬이는 중학생이 된 뒤

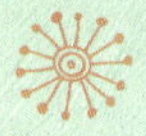

집에 돌아오는 시간이 늦어지는 것이 가장 큰 고민입니다. 그리고 또 하나 고민이 있었습니다. 요즘 부쩍 어려워진 학교 공부 때문에 자꾸 성적이 떨어졌던 것입니다. 문제를 풀다가 막힐 때면 대학생인 언니에게 전화로 물어보지만 그것도 한두 번이지 매번 그럴 수는 없는 노릇입니다. 언니는 고등학생이 된 후부터 도시에서 살고 있습니다. 함께 산다면 자주 물어볼 수 있는데, 떨어져 사니까 어려운 점이 많습니다. 이럴 때면 가족이 함께 사는 친구가 부럽기만 합니다.

중간고사 성적표가 나오자 담임 선생님이 예슬이를 교무실로 부릅니다.

"성적이 어떻게 나왔을 거 같아?"

"안 볼래요."

예슬이가 부끄러워하며 얼굴을 가리자 선생님이 묻습니다.

"가장 걱정되는 과목이 뭐야?"

"수학이오."

"수학? 역시 예상이 맞았어. 왜 그러는 것 같아?"

"공부를 해도 모르는 게 많아요. 물어볼 사람도 없고요."

예슬이가 한숨을 쉬며 말합니다.

"집에 가서 그날그날 배운 걸 복습해야 해. 아무리 귀찮더라도 조금씩 하면 나아질 거야. 교과서 위주로 읽어 보고."

담임 선생님은 그런 예슬이를 안타까워하며 조언을 아끼지 않습니다.

그날 예슬이는 성적 때문에 집으로 가는 발걸음이 무겁기만 합니다.

"자꾸 성적이 떨어져 걱정이야. 집에 가면 물어볼 사람도 없고. 어떻게 해야 할지 모르겠어."

예슬이가 친구들에게 하소연을 늘어놓습니다. 친구들은 그런 예슬이를 데리고 학원으로 갑니다. 마침 예슬이도 친구들이 학원에서 어떻게 공부하는지 궁금했습니다. 친구들과 학원 수업을 듣다 보니 집중이 잘되었습니다. 왠지 학원에서 공부하면 성적을 금방 올릴 수 있을 것 같았습니다. 하지만 예슬이는 집안 형편이 어려워 학원에 다닐 수가 없습니다.

예슬이는 허탈한 마음을 뒤로하고 집으로 돌아왔습니다. 예슬이가 할아버지 다리를 주무르며 말합니다.

"할아버지, 다리에 힘주면 더 아프니까 힘을 빼요. 이제 다리도 안 펴지니 큰일이에요."

예슬이는 할머니와 할아버지에게 하고 싶은 말이 있지만 입이 떨어지지 않습니다. 하지만 자꾸 성적은 떨어지고 혼자 끙끙 앓을 수도 없습니다. 예슬이가 용기를 내어 말을 꺼냅니다.

"학원에 다니고 싶어요. 공부하다 어려운 문제가 나와도 알려 주는 사람이 없으니까 자꾸 성적이 떨어져요."

할머니는 쉽게 답을 하지 못하고 눈물만 닦습니다.

"네가 자꾸 공부 떨어진다고 하니까 할머니도 속상하다. 보내고 싶지만 우선 당장은 힘들어."

"알아요. 할머니가 돈 얼마 버는지 다 아는데 …… 죄송해요."

예슬이도 눈물을 왈칵 쏟아 냅니다. 누구보다 가정 형편을 잘 알면서 떼를 쓰는 것 같아 마음이 무겁습니다.

"아가, 울지 마, 울지 마. 미안하다."

할머니는 예슬이를 꼭 안아 줍니다.

다음 날, 예슬이는 어젯밤 일이 마음에 걸렸는지 일찌감치 일어나 할머니를 도왔습니다. 할머니도 콩나물국을 끓여 예슬이에게 따뜻한 아침밥을 차려 주었습니다.

그날 학교에 간 예슬이는 뜻밖의 소식을 들었습니다.

"예슬이가 '맑고 푸른 아름다운 충북 만들기 글짓기 대회'에서 동상을 받았어요."

담임 선생님의 말에 반 친구들의 환호성이 쏟아졌습니다.

"우와, 축하해."

"예슬이가 자신의 일상에 대해 솔직하게 쓴 글을 읽어 줄 거예요."

담임 선생님의 말에 예슬이는 쑥스러웠지만 앞으로 나가 글을 읽었습니다.

> 속리산의 금나물, 은나물. 아침마다 마루로 나서면 속리산의 산봉우리가 내 마음을 상쾌하게 씻어 준다. 외할아버지 외할머니를 모시고 계속 건강하고 평화롭게 이 집에서 오랫동안 사는 것이 내 꿈이다. 하지만 할아버지의 당뇨 합병증이 점점 심해져 얼마 전 병원에서 다리를 절단해야 할지도 모른다는 무서운 말을 들었다.

　예슬이는 글을 읽다 그만 눈물이 터지고 말았습니다. 그 모습을 보고 반 친구들과 선생님 모두 눈물을 흘렸습니다. 듣는 이들은 글 한 줄 한 줄마다 담긴 예슬이의 속 깊은 사랑과 사연들을 들으며 그동안 친구가 지내 온 삶을 조금은 알게 되었습니다.

　예슬이는 울먹이는 마음을 애써 누르며 글을 마저 읽어 내려갔습니다.

　반 친구들은 진심이 담긴 글을 들으며 예슬이의 고민과 아픔을 머리가 아닌 가슴으로 이해하게 되었습니다.

　수업이 끝나고 예슬이가 친구들과 함께 모여 앉았습니다.

　"예슬아, 정말 대단하다. 그동안 힘든 내색 한번 안 하고."

"나는 할머니 할아버지 돌아가실 때 적어도 앙탈 부리는 손녀로 기억되고 싶지 않아. 좋은 손녀로 남고 싶어. 그리고 돌아가시고 나서 잘해 드릴 걸 하며 후회하지 않게 살아 계실 때 잘해 드리고 싶어."

그동안 잊고 있던 두 분에 대한 고마움이 새삼 떠오르며 예슬이는 잠깐이나마 어른들을 두고 도시로 떠날 생각을 했다는 것이 미안해졌습니다.

예슬이는 다시 한 번 긍정의 힘을 믿어 보기로 했습니다. 안 된다고 좌절하기보다는 형편에 맞추어 방법을 찾아볼 것입니다. 풀다가 어려운 문제가 있으면 선생님들을 찾아가 그때그때 물어보고, 친구들과 모르는 문제를 함께 풀어 보는 것도 좋은 방법이라는 생각이 듭니다. 또한 하겠다고 마음먹으면 못 할 일이 없다는 것을 새삼 느낍니다.

그날 저녁 할머니는 아궁이에 솥단지를 걸고 나물을 삶았습니다. 보기에는 간단해 보여도 오랜 노하우가 필요해 아무나 할 수 없는 일입니다. 예슬이는 오늘따라 뜨거운 아궁이 앞에 쪼그리고 앉은 할머니 모습이 더욱 안쓰러워 보였습니다. 어릴 때는 크게만 보였던 외할머니가 어느덧 자신보다 작은 몸집으로 가족의 생계를 지탱하고 계십니다. 예슬이는 그 사실을 잠시나마 외면했던 자신이 부끄럽습니다.

때로는 마음을 몰라준다고 생각해서 답답할 때도 있었습니다. 하지만 예슬이는 할머니와 할아버지를 늘 변함없이 사랑할 겁니다. 할머니와 할아버지 곁을 오래오래 포근하게 품어 주는 속리산처럼 말입니다. 그리고 예슬이는 십삼 년 동안 변함없이 묵묵히 자신을 돌봐 주신 할머니 할아버지처럼 그런 멋진 어른이 되고 싶습니다.

정서적 거리감

여러 위인들의 이야기를 보면 공통점이 가난했거나 불우한 어린 시절을 보냈다는 것을 알 수 있습니다. 영화 『7번방의 선물』의 어린 주인공 예승이와 닮았다고 친구들이 붙여준 '속리산의 선물'인 예슬이는 부모님 이혼 이후 외할아버지와 외할머니랑 지내며 누구보다 그분들을 아끼는 효녀입니다. 한창 예민한 시절인 십대를 보내며, 가고 싶은 학원마저 가정 형편을 생각해서 말을 아끼는 예슬이의 모습은 풍요 속에 오히려 감사를 잃어 가는 요즘의 십대와는 거리가 멀어 보입니다.

'할아버지, 할머니가 돌아가실 때 적어도 이런 손녀는 되지 말자'라는 예슬이의 생각이 어쩌면 예슬이를 지탱해 주는 힘이 되는지도 모릅니다. 그 힘으로 예슬이는 부족한 학업을 보충하기 위해 선생님을 찾아가고, 친구 엄마에게 도움을 받는 적극적인 행동을 취합니다. '결핍'이라는 말이 조금은 부정적으로 이해되고 있지만, 실은 더 큰 성장을 위한 큰 도약대가 되기도 합니다. 실제로 식물이 아름답게 자라기 위해선 적당한 결핍의 환경이 주어져야 한다고 합니다. 예를 들어, 좋은 토마토 열매를 수확하기 위해서 어린 토마토에 작은 상처를 낸다고 합니다. 상처 입은 작은 토마토는 그 상처를 회복하기 위해 안간힘을 쓰며 뿌리로부터 양분을 빨아올리면서 더 좋은 토마토로 성장해 간다는 것이지요. 예슬이에게도 조금은 어려운 환경이 오히려 삶에 대한 감사와 노력 그리고 그에 따른 성취를 더 배가시킬 수 있을지 모릅니다.

예슬이처럼 여러 가지 이유로 자녀와 떨어져 지내는 부모들이 있습니다. 이 경우 조금 더 자녀의 마음을 점검하는 세심한 배려가 필요합니다. 물리적 거리감을 느낄 수 있지만 정서적 거리감은 느끼지 않도록 도와주어야 합니다. 어떤 부모는 하루에 시간을 정해 놓고 그 시간에 자녀에게 문자나 메일로 마음을 전하시는 분도 있습니다. 몸은 멀리 있지만 문자나 메일을 통해 자녀에게 관심을 보이시는 거죠. 또한 자녀의 생활에 귀를 기울여야 합니다. 요즘 학교생활은 어떤지, 요즘은 어떤 친구와 사이좋게 지내는지, 하고 싶은 일이 있는지 등을 탐색함으로써 현재 자녀의 정서가 어떤지에 관심을 가져야 합니다. 필요하다면 학교 선생님이나 학원 선생님들과도 연락을 취함으로써 자녀가 부모님과의 물리적 거리감을 좁힐 수 있도록 하는 노력이 필요합니다. 이러한 부모님의 노력이 자녀의 눈에는 모두 사랑으로 비칠 테니까요.

동 규 의 첫 번 째 프 러 포 즈

개구쟁이 '사랑 고백' 프로젝트

"**뭐** 재미있는 일 좀 없나?"

동규는 텔레비전을 보고 피아노도 만지작거리고 심지어 그 위에도 올라가 보지만 무슨 일이든 금방 싫증이 났습니다. 학원을 운영하는 엄마는 늘 바쁘기만 합니다. 그나마 중학생 형이 학교에서 돌아와야 함께 놀 사람이 생깁니다. 형이 학교에서 돌아오면 동규는 형 뒤꽁무니만 졸졸 따라다닙니다.

일곱 살 동규는 사실 동네에서 소문난 개구쟁이입니다. 동규의 장난질은 누구도 말릴 수 없습니다. 그런 동규에게 얼마 전부터 남모르는 비밀이 생겼습니다. 조금은 이르지만 굉장히 중요한 일생일대의 사건, 바로 좋아하는 여자아이가 생긴 것입니다. 동규는 지금 벌써부터 사내 특유의 고민에 빠져 있습니다.

어느 날은 동규가 형을 따라 학교 운동장에 갔습니다. 형과 형 친구는 농구 골대를 향해 공을 마구 던졌습니다. 동규는 형들 사이에서 요리조리 공을 잡으려고 애를 썼습니다.

"내가 넣을래."

동규는 공을 잡아 힘껏 던졌습니다. 하지만 동규가 공을 넣기에는 골대가 높고 공이 무거웠습니다. 게다가 형들은 동규와 놀아 줄 생각이 아예 없었습니다. 하기야 나이 많은 형들이 여덟 살 어린 동규와 노는 건 영 싱거운 일일지도 모릅니다. 골이 난 동규는 공을 흙탕물에 슝 하고 내던졌습니다. 이렇게 형들을 골탕 먹이는 걸 보면 동규는 역시 일곱 살 악동이라 할 만합니다.

이윽고 동규는 형들을 뒤로하고 집으로 돌아갔습니다. 혼자 가는 길은 굉장히 심심했습니다. 건널목에 박힌 기둥을 잡고 뱅글뱅글 돌며 기분을 풀기도 했습니다. 그리고 집에 돌아온 동규는 식탁에 앉아 과자를 먹었습니다. 때마침 형이 집으로 돌아왔습니다. 동규는 형 앞에서 과자를 더 맛있게 먹었습니다.

"동규야, 형도 하나만 주라."

형이 손을 내밀었지만 동규는 과자를 뒤로 감추며 말했습니다.

"그러지 말고 하나만 주면 안 돼? 반쪽만이라도 잘라 줘."

"내가 내는 문제 맞히면 줄게."

동규는 의기양양하게 문제를 냈습니다.

"일 더하기 영은?"

"일!"

형이 곧바로 대답했습니다.

"땡! 십이야."

"에이, 그런 게 어디 있어?"

"내 맘이지."

일곱 살다운 장난을 치며 동규는 헤벌쭉 웃었습니다. 반에서 일등을 놓치지 않는 형도 동규의 계산법에는 당할 도리가 없습니다. 이렇게 해서 동규는 과자 하나로 공놀이할 때 형에게 받은 설움을 앙갚음해 줍니다.

그러던 어느 날 외로운 동규의 일상에 특별한 사건이 생겼습니다. 동규가 유아 스포츠단에 다니는데, 그곳에서 마음에 쏙 드는 아이를 만난 겁니다. 책 읽기 시간이었지요. 동규와 친구들은 도서관에서 부지런히 책을 고르고 있습니다.

"음, 재밌는 게 없다."

책은 많은데 동규는 선뜻 책을 고르지 못했습니다. 겨우 책 한 권을 골라 왔지만 몇 장 넘기지 못했습니다. 동규는 자리에서 슬그머니 일어나 다시 책장 쪽으로 갔습니다. 그러고는 무언가를 찾는 듯 두리번거렸습니다. 그러다 다빈이를 보고는 다시 책을 찾는 척했습니다. 사실 동규는 다빈이를 좋아합니다. 그런 동규는 다빈이 곁을 떠나지 못하고 계속 맴돌았습니다.

체육 시간에 인라인스케이트를 탈 때도 동규는 다빈이 곁을 떠나지 않았습니다. 다빈이 앞에서 멋진 모습을 보여 주고 싶지만 동규는 인라인스케이트를 잘 타지 못합니다. 친구들은 모두 스케이트를 타고 수업을 하러 갔는데, 동규만 제자리에서 끙끙댔습니다. 동규가 겨우 기어 친구들이 있는 데까지 갔는데, 그때 다빈이가 넘어지고 말았습니다. 결국 다빈이가 울음을 터뜨렸고, 동규는 그런 다빈이에게 다가가 스케이트를 벗겨 줬습니다.

다빈이 앞에서 의젓했던 동규도 집에 오면 다시 장난꾸러기가 됩니다. 엄마에게는 늦둥이 동규가 아직도 갓난아이 같기만 합니다. 하지만 그런 동규에게도 좋아하는 여자 친구가 생긴 것입니다.

다음 날 동규는 늦잠을 자는 바람에 아침도 못 먹고 유아 스포츠단에 갔습니다.

"지금부터 짝꿍 하고 싶은 친구 얼굴을 그려 보세요."

선생님이 아이들에게 말했습니다.

유아 스포츠단에는 친구가 여덟 명뿐이라 아이들은 서로 눈치를 살폈습니다. 동규는 고민 끝에 민권이와 다빈이를 함께 그렸습니다.

"동규는 두 명하고 짝꿍 하고 싶어?"

선생님이 묻자 동규가 대답했습니다.

"네."

그때 찬우가 그림을 내밀었습니다.

"이게 누구야?"

선생님이 묻자 찬우가 씩씩하게 대답했습니다.

"다빈이요!"

"찬우가 제일 좋아하는 친구가 다빈이야?"

"네."

동규는 자신 있게 말하는 찬우가 부러웠습니다. 그리고 찬우도 다빈이를 좋아하는 걸 알게 됐습니다. 찬우와 다빈이는 유아 스포츠단에 입학하기 전부터 단짝이었습니다. 그 사실을 알게 된 동규는 앞일이 막막했습니다.

다시 체육 시간이 되었습니다. 선생님은 공을 많이 줍는 팀 안에서 가장 훌륭한 선수를 뽑는다고 이야기했습니다.

"오늘은 체육왕을 뽑을 거예요."

선생님이 그렇게 말하고 호루라기를 불었습니다.

동규는 꼭 체육왕이 되고 싶었습니다. 하지만 찬우에, 다른 친구들까지 경쟁이 치열했습니다. 아이들은 각 팀 바구니 안에 부지런히 공을 집어넣었습니다. 아이들이 공을 다 넣자 선생님이 큰 소리로 공을 세었습니다.

"하나, 둘, 셋, 넷 ……."

동규가 속한 팀 바구니에 공이 더 많았습니다. 하지만 동규는 그다음 경기에서 다빈이 옆자리에 앉으려다 상현이와 다투고 말았습니다.

"너희 왜 양보 안 해? 둘 다 밖에 나가 있어. 선생님은 말 안 듣는 사람이랑 수업 안 할 거예요."

동규는 선생님에게 걸려 복도에서 벌을 받았습니다. 그리고 수업이 끝나기 전에 선생님은 다빈이와 찬우를 나란히 체육왕으로 뽑았습니다.

'하필 찬우가 체육왕인 건 뭐야.'

동규는 속으로 중얼거렸습니다.

잠깐 한눈을 팔다가 찬우에게 체육왕 자리를 뺏긴 게 너무 속상했습니다. 그렇다고 마냥 풀이 죽어 있을 수는 없었습니다. 동규는 좋은 방법을 생각해 냈습니다. 집 근처 문방구에서 다빈이에게 줄 선물을 뽑기로 한 것입니다.

"우와, 뽑았다!"

동규는 바라던 대로 목걸이용 구슬을 뽑았습니다. 그러고는 구슬을 들고 집으로 갔습니다.

"동규야, 이걸로 뭐 할 거야?"

엄마가 구슬을 보고 물었습니다.

"소풍 때 다빈이한테 주려고."

"그럼 엄마는?"

"다빈이가 안 갖는다고 하면 줄게."

"동규야,
오늘 우리 집에
와서 놀래?"

동규는 그렇게 말하고는 진지한 표정으로 실에 구슬을 꿰었습니다. 엄마는 서운한 마음이 들었지만 동규가 구슬 꿰는 것을 도와주었습니다. 언제나 아기 같았던 동규가 많이 컸다는 생각이 들었기 때문입니다.

드디어 소풍날이 왔습니다. 유아 스포츠단 친구들은 놀이공원에서 놀이 기구를 타며 신 나게 놀았습니다. 마차도 타고 물개 쇼도 봤습니다. 그리고 기념품 가게에 들어가 구경도 했습니다. 그때 동규가 다빈이에게 살짝 말했습니다.

"다빈아, 내가 너한테 줄 게 있어."

하지만 다빈이는 시큰둥했습니다. 동규가 다빈이에게 구슬 목걸이를 내밀며 말했습니다.

"이거 내가 만들었어."

"필요 없다니까!"

다빈이가 목걸이를 바닥에 떨어뜨리고 말았습니다. 그러고는 찬우의 손을 잡고 나란히 걸어가 버렸습니다. 그 모습에 동규는 무척 속상했습니다.

다빈이는 땅꼬마 동규가 싫었습니다. 사실 동규는 반에서 키가 가장 작고 찬우는 꼭 어른처럼 키가 컸습니다. 그러니 다빈이에게 동규는 그저 귀여운 남동생 정도로 느껴질 수밖에 없습니다.

다음 날에도 동규는 소풍날 일이 잊히지 않았습니다. 동규는 가만히 있는 찬우에게 다가갔습니다. 그러고는 팔로 찬우의 목을 세게 감았습니다. 동규는 반에서 가장 덩치가 작았지만, 못 말리는 장난꾸러기라 웬만해서는 친구들에게 지지 않았습니다. 찬우가 참지 못하고 동규를 때렸습니다. 그 모습을 본 선생님이 소리쳤습니다.

"뭐 하는 거야?"

"동규가 먼저 그랬어요."

찬우가 억울하다는 듯 말했습니다.

"제가 살짝 했는데, 찬우가 세게 때렸어요."

동규도 지지 않고 말했습니다. 그러면서 동규는 언젠간 꼭 매운맛을 보여 주리라 다짐했습니다.

다음 시간은 아이들이 가장 무서워하는 인공 암벽 타기 시간이었습니다. 가장 첫 번째로 찬우가 암벽을 탔습니다. 찬우가 몇 걸음 기어 올라가더니 소리쳤습니다.

"너무 무서워요."

찬우는 울음을 터뜨렸고, 결국 반도 못 올라가고 내려왔습니다.

그 모습을 본 다빈이가 콧방귀를 뀌며 암벽 타기에 도전했습니다. 다빈이는 찬우와 달리 꼭대기까지 씩씩하게 올라가서는 종을 쳤습니다.

"아래 안 보고 하니까 진짜 재밌어."

다음은 동규 차례였습니다. 하지만 동규는 가슴이 조마조마했습니다. 다빈이도 꼭대기까지 올라가 종을 쳤는데, 만약 찬우처럼 올라가다 포기라도 한다면 큰일입니다. 동규는 암벽을 올라가다 아래를 내려다봤습니다. 아찔한 순간, 다빈이의 목소리가 들려왔습니다.

"못 올라가면 끝이야!"

동규는 다빈이에게 점수를 따려면 힘을 내서 올라가야만 했습니다.

"동규야, 한 칸만 더 올라가. 옳지. 그래 잘했어. 한 칸만 더."

선생님의 응원 소리도 들렸습니다. 동규는 눈을 찔끔 감고 한 걸음 한 걸음 올라갔습니다. 그러고는 드디어 종을 쳤습니다. 혹시나 다빈이가 종소리를 듣지 못했을까 봐 한 번 더 종을 쳤습니다. 찬우가 하지 못한 일을 동규가 해낸 것입니다.

그 뒤로 쌀쌀맞기만 했던 다빈이가 동규에게 귓속말을 건넸습니다.

"오늘 우리 집에 와서 놀래?"

다빈이의 말에 동규는 신이 나 폴짝폴짝 뛰었습니다.

동규는 집으로 돌아가자마자 깨끗한 옷으로 갈아입고 다빈이네 집으로 갔습니다. 다빈이가 아파트 입구까지 마중을 나왔습니다.

다빈이는 가장 좋아하는 인형을 꺼내 와 동규와 놀았습니다. 다빈이 엄마가 내온 간식도 함께 먹고, 그네도 함께 탔습니다. 동규와 다빈이는 부쩍 가까워졌습니다.

주말에는 엄마들과 함께 가까운 농원으로 나들이를 갔습니다. 쑥을 캐서 쑥떡도 해 먹고, 풀밭에서 뛰어놀기도 했습니다. 그러다 다빈이가 돌부리에 걸려 넘어졌습니다. 동규가 달려가 다빈이를 일으켜 세우고는 돌부리를 발로 마구 차면서 야단까지 칩니다.

“왜 다빈이를 아프게 했니?”

다빈이는 못 본 체했지만 그런 동규의 모습이 싫지 않았습니다.

다음 날 유아 스포츠단에서 찬우와 동규와 다빈이가 모여 앉았습니다. 찬우가 다빈이에게 물었습니다.

“동규하고 나하고 누가 더 좋아?”

다빈이가 조금 망설이다 대답했습니다.

“누구였더라 …… 동규.”

어느새 다빈이의 마음이 찬우에서 동규에게로 옮겨 갔습니다. 하지만 찬우는 속상해하지 않았습니다. 오히려 다음 날부터는 동규와 잘 놀고 함께 장난감도 정리했습니다. 찬우는 모습만큼 마음도 어른스러웠습니다. 동규는 왠지 모르게 미안한 마음이 들었습니다. 그래서 그런지 닭싸움 시간에 동규는 그 어느 때보다 열심히 찬우를 응원했습니다.

“이겨라. 이겨라. 찬우 이겨라.”

동규는 목청껏 외쳤습니다.

사람과 사람 사이의 거리를 좁히고 가까워지는 것은 누구에게나 시간이 필요한 일입니다. 때론 거친 손도 잡아 주고 좋은 경험도 나쁜 경험도 함께할 수 있는 사이. 그렇게 좋은 친구가 되기 위해 동규가 먼저 한 발자국 다가갑니다. 십 년, 이십 년 후에 아이들은 서로를 어떻게 기억할까요? 얼굴이나 이름이 정확하게 생각나지 않더라도 세 사람은 흑백사진처럼 아련하게 이 시절을 추억할 것입니다. 그 친구들이 있어 즐거웠다고 말입니다. 새침데기 다빈이와 개구쟁이 동규, 그리고 마음이 따뜻한 찬우는 이제 진짜 친구가 되었습니다.

또래 관계 경험

좋은 관계를 유지한다는 것이 성인이 되어서도 참 힘든 일인데 하물며 자기중심성이 강한 유아기 아이들이 좋은 관계를 유지하기란 더 어렵겠지요. 이 시기 아이들에게는 세상의 중심이 자기일 테니까 말이죠. 이런 기세등등한 아이들이 처음으로 또래 관계를 경험하면서 사회성이 자라게 됩니다. 그렇기 때문에 또래 관계 경험은 중요합니다.

이야기 속에 등장하는 동규는 가정에서 막내아들로 귀여움을 독차지하면서 자랐을 것입니다. 하지만 또래 관계 속에서 동규는 다빈이의 마음을 얻기 위해 직접 선물을 만들고, 라이벌인 찬우와의 대결도 감내하고, 자신의 마음은 아랑곳하지 않고 찬우와 더 친하게 지내는 다빈이를 바라보며 말없이 참아야 하는 등 난생처음으로 친구의 마음을 얻기 위한 기다림을 배우고 있습니다.

참 아픈 경험일 겁니다. 하지만 그러기에 동규는 확연히 자라 있을 겁니다. 아이들은 또래 관계 속에서 성장해 갑니다. 그렇다면 또래 관계를 잘하게 하기 위한 묘안은 없을까요? 여러 전문가들은 또래 관계의 기본은 부모와의 안정된 애착에서 시작된다고 봅니다. 실제로 애착 형성에 실패한 아이들은 또래 관계에서도 공감 능력이나 문제해결력이 떨어진다는 보고가 있습니다. 다음으로 과잉보호입니다. 과잉보호 속에서 자란 아이는 또래 속에서 자기표현을 잘 하지 못하고 자신감이 부족해 소극적인 관계를 맺는 특성을 보입니다.

또한 이 시기는 자아중심성이 강한 시기라서 이기심의 발로로 나타나는 여러 다툼이 발생하곤 합니다. 이때 자녀의 행동을 나무라거나, 상대 아이의 잘못으로 몰고 가는 행동은 자녀의 사회성 발달에 별다른 도움을 주지 못합니다. 그 다툼에서 느낀 자녀의 감정을 먼저 공감하는 것이 중요합니다. 자녀로 하여금 '부모님이 내 맘을 알아주는구나'라는 안정감을 느끼게 합니다. 그 후에 그 상황에서 상대방이 느꼈을 감정은 무엇일지, 그 상황에 어떻게 하면 다툼이 발생하지 않을 수 있을지를 함께 이야기하는 것이 중요합니다.

또래 관계는 경험입니다. 그 안에서 난생처음 경험하는 많은 일들이 있지만 그 경험을 통해서 아이들 스스로 배워 나가고 성장할 것입니다. 문제해결력을 길러 주면서 자녀와 좋은 관계를 맺고 있다면 아이들은 그 관계 성공 경험으로 또래와의 관계도 성공할 것입니다.

있는 그대로의 자녀 사랑하기

🌼 성장이란 무엇인가

발달심리학에서는 발달을 성장과 성숙이라는 개념으로 설명하고 있습니다. 키가 크고 몸무게가 늘어 가는 것은 성장이고, 기던 아기가 걸을 수 있고 글을 읽을 수 있고 고차원적인 생각을 할 수 있게 발달하는 것은 성숙입니다. 성장은 양적 증가와 팽창을 의미하고, 성숙은 기능적인 면을 포함한 발달을 의미합니다. 그러나 여기서는 포괄적인 개념의 발달적 관점에서 성숙을 포함한 성장을 이야기해 보려고 합니다. 스스로 성장 발달하는 요인과 성장 발달을 촉진하는 환경에 대해 생각해 봅시다.

🌼 성장 발달의 필수 조건은

인간의 유전자는 발달하는 인간이 되도록 프로그래밍되어 있습니다. 언제쯤 어떤 능력이 생기도록 유전자 시계에 입력되어 있습니다. 그래서 돌 전후가 되어야 걸을 수 있게 되고, 두세 살이 되어야 대소변 훈련을 할 수 있고, 다섯 살이 지나야 연필로 쓸 수 있습니다. 이렇게 신체와 관련된 기능적인 면 등은 때가 되어야 발달하는데, 바로 이런 때가 되었다는 뜻으로 '준비도'라는 용어를 사용합니다. '준비도'에 도달하였을 때 가르쳐야 효과가 높습니다. 그 전에는 아무리 노력해도 성공하지 못하거나 늦게 시작한 아이와 결과 차이가 없습니다.

이렇게 유전적 준비에 따라 결과가 다르지 않은 성장이 있는가 하면 양육 과정의 환경 조건에 따라 성장의 속도나 결과에 차이가 생기기도 합니다. 성공하는 사람들을 보면 의지가 다릅니다. 이루고자 하는 목표가 분명하고 의욕이 강하며 힘든 현실 여건에 도전하고자 하는 마음이 강합니다. 또 실패에 대한 두려움이 적으며 현실에 부딪혀 좌절했을 때 털고 일어나는 힘이 강합니다. 바로 이런 능력을 강화하는 것이 성장 발달의 필수 조건입니다.

🌼 자녀의 성장 발달을 위한 부모의 역할은

성취욕은 성공해 본 경험에서 강화됩니다. 성공해 보면 자신감이 들고 자신감은 다른 도전을 안내하는 힘이 됩니다. 운동경기나 미술 대회에 나가 상을 받게 되면 더 잘하고 싶은 욕망이 자극을 받아 더 큰 대회에 도전하고 싶은 욕구가 생기고, 그 힘이 노력하는 행동을 지속하고 촉진하게 이끕니다. 그래서 어린아이들에게는 많은 대회를 열어 주고 상 받는 경험을 시키는 것입니다. 이때 다양한 종류의 활동을 경험하게 하고 그중에서 특히 좋아하고 잘하는 것을 집중해서 하도록 하는 것이 특기 교육입니다.

적성을 이야기할 때 능력과 흥미를 모두 고려해야 하는 것은, 잘할 수 있는 것과 잘하는 것이 일치할 때 시너지가 발생하면서 지속 가능하게 되기 때문입니다. '미쳐야 미친다'는 말이 있습니다. 미칠 수 있을 만큼 자신에게 매력적이어야 하고, 미칠 수 있는 에너지와 흥미가 있어야 성공할 수 있습니다. 그러므로 처음 시작할 때에 흥미를 가질 수 있게 유도하고 시작한 일은 지속할 수 있게 끊임없는 관심과 반응을 보여 주어야 합니다. 도전할 수 있게 안내하고 그 과정에서 느끼는 즐거움과 행복감을 유지할 수 있도록 격려해야 합니다. 대스타들이 팬들의 칭송과 관심에 울고 웃는 것도 같은 원리입니다.

그러나 성장으로 이어지는 과정에는 크고 작은 좌절이 동반됩니다. 이때 좌절을 어떻게 견뎌 내는가에 따라 포기할 수도, 안주할 수도, 성장할 수도 있습니다. 그러므로 부모는 아이에게 좌절을 견뎌 내는 힘을 길러 주어야만 합니다. 좌절을 견디게 도와주는 방법으로 칭찬과 격려가 있습니다. 칭찬과 격려는 힘이 나게 도와주어 용기를 북돋아 줍니다. 이때 지나친 칭찬은 금물입니다. 부모의 지나친 칭찬은 자녀가 자신의 내적 동기에서 선택과 집중을 통해 성장하기보다는 외부의 평가에 의해 울고 웃게 되어, 오히려 남의 눈치에 민감해질 수 있고 쉽게 좌절하게 만들 수도 있습니다.

반면에 부모의 칭찬이나 보상이 줄어들면 계속하고자 하는 욕구가 낮아지고 포기하게 되어 성장 속도가 늦어질 수 있습니다. 그러므로 다른 사람의 평가보다 자신의 신념이 중요합니다. 누가 뭐라고 해도 자신의 신념대로 밀고 나가는 뚝심이 있어야 대성할 수 있습니다.

칭찬보다는 격려를 사용하는 방법을 추천합니다. 칭찬이란 부모는 위, 자녀는 아래라고 위치를 설정하고 수직적으로 보상하는 시스템이므로, 부모의 보상이 적으면 아이는 가치가 없다고 생각되어 매사에 시큰둥해질 수 있습니다. 그러나 격려는 한 만큼, 있는 그대로를 가치 있게 여기고 반응하는 것이므로 성공했을 때나 실패했을 때 같은 수준으로 관심을 주는 것이 중요합니다. "네가 잘 해내서 대견하구나" "네가 실패해서 너무 속상해하는 것이 안타깝구나" 등으로 아이를 객관적으로 보면서도 행동한 만큼 칭찬과 위로를 하는 것이므로 단순한 칭찬과는 다릅니다.

　성공과 실패에 상관없이 자녀가 한 행동이나 일 자체에 관심이 있다는 것을 보여 주는 것이 중요합니다. 부모가 있는 그대로의 너를 존중하고 사랑한다는 믿음에서 자녀를 지켜볼 때 자녀는 확신을 가지고 성장할 수 있습니다. 다시 자신을 뒤돌아보십시오. 지금 있는 그대로의 자녀를 사랑하는지, 바라는 모습을 보여 줄 때만 사랑한다고 잘못 표현하고 있는지를.

친구들과의 경험은 다른 사람의 다름을 인정하고,
다른 사람들의 감정을 거스르지 않는 방법을 익히며,
자신의 의견을 주장하거나 표현하는 능력을 발달시킵니다.
부모가 아이와 친구 관계에 대해 진솔하게 대화하고,
잘한 점과 못한 점을 솔직하게 인정한다면
내 아이의 끈끈한 우정을 지켜 줄 수 있을 겁니다.

CHAPTER 04

우정

친구와 쌓은 미운 정 고운 정

링 위 의 두 소 년

승민아, 우리 친구 하자

"**야!** 너, 이리 와 봐. 누가 샌드백을 발로 차래?"

"……."

"너, 복싱은 왜 해?"

호랑이 코치님이 거듭 불호령을 내립니다. 초등학생 새내기 복서 재현이가 또 샌드백을 주먹이 아닌 발로 찼기 때문입니다. 선수들의 땀과 열기로 가득 찬 경기도 수원시의 한 복싱 체육관, 신규 등록 2주차에 접어든 천방지축 장난꾸러기 재현이는 체육관의 사고뭉치입니다.

"전 그냥 취미로 배우는 건데요?"

"뭐라고? 취미로 배운다고 막 하면 되는 거야? 체육관에선 까불지 마! 알았어?"

"네."

엄한 꾸지람에 소년은 풀이 죽어 돌아서지만 그것도 잠시입니다.

그날 재현이는 끝끝내 게으름을 피우며 연습을 소홀히 하다가 그만 관장님께도 내리 벌을 받았습니다. 관장님은 재현이에게 더 열심히 하라며 벌로 팔굽혀펴기를 시킵니다.

이곳 복싱 체육관에는 재현이 말고도 눈에 띄는 한 소년이 있습니다. 벌써 이 년째 복싱을 배우고 있는 승민이입니다. 체육관이 그저 재미난 놀이터인 재현이와 달리 복싱을 대하는 승민이의 태도는 사뭇 진지합니다. 승민이는 냉정한 승부사의 눈으로 샌드백을 노려보며 날렵하게 잽을 휙휙 날립니다.

한 체육관에서 복싱을 한다는 걸 빼놓고는 닮은 구석이 하나도 없는 두 소년 승민이와 재현이는, 사실 열두 살 동갑내기입니다.

어린이 복서 승민이가 운동을 다 끝내고 집에 돌아오면 시간은 어느새 저녁입니다. 매일 저녁 승민이를 반기는 건 오로지 불 꺼진 집뿐입니다. 가족들은 아무도 없습니다. 아빠와 형의 귀가 시간이 늦은 탓입니다. 사 년 전부터 승민이는 엄마와 떨어져 아빠, 고등학생 형과 함께 살고 있습니다. 텅 빈 집에서 홀로 보내는 시간은 길고 지루하고 쓸쓸합니다.

열두 살 승민이의 꿈은 세계 최고의 복싱 챔피언이 되는 것입니다. 얼마 전 자기보다 형인 6학년 선수랑 맞붙어 우승을 했습니다. 처음으로 번쩍이는 금메달을 목에 걸었습니다. 그때부터 승민이는 복싱 연습에 더 열을 올리게 되었습니다. 하지만 아직은 작고 여린 승민이가 누가 시키지 않아도 복싱에 매달리는 이유, 그것은 어쩌면 외로움 때문인지도 모르겠습니다.

다음 날 이른 새벽, 동이 미처 트기도 전에 승민이네 집에 전깃불이 환하게 들어왔습니다. 아직 승민이는 한밤중인데, 어젯밤 늦게까지 일을 하고 온 아빠가 제일 먼저 하루를 시작합니다. 아빠는 아이들 먹일 누룽지를 끓입니다. 아내와 떨어져 아이를 키우기 시작한 지 벌써 사 년째. 엄마의 빈

자리까지 채우려고 아빠는 무던히 애쓰고 있습니다.

아빠의 사업이 실패하면서 크게 어긋나 버린 승민이네 가족입니다. 가장이라는 무거운 짐을 짊어진 아빠는 하루하루 건설 현장에서 일하고 있습니다. 아직 이른 시간, 아빠는 고된 일터로 걸음을 옮기고 승민이와 형도 일찌감치 집을 나섭니다. 그래서 대체로 승민이는 텅 빈 교실에 가장 먼저 도착하곤 합니다.

그날 오후, 인근 복싱 체육관과 스파링 대결이 있었습니다. 대결장으로 향하는 차 안에서도 재현이는 시종일관 싱글벙글 긴장하는 법이 없습니다. 이길 마음도, 실력도 없어서인가 봅니다. 반면 승민이는 긴장한 기색이 역력했습니다. 대결을 벌일 체육관 안의 낯선 사람, 낯선 장소, 낯선 기운들이 승민이를 주눅 들게 합니다.

이번 대결에는 특별한 코치님이 초빙되었습니다. 필리핀 복싱 선수 출신의 외국인 코치님입니다. 재현이의 관심사는 순식간에 코치님에게로 이동, 짧은 영어 실력이지만 의사소통을 시도해 봅니다. 승민이는 체육관의 명예가 걸린 스파링 대결을 앞두고 연습이 한창인데, 재현이는 엉터리 영어와 몸짓 발짓으로 외국인 코치님에게 복싱에 대해 묻습니다. 대체 저런 자신감은 어디서 나올까요? 진중한 승민이는 재현이의 넉살이 마냥 신기하기만 합니다.

"승민아, 너도 이리 와!"

"나, 영어 몰라."

"영어 안 해도 돼. 내가 통역해 줄게. 그리고 권투는 느낌만 봐도 알잖아."

승민이의 거절에도 재현이는 외국인 코치님에게 친구를 가르쳐 달라고 부탁합니다. 특유의 성미로 원정 온 체육관까지 완전 장악해 버린 재현이입니다.

이윽고 첫 번째 대결이 시작되었습니다. 링 아래에서는 소심하지만 링 위에서만큼은 승민이도 자신감과 승부욕이 넘칩니다. 강한 펀치로 상대를 몰아세우는 승민이입니다. 결과는 승민이의 승리로 끝납니다. 역시 복싱 유망주입니다. 다음 대결은 재현이 차례입니다. 재현이는 좀 전에 차 안에서 처음 만난 두 살 아래 동생 원비와 붙었습니다.

피할 수만 있다면 피하고 싶은, 재현이 생애 첫 번째 스파링 대결입니다. 경기가 시작하기 무섭게 원비는 선제공격을 퍼붓습니다. 그런데 재현이는 솜 주먹 한 방 제대로 휘두르지 못하고 일방적으로 당하기만 합니다.

"살려 줘!"

재현이의 비명과 함께 1라운드가 허무하게 끝났습니다.

재현이는 다시 한 번 심기일전하여 다음 2라운드를 준비합니다. 선제공격에 움찔하는 것도 잠깐, 이번에는 재현이도 가볍게 툭툭 치며 물러서지 않습니다. 하나 복싱 입문 2주차 재현이에게 스파링은 무리였나 봅니다. 재현이는 결국 패배의 쓴잔을 들었습니다.

"원비 잘하네!"

하지만 졌다고 해서 풀이 죽을 재현이가 아닙니다. 까짓것 그날 하루 진 게 무슨 대수인가요? 재현이는 위풍당당 집으로 향합니다. 경기에는 졌지만 가족들에게 할 말이 많습니다. 재현이는 영웅담보다 더 흥미진진한 패배담을 가족들에게 늘어놓습니다. 일주일 전부터 복싱을 시작한 아빠, 얘기를 잘 들어 주는 엄마, 농담 잘하는 누나와 귀여운 막냇동생까지, 마치 동화처럼 따뜻하고 행복한 재현이네 가족입니다.

다음 날이었습니다. 재현이는 승민이가 체육관에 오기만을 손꼽아 기다렸습니다. 잠시 후 승민이가 체육관에 들어섰습니다.

"승민아, 드디어 왔네!"

친구의 등장에 마냥 기뻐하는 재현이와 달리 승민이는 웃지도 않고 무심히 체육관 안으로 들어갑니다. 승민이는 아직까지 재현이가 서먹서먹하기 때문입니다. 승민이가 유령처럼 취급해도 재현이는 승민이 뒤를 졸졸 따릅니다. 승민이를 손꼽아 기다린 이유가 따로 있거든요. 바로 생일 파티 초대입니다.

"승민아, 내일 내 생일인데 올 수 있니?"

"글쎄, 모르겠다."

"내일 파티 꼭 와!"

"……."

재현이의 계속되는 다짐에 승민이는 말이 더 없어집니다. 운동을 다 끝내고 체육관을 나서는 순간까지 승민이는 끝끝내 시원한 답변을 주지 않는데요, 알게 된 지 불과 이 주밖에 안 된 재현이도 낯설지만 재현이가 초대할 다른 친구들이랑 어울리는 것도 마찬가지로 어색하기 때문입니다. 낯가림이 심한 승민이에게는 생일 파티 한 번 가는 것도 결코 쉬운 결정이 아닙니다.

하지만 다음 날, 승민이는 한참을 망설인 끝에 재현이의 생일 파티에 참석했습니다. 아직은 재현이를 대하는 것이 서먹하지만 용기를 내기로 한 것이지요. 승민이는 재현이만큼이나 시끌벅적한 생일 파티 분위기가 자못 어색하고 어리둥절했습니다.

"승민이는 챔피언이야? 이야, 멋지다! 재현아, 사인 받아 놔. 승민이는 앞으로 한국 챔피언이 될 거야. 친구는 항상 해 줄 수 있지?”

　재현이 아빠가 친근하게 말을 건네자, 재현이도 괜스레 승민이에게 아양을 떱니다. 포크로 떡볶이를 찍어 승민이 입에 넣어 주었어요.

　“승민아, 아～! 더 크게! 에이, 소심하게. 아이고, 잘 먹는다.”

　재현이의 간드러진 아양에 정신 팔려 승민이도 어쩔 수 없이 입을 벌렸습니다. 가족들도 친구들도 다 같이 웃습니다.

　순간 승민이는 이 행복하고 따뜻한 순간이 부러운 동시에 낯설었습니다. 어울리지 않는 옷을 입은 듯 불편하고 어색한 마음에 생일 파티 도중 먼저 나왔습니다. 집도 넓고 좋은 데다 가족 분위기도 화목한 재현이네 모습에 괜스레 마음이 울적해졌기 때문입니다.

　그날 저녁, 재현이네 집을 나온 승민이는 복싱 체육관으로 갔습니다. 당장 시합이 내일로 다가온 터라 다른 때보다 연습에 몰두해야 합니다. 하지만 재현이의 생일 파티를 다녀온 후 심란해진 마음을 스스로 다잡기 위해서이기도 합니다. 지금까지 우승 메달을 목표로 홀로 외로운 싸움을 해 온 승민이입니다. 이번 시합에서 그 성과를 반드시 얻고 싶습니다.

　드디어 복싱 대회 날 아침이 되었습니다. 마침 오늘 아빠가 하루 휴가를 냈습니다. 하지만 승민이의 시합에는 함께 갈 수 없습니다. 가까운 친척의 결혼식이 있기 때문입니다.

　“승민아, 너 엄마한테는 전화했어? 전화해서 올 수 있으면 오라고 해.”

　아빠가 외출 준비를 하며 넌지시 권합니다. 든든한 응원군이 되어 주지 못하는 상황이 마음에 걸리기 때문입니다. 승민이도 사실 엄마에게 전화를 걸어 오랜만에 목소리라도 듣고 싶은 마음입니다. 하지만 쉽사리 용기가 나지 않습니다. 승민이는 끝내 전화를 하지 못하고 집을 나섭니다.

이윽고 승민이는 체육관 식구들과 함께 복싱 대회가 열리는 경기장으로 향합니다. 가는 차 안에서 이미 곯아떨어진 재현이와 달리 승민이의 얼굴에는 그늘이 가득합니다. 두 시간을 꼬박 달려 경기장에 도착합니다. 재현이는 이번이 생애 첫 번째 복싱 대회 출전입니다. 모든 광경이 마냥 신기하기만 합니다. 초보 복서 재현이를 응원하기 위해 가족들도 일찌감치 경기장에 자리를 잡습니다.

한편 시합을 코앞에 두고 승민이는 엄마와 통화를 시도했습니다. 엄마는 못 가서 미안하다고, 다치지 말고 시합 잘하라고 격려의 말을 보냈습니다. 엄마의 따뜻한 말에 승민이는 그날따라 멀리 있는 엄마가 더욱더 보고 싶어졌습니다.

잠시 후 초등부 선수의 경기가 시작됩니다. 우승 후보 승민이도 링 위에 오를 준비를 마칩니다. 한데 상대 선수는 승민이보다 체격이 몇 곱절 큽니다. 드디어 시작된 시합, 체격에서 밀리는 걸까요? 상대 선수가 일방적으로 거친 공격을 퍼붓습니다. 승민이도 가드를 올리고 노련하게 반격의 기회를 엿봅니다. 하지만 한 번 밀리기 시작한 경기에서 주도권을 잡기란 쉽지 않습니다. 별다른 성과 없이 1라운드가 허무하게 끝납니다.

"승민이 괜찮았어. 좋아. 좋아! 자, 호흡해 봐!"

쉬는 시간, 승민이가 자리로 돌아오자 감독님이 격려의 말을 건넵니다. 그때 승민이가 갑자기 눈물을 뚝뚝 흘리기 시작합니다.

"어어. 왜 그래? 너 잘하고 있어. 관장님 얼굴 봐. 고개 들어. 너 왜 여기서 울어? 너 지금 너 자신한테 화난 것 같은데?"

"승민아, 울지 마!"

재현이도 훌쩍이는 승민이를 다독여 보지만 소용이 없습니다. 진정할 여유도 없이 곧바로 2라운드가 시작됩니다.

　승민이는 마음을 가다듬고 다시 한 번 승부를 뒤집을 기회를 엿봅니다. 하지만 상대는 단 한 번의 공격조차 허락하지 않습니다. 시합이 역전 없이 마무리됩니다. 링 위에서만큼은 강하고 냉정한 승부사였던 승민이가 오늘은 맥없이 무너지고 맙니다. 시합이 다 끝나자 승민이 눈에서 꾹꾹 눌러 온 눈물이 한꺼번에 터져 나옵니다.

　승민이는 그날 대기실에서 혼자 조용히 울었습니다. 이기지 못했다는 자책감과 밀려오는 서러움, 엄마 생각에 눈물이 쉽사리 멈추지를 않았습니다.

　이윽고 재현이 차례가 돌아왔습니다. 하지만 재현이는 링 위에 오르기 전부터 눈물 바람이었습니다. 승민이가 운다고 재현이도 같이 눈물이 터졌습니다. 승민이의 설욕을 해 주겠다며, 링 위에 당당하게 섰지만 너무 울어서 숨이 가빴습니다.

　경기가 시작되자 재현이는 일단 선제공격부터 퍼붓습니다. 패기와 투지만큼은 누구에게도 뒤지지 않는 재현이입니다. 재현이는 의외의 선전을 펼치며 잠깐의 틈도 허락하지 않고 팽팽하게 맞섭니다. 엄마도, 다른 가족들도 그런 재현이가 대견스럽습니다. 막상막하의 대결입니다. 하지만 결과는 아쉽게도 재현이의 판정패로 마무리됩니다.

　그런데 시합이 끝나자마자 재현이는 승민이부터 찾아갑니다. 재현이가 마음을 담아 위로를 건네 보지만, 손꼽아 기다려 온 시합을 허무하게 져 버린 승민이는 좀처럼 속상한 마음을 풀 수 없습니다. 경기에서 이겼을 때 진심으로 기뻐하는 아빠의 모습이 제일 좋고, 보고 싶은 승민이입니다. 하지만 아무래도 이번에는 그 모습을 볼 수 없을 것 같습니다.

지금 코너로 몰린다고 해도
마지막 공이 울리기 전까지
내 시합은 끝나지 않았어!

그날 저녁, 승민이는 경기 결과를 묻는 아빠에게 어렵게 패배 소식을 전했습니다.

"왜 졌어?"

"제 두 배로 덩치가 컸어요."

"네가 실력이 없어서 진 게 아니고?"

"네 ……."

"아빠가 그랬지, 그런 게 핑계라고. 덩치가 크든 말든 진 거는 진 거야. 남자는 핑계 대고 변명하면 안 돼. 아빠가 평소에 그렇게 말했어? 승민아, 졌다는 건 잘못된 게 아니야. 시합하다 보면 질 수도 있고 그렇지. 그런데 아빠가 제일 싫어하는 게 핑계를 대는 거야. 거짓말하고. 아빠는 네가 져서가 아니라 네가 핑계를 대서 화가 난 거야. 오늘은 네가 실력이 없어서 졌지만, 앞으로 연습 열심히 해!"

승민이의 말에 아빠가 실망한 모양입니다. 그러자 아빠 말을 가만히 듣고 있던 승민이가 눈물을 뚝뚝 떨어뜨립니다.

아빠는 승민이를 누구보다 강한 사람으로 키우고 싶습니다. 어떤 어려움이 있어도 나약해지지 않는 남자로 말입니다. 어려운 형편이지만 복싱을 계속 시키는 이유도 바로 그 때문입니다.

하지만 그날 승민이는 아빠의 따뜻한 포옹과 위로가 필요했습니다. 재현이네 가족처럼 지든 이기든 함께 울고 웃는 가족이 필요했습니다. 승민이는 속상한 마음에 아빠의 손길을 피해 이불 속으로 더 깊이 파고들었습니다. 냉정한 승부사 승민이도 때로는 아이처럼 응석을 부리고 싶을 때도 있기 때문입니다. 그렇게 서로의 진심을 알지 못한 채 아빠와 아들의 하루가 다시 저물었습니다.

다음 날, 재현이는 어제의 패배를 금세 잊고 다시 활기를 되찾았습니다. 체육관 식구들이랑 나눠 먹겠다고 호떡까지 사 왔습니다. 그런데 형이나 아저씨들이 다 먹기 전에 두 개는 서랍 속에 따로 챙겨 두었습니다. 호떡 두 개는 아직 체육관에 나오지 않은 승민이 몫이었습니다.

하지만 따끈따끈한 호떡이 다 식도록 승민이는 나타나지 않았습니다. 재현이는 기다리다 못해 전화까지 걸어 보았지만 받지도 않았습니다. 승민이가 없으니 재현이는 복싱 연습도, 노는 것도 시큰둥했습니다. 혹시 승민이에게 무슨 일이 생긴 건 아닐까 별별 생각이 다 들었습니다.

그날 승민이는 끝끝내 체육관에 가지 않았습니다. 승민이가 집에 있는 동안, 아빠가 관장님의 연락을 받고 체육관을 찾았습니다.

"체육관 친구, 형들하고는 사이가 좋습니까?"

아빠는 관장님에게 그동안 궁금했던 부분을 물었습니다.

"글쎄요. 고민이 있는지 체육관에 와서 혼자 생각하는 시간이 있어요. 가만히 링에 앉아서요. 왜 그러냐고 물으면 얘기도 잘 안 해요. 어린 나이에 생각이 너무 많은 것 같고요. 동갑내기 재현이는 체육관에 온 지 얼마 안 됐는데 성격이 너무 활달한 거예요. 승민이하고는 정반대죠. 승민이는 너무 어른스럽게 있는 것 같고, 재현이는 애같이 놀고. 그런데 제 생각에는, 애는 애같이 놀아야 하거든요. 어린이니까 어린이답게 하고 좀 즐기면서……."

관장님의 말에 아빠가 고개를 끄덕였습니다. 아빠는 아들의 외로운 마음도 모른 채 너무 몰아세운 것만 같아 문득 어젯밤의 일이 미안해졌습니다.

같은 날 늦은 시각 승민이는 자전거를 타고 집을 나섰습니다. 고민 끝에 조심스레 벨을 누른 곳은 재현이네 집이었습니다. 울고 웃으며 함께 보내던 지난 이 주 동안 정이 들어 버린 것일까요? 심란하고 외로운 날, 승민이 머릿속에 가장 먼저 떠오른 사람은 바로 재현이었습니다.

"엄마! 엄마! 승민이가 왔어요!"

"안녕? 승민아, 어서 들어와! 마침 잘 왔어. 같이 저녁 먹자."

때마침 재현이네 가족들은 저녁 식사를 하려는 참이었습니다. 오늘의 메뉴는 생선 구이에 카레였습니다. 재현이 엄마가 갈치를 발라서 승민이 그릇에 올려 줍니다. 엄마의 사랑이 이런 걸까요? 승민이는 재현이 엄마가 참 따뜻한 분이라고 생각했습니다.

"아줌마도 좀 드세요!"

"응, 알았어! 너 많이 먹어. 잘 먹는 거 보니까 아줌마도 좋다. 그런데 승민이는 좀 얌전한가 보다. 말이 없는 걸 보니까. 재현이는 좀 시끄럽지?"

"저는 …… 그게 좀 부러워요."

승민이가 머뭇거리다가 말합니다.

"그게 부러워? 재현이는 말이 많아. 학교에 갔다 오면 그날 있었던 얘기를 다 해. 승민이도 엄마한테 그렇게 하면 자연스럽게 말이 많아질걸?"

재현이 엄마가 애정을 담아 말합니다. 그런데 그 순간 승민이가 몹시 당황한 기색을 보입니다. 잠시지만 승민이는 엄마라는 단어가 너무 멀게 느껴집니다. 승민이가 잠시 생각하다가 고쳐 말합니다.

"저는 아빠가 늦게 들어오셔서요."

"그래? 그럼 엄마는?"

"엄마요? 엄마랑 떨어져 살아요."

승민이 대답에 재현이 엄마가 속으로 놀랍니다. 하지만 내색을 했다가는 혹시라도 승민이 마음에 상처가 될까 봐 당황한 마음을 얼른 감춥니다.

“아 …… 그래? 심심하면 재현이 따라서 와. 아줌마가 얘기 많이 들어 줄게. 밥 더 줄까?”

“네!”

“잘 먹으니까 좋네.”

승민이가 밥을 두 공기나 비웁니다. 지난번 생일 파티 때와 달리 더 씩씩하게 밥을 잘 먹습니다. 그때 재현이가 불쑥 묻습니다.

“승민아, 우리 집에서 자고 가! 엄마, 승민이 우리 집에서 자고 가도 되죠?”

“자고 가도 되냐고? 응, 당연히 자고 가도 되는데 승민이도 아빠한테 여쭤 봐야지.”

재현이 엄마가 허락하자 승민이도 용기를 내어 아빠에게 전화를 겁니다.

“아빠, 저 지금 재현이네 집인데요. 재현이네 집에서 자고 가도 돼요?”

수화기 저편에서 아빠의 목소리가 나직하게 들립니다. 아빠는 생각보다 쉽게 허락의 말을 합니다. 승민이도 때로는 재현이처럼 아이답게 놀아야 한다는 체육관 관장님의 조언을 떠올렸기 때문입니다. 다만, 아빠는 승민이를 하룻밤 놔주면서도 어른들께 인사 잘하고, 어른들 식사 전에 먼저 숟가락을 들지 말라는 등 몇 가지 예의를 당부했습니다.

“잘 자고! 내일 집에 오면 아빠한테 문자 해.”

그날 밤 승민이와 재현이는 보드게임을 하면서 실컷 웃고 떠들었습니다. 둘 사이를 훼방 놓던 어색함도 거의 사라졌습니다. 하지만 자고 가겠다고 아빠 허락까지 받았던 승민이는 마음을 바꿔 집으로 돌아갔습니다. 화목하고 따뜻한 재현이네 가족을 쳐다볼수록 혼자 외롭게 떨어져 있을 아빠 생각이 더 간절했습니다.

"아빠, 저 그냥 집에서 자기로 했어요! 지금 가고 있어요. 이제 다 왔으니까 걱정하지 말고 먼저 주무세요."

"그래, 밤길 위험하다. 서두르지 말고 조심히 와!"

아빠의 목소리에 걱정이 섞여 있습니다. 아빠의 다정한 한마디에 승민이는 금세 기분이 좋아집니다. 그 기분으로 힘차게 자전거 페달을 밟으며 깊은 밤의 찬 기운을 씽씽 가릅니다.

며칠 후의 일입니다. 승민이와 재현이는 아파트 근처 감나무를 점령했습니다. 합심해서 얻은 단감 몇 개에 아이들은 개선장군처럼 의기양양해졌습니다. 승민이는 얼마 전 최고의 친구를 얻으면서 세상에서 제일 예쁜 엄마와 귀여운 여동생도 함께 얻었습니다. 바로 재현이의 엄마와 동생입니다. 승민이는 이제 더 이상 '함께'라는 단어가 어색하지 않습니다. 친구 재현이와 서로 믿고 의지하기 때문입니다.

때로는 승부를 놓고 싸우는 라이벌로, 때로는 서로의 아픔을 나누는 좋은 친구로 함께할 아이들입니다. 사각 링 위에서 키운 승민이와 재현이의 우정은 챔피언의 펀치만큼 강하고 단단할 겁니다.

좋은 친구 관계

아카데미 애니메이션 부문에 노미네이트된 『어네스트와 셀레스틴』이라는 동화가 있습니다. 이 이야기는 지상에서 사는 곰과 지하에서 사는 쥐를 다루고 있지만, 그 내면에는 너무도 다른 이들이 나눌 수 있는 진한 우정을 담고 있습니다. 가난하지만 음악을 좋아하는 곰 어네스트와 화가가 되고 싶은 셀레스틴은 각자의 세계에서 정해진 규칙을 거부하며 살아가다 만나 친구가 됩니다. 수많은 편견과 차별을 우정으로 승화시키는 것은 이미 고정된 세계관을 가진 기성세대에겐 어려운 일인지도 모릅니다. 그래서 자꾸 자신의 고정된 틀 안에 아이들을 끼워 맞추려고 하지요.

승민이와 재현이는 너무 다른 아이들입니다. 장래 복싱 선수가 되고 싶은 희망을 향해 열심히 달려가는 승민이와, 취미로 시작한 복싱인 만큼 그저 재미있는 놀이터로 생각하는 재현이. 매사에 진지하고 차분한 승민이와 조금은 과한 자신감이 넘치는 재현이. 이 다른 두 아이가 만나 친구가 되어 가는 이야기입니다. 링 위에서 패하는 것이 못내 서러워 우는 승민이를 향해 목이 터져라 응원하는 재현이의 모습에서 상대를 향한 온전한 몰입을 봅니다. 승민이에게 재현이가 있어, 재현이에게 승민이가 있어 참 다행입니다. 아마도 재현이는 승민이의 진중하고 성실한 모습을 배우게 될 것입니다. 승민이는 재현이의 당당함과 따뜻함을 배우게 될 것입니다.

이렇듯 성격이나 상황이 너무 다른 아이들이 친구가 될 때 부모님이 도와주실 수 있는 일은 무엇일까요? 먼저 자녀로 하여금 선입견을 가지지 않도록 하는 것이 필요합니다. 요즘은 '좋은 친구란?'이라는 물음에 부모님들이 가지는 선입견이 강합니다. 이 선입견으로 인해 아이가 우정을 키우는 데 어려움이 될 수 있습니다. 또한 좋은 관계를 유지하기 위해서는 일방적인 관계 설정이 되지 않도록 유의해야 합니다. 예를 들어 어느 한쪽은 늘 도움을 주고, 또 다른 한쪽은 늘 도움을 받는 관계라면 오래 유지되기 힘듭니다. 서로 도움을 주고받을 수 있는 방법이 무엇인지를 함께 찾아보는 것도 필요할 것으로 보입니다.

만약 도움이 필요한 친구가 있다면 그 친구를 도우면서 배우게 된 점을 나누면서 함께함을 느낄 수 있겠지요. 우리의 관계 가운데 다름이 서로에게 유익이 될 수 있다면 그 얼마나 아름다운 관계입니까? 이제 승민이와 재현이는 함께라는 게 어색하지 않은 진짜 친구가 되어 가는 것 같습니다.

핑 퐁 소 녀 삼 총 사

세 핑퐁 소녀들의 특별한 우정

아무도 등교하지 않은 이른 아침, 한 여자아이가 깜깜한 체육관에 불을 켜고 들어옵니다. 올해 열세 살인 은송이입니다. 140센티미터가 될까 말까 한 작은 키에 소년처럼 짧은 커트 머리를 하고 있습니다. 체육관의 첫 아침을 여는 은송이는 2.7그램의 가벼운 공으로 승부를 가르는 탁구 선수입니다. 맘에 드는 서비스가 나올 때까지 지치지도 않고 연습을 하는 은송이는 그야말로 연습 벌레 노력파 선수인데요, 친구들이 오기를 기다리며 탁구화도 착착 정리하고 탁구대 펜스도 팽팽하게 당깁니다.

이윽고 같은 6학년이자 탁구부 주장인 순수가 들어오고, 키가 껑충하게 큰 승미까지 모습을 드러냅니다. 이렇게 해서 탁구부 6학년 핑퐁 소녀 삼총사가 모두 모였습니다. 세 사람 모두 같은 복장에 같은 커트 머리이다 보니 꼭 세쌍둥이 같습니다.

탁구부의 아침 연습은 다른 학생들이 자율 학습을 시작하는 아침 여덟 시 십 분에 시작됩니다. 남자 선수처럼 빠른 공격이 주 무기인 공격형 선수

순수, 볼의 행방을 점치기 어려운 왼손잡이 공격수 은송, 어떤 공도 받아 낼 줄 아는 완벽한 수비 선수 승미. 천안 용곡초등학교는 핑퐁 소녀 삼총사의 눈부신 활약으로 지난해 전국소년체전에서 금메달을 수상했습니다. 이 외에도 핑퐁 소녀 삼총사는 각종 탁구 대회에 출전해 개인전 1, 2, 3위를 휩쓸며 현재 전국 최고의 어린이 여자 탁구 선수로 손꼽히는데, 이들 소녀들의 꿈은 다 함께 국가대표 선수가 되어 올림픽에 나가 금메달을 손에 쥐는 것입니다.

아침 연습이 끝나고 쉴 틈도 없이 삼총사가 수업에 들어갑니다. 선수 생활과 학업을 병행하다 보니 진도를 따라가기가 만만치 않지만 세 아이들은 수업 시간에도 최선을 다합니다. 쉬는 시간이 되자 은송이가 순수를 불러 냅니다. 은송이와 순수는 잠시라도 떨어져 있으면 서로 궁금해서 못 견디는 단짝 친구입니다. 서로 업어 주고 쓰다듬어 주며 옥신각신하며 내려간 급식실에 또 한 명의 절친, 승미가 두 사람을 두리번두리번 찾고 있습니다. 탁구 연습도 같이, 밥 먹는 것도 항상 같이, 뭐든지 같이 하는 삼총사는 서로 모르는 게 없는 사이입니다.

방과 후 삼총사가 먼저 들르는 곳이 있습니다. 바로 맛있는 간식거리를 파는 승미 할머니의 포장마차입니다. 이 포장마차의 홍보 대사는 다름 아닌 탁구 잘하는 손녀딸 승미이지요.

"어서 오세요, 손님. 뭘 드릴까요?"

할머니가 아주 잠시 가게를 비운 사이 승미는 어색해하는 기색도 없이 손님을 맞이합니다. 단골손님이 핑퐁 소녀 삼총사를 대번에 알아봅니다.

"와, 국가대표급 선수들이 주니까 너무 좋은데!"

탁구를 워낙 잘하다 보니 천안에서 삼총사를 모르면 간첩이라는 말이 있을 정도로 세 친구는 유명 인사입니다. 할머니가 돌아오자 은송이와 순수는 각자의 집으로 돌아가고 승미 혼자 남아 할머니 일을 돕습니다. 승미는 부모님이 이혼하고 난 뒤 백일 때부터 할머니와 둘이 살았습니다. 할머니는 밤늦게까지 이 포장마차를 운영해 승미의 운동 뒷바라지를 하고 있습니다.

승미가 할머니를 거들고 있는 그 시각 은송이는 집으로 들어갑니다. 집에 들어가자마자 은송이도 만사 제쳐 두고 하는 일이 있습니다. 바로 할머니 안마입니다.

"아이고, 시원해라. 우리 은송이가 어려서부터 뼛골을 그렇게 잘 주무를 수가 없어!"

은송이도 부모님의 이혼으로 세 살 때부터 할머니, 오빠와 함께 살았습니다. 할머니는 연세가 올해로 일흔하나, 지금까지 세 차례의 암 수술을 받으신 데다 백내장까지 겹쳐서 몸이 많이 불편합니다.

주장 순수는 삼총사 중에서 집이 젤 멉니다. 순수네 집은 아산. 집에 들어서자마자 포스터 한 장이 눈길을 끕니다. 탁구 대회 포스터에 나올 정도로 순수는 초등학교 2학년 때부터 각종 탁구 대회에서 두각을 드러내며 승미와 줄곧 1위 자리를 놓고 주거니 받거니 해 온 최우수 선수입니다.

"자기 전에 먹지 말고 지금 많이 먹어 둬!"

탁구 지도부터 요리까지 순수에 관한 일이면 알뜰살뜰 챙기시는 이분은 다름 아닌 순수의 큰아빠입니다. 순수가 여섯 살 때 이혼한 후 홀로 순수를 키워 오시던 아빠가 최근 직장일이 바빠지면서 잠시 큰아빠 집에서 기거하고 있습니다. 누구보다 자상하게 순수에게 조언을 해 주는 큰아빠는 아마추어 탁구 선수이자 순수에게 처음 탁구를 가르쳐 준 분입니다.

순수는 하루 훈련이 끝나면 반드시 그날의 탁구일지를 쓰는 게 몸에 배어 있습니다. 지금은 비록 떨어져 있지만 아빠랑 함께 살 그날을 꿈꾸며 순수는 오늘도 탁구공에 고민을 실어 보냅니다.

삼총사 가운데 탁구를 단지 취미로 생각하는 친구는 아무도 없습니다. 다들 가정 형편이 넉넉지 않아 작은 탁구공 하나에 자신의 집안의 미래를 걸고 있습니다. 그중 은송이는 특히 순수와 승미를 이기고 1등 한 번 해 보는 것이 오랜 소원입니다. 코치 선생님이 은송이의 마음을 알고 이번 경기 특별 지도에 나섰습니다. 왼손잡이인 은송이에게 오른손 선수와 게임할 때 이길 수 있는 방법에 대한 집중 과외가 시작된 겁니다.

"짧은 시간에 판단이 안 되면 안 돼. 젖히지 말라는 거지, 세우라는 게 아냐! 시합 때까지 이걸 달달 외워. 이제 6학년이잖아, 죽기 살기로 해 보자."

경기를 잘하다가도 한 번 밀린다 싶으면 자포자기 상태에 빠지는 은송이를 위해 친구들이 나섭니다. 순수와 승미는 웃고 있는 은송이에게, 경기에 밀리고 있을 때 기운 차리게끔 하는 표정 연기법을 알려 줍니다. 시합 때는 라이벌이지만 순수와 승미는 진심으로 은송이를 돕고 있습니다. 집으로 가던 발길을 되돌려 은송이는 다시 체육관을 찾았습니다.

텅 빈 체육관, 은송이는 자신에게 부족하다고 느껴지는 서비스와 리시브 연습을 시작합니다. 한 가지 기술을 자신의 것으로 만들려면 수천 번의 연습을 거쳐야 하는 탁구, 그 누구도 대신해 줄 수 없는 고독한 싸움입니다.

연습을 마치고 집으로 돌아온 은송이가 할머니랑 병원을 찾았습니다. 아침저녁 일교차가 심해지면서 며칠 전부터 할머니가 어지럼증을 호소해 오셨는데요, 지금까지 암 수술을 세 번이나 받으시고 지금도 항암 치료 중인 할머니입니다. 다행히 지금 상태에서 악화는 되지 않았지만 은송이는 할머니한테 무슨 일이 생길까 봐 그게 늘 걱정입니다.

은송이 남매가 깊은 잠에 빠져 있는 이른 새벽. 할머니가 외출 준비를 서두릅니다. 나가기 전에 병원에서 처방받은 약을 한 봉지 드시는 할머니. 몸도 성치 않은데 이 새벽에 어디를 가시는 걸까요? 할머니가 찾아간 곳은 살고 계시는 임대아파트의 다른 동 1층. 할머니는 아파트 청소 일을 해서 지금껏 은송이 남매를 키워 왔습니다. 그동안 은송이가 타 온 메달과 상패는 할머니에게 큰 위안입니다. 최고 성적은 초등 3위. 순수와 승미한테 가로막혀서라지만 먹는 게 부실하고 몸집이 작고 약해서 1등 한 번 못 하는 게 아닌지, 할머니는 그게 늘 마음에 걸립니다. 반면 은송이는 은송이대로 할머니가 고생하시는데 1등 한 번 못 한 것이 늘 미안하고 죄송합니다.

6학년끼리 연습 게임이 있는 날, 순수와의 시합을 앞두고 은송이가 시키지도 않은 체력 훈련을 자청합니다. 은송이는 끝까지 긴장을 풀지 않겠다며 야무진 각오를 하는데요. 두 사람이 게임에 들어가기에 앞서 코치들의 주문이 쏟아집니다.

은송이에게 떨어진 과제는 순수를 한 번 이겨 보라는 것! 한데 이상하게도 그날따라 은송이의 공격이 제대로 먹혀 들어갑니다. 점수는 각자 두 세트씩 이긴 상태에서 10대 10 동점. 한 점을 남겨 놓고 순수의 공이 아웃되고 말았습니다. 이변도 이런 이변이 또 있을까요? 만년 3등 은송이가 랭킹 1위 순수를 3대 2로 이겼습니다.

경기 결과 앞에서 누구보다 놀란 사람은 바로 순수입니다. 만년 3등 은송이한테 지다니 ……. 절대 무너지지 않을 것 같던 순수라는 벽이 허무하게 허물어졌습니다. 한 번 이겼을 뿐이지만 은송이 마음에는 전에 없던 자신감이 샘솟으면서 신바람이 절로 납니다. 반면 패배의 기억에서 재빨리 벗어나야 한다는 걸 누구보다 잘 아는 순수의 눈에서 눈물이 그치지를 않습니다.

"네가 오늘 뭐 땜에 졌는지 그거에 대해서 분석을 하고, 노력을 해야지. 응? 마음으로 정리하고 다시 또 연습해."

"네!"

"재미나게 해, 재미나게!"

하지만 주장 순수의 동작에 영 힘이 없습니다.

그날 밤, 어깨가 축 처진 순수를 보고 큰아빠가 슬쩍 장난을 걸어 보았지만 말괄량이 순수가 어쩐 일인지 반응이 없습니다.

"은송이한테 졌어요. 3대 2로 ……."

"뭐? 은송이한테? 게임에서 진 이유가 뭐라고 생각해?"

"실수가 많았어요. 그냥 하던 대로 똑같이 했는데, 그 전날 놀고 와 가지고 팔이 약간 좀 알이 배겼어요. 동작이 잘 안 나와 가지고 ……."

"저번에 보니까 은송이도 많이 늘었더라. 순수야, 은송이가 동료이지만은 또 경쟁 상대란 말이야. 그게 왜 중요하냐면, 네가 잘해 줘야 은송이도 같이 크는 거야. 무슨 말인지 알겠지? 그나저나 좀 속상하겠다."

큰아빠가 마음을 알아주자 순수는 그제야 조금 웃습니다.

"그래. 하여튼, 시합 얼마 안 남았으니까 열심히 해서 그땐 꼭 이겨. 응?"

그날 밤, 큰아빠의 말이 위로가 되었지만 순수는 아빠가 더욱 보고 싶었습니다. 순수는 직장 때문에 떨어져 있는 아빠한테 편지까지 썼습니다.

한편 은송이는 순수를 이겨서일까요? 오늘따라 집으로 오는 발걸음이 가볍습니다.

"할머니, 나 왔어."

"아이고, 우리 은송이 왔어?"

“나 오늘 순수한테 이겼어!”

“아이고. 잘했네. 순수를 어떻게 이겼어?”

“어렵게 이겼어. 3대 2로.”

“아이고. 혼났네, 우리 애기.”

할머니가 이렇게 좋아하실 줄 알았으면 좀 더 일찍 1등을 해 볼 걸 그랬습니다.

다음 날, 학교에 등교하자마자 은송이가 순수 교실로 향합니다. 하지만 어쩐 일인지 순수가 한 번 힐끔 쳐다만 볼 뿐 은송이를 외면했습니다. 뭐라고 딱 꼬집어 말할 수는 없지만 순수는 지금 은송이한테 진 자신을 한 번 되돌아보며 문제점을 찾고 싶습니다.

그날 오후, 은송이가 승미랑 놀이터를 찾았습니다. 평소에는 절친이지만 시합 때마다 라이벌이 돼야 하는 서로의 관계가 고민스럽습니다.

“우리 시합 가서, 단체전 잘하자. 그리고 개인전 때 안 봐줄 거야.”

“봐주지 마!”

“봐줄 것 같아?”

“아니!”

은송이와 승미가 오르락내리락 그네를 타며 말합니다. 은송이는 순수의 행동에 충격을 받아 승미에게 괜스레 서로 봐주지 말자며 으름장을 놓습니다. 사실 은송이에게 1, 2등을 다투는 순수와 승미는 뛰어넘어야 할 산이자 닮고 싶은 친구들입니다. 은송이가 순수와 승미한테서 가장 닮고 싶은 점은 자신감입니다.

그날 오후 은송이 할머니가 일을 마치고 체육관을 찾았습니다. 넉넉지 않은 형편에 아이들 간식까지 챙겨 오셨습니다. 본인 몸도 힘든데 은송이

은송이도, 승미도, 순수도
무난하게 4강 진출!
"너무 잘하니깐,
심판이 할 일이 없어."

걱정부터 하는 할머니. 그날은 일부러 은송이한테 한약을 지어 주기 위해 체육관에 찾아왔습니다. 6학년인데도 키가 140센티미터인 은송이, 다른 선수들보다 키가 훨씬 작고 몸이 허약한 게 늘 마음에 걸리셨나 봅니다. 할머니는 시합에 나가기 전에 은송이 보약 한번 먹여야 마음이 편할 것 같습니다.

친구 순수도 승미도 보약을 먹고 있어서 부러웠지만 할머니가 먼저 보약을 드셔야 할 것 같아서, 은송이는 너무나 죄송한 맘입니다. 하지만 할머니는 은송이 보약만 한 재 지었습니다. 그날 밤 할머니는 은송이의 보약을 정성껏 데워 컵에 따라 주었습니다. 은송이는 쓴 약을 목으로 넘기면서도 까치발을 들며 즐거워합니다. 보약을 먹자마자 키가 한 뼘쯤은 자란 기분입니다. 은송이는 자신을 아낌없이 희생하는 할머니 은혜에 보답하고 싶습니다. 그러자면 지금보다 더 열심히 탁구를 하되 꼭 이기는 탁구를 해서 할머니를 기쁘게 해 드리고 싶습니다.

드디어 개회식과 함께 충북 단양에서 회장기 전국 초등학생 탁구 대회의 막이 올랐습니다. 모자라는 부분은 서로 머리를 맞대 가며 연습을 합니다. 힘든 훈련 과정도 서로가 있어 큰 힘이 되었습니다. 이번 대회는 국가대표 선발전까지 겸하는 큰 대회입니다.

먼저 예선전이 시작되었습니다. 지난해 랭킹 4위였던 은송이는 예선전부터 파죽지세로 4강까지 진출했습니다. 시합 전, 생각을 하면서 탁구 하라는 코치 선생님의 가르침대로 은송이는 머리를 써 가며 게임을 펼칩니다. 지난해 이 대회의 랭킹 2위였던 승미도 1위 탈환을 목표로 무난히 4강 진출에 성공합니다. 또 초등학교 2학년 때부터 이 대회의 1위 자리를 쭉 고수해 온 순수 역시 무난하게 4강에 진출했습니다.

“야, 너무 잘하니까, 심판이 할 일이 없어.”

심판들도 더 강력해진 삼총사의 실력에 깜짝 놀랍니다.

올해도 또다시 준결승전에서 순수와 맞붙게 된 은송이입니다. 이번 대회에서 생각하는 탁구를 구사하게 되면서 자신감을 얻은 은송이와 랭킹 1위 자리를 고수해야 하는 순수의 기 싸움이 만만치 않습니다.

이윽고 4강전이 시작되었습니다. 동전 던지기로 서비스는 먼저 순수가 차지했습니다. 1세트 시작은 은송이가 순수를 앞서기 시작합니다. 그런데 1세트 끝이 다가올수록 은송이의 실수가 이어집니다. 팽팽한 접전 끝에 1세트는 순수가 이겼습니다. 서로를 너무나도 잘 아는 두 사람, 그래서 시합은 더욱더 팽팽한 접전일 수밖에 없습니다.

하지만 은송이는 이어진 2세트 역시 11대 9로 순수한테 내주고 맙니다. 기합을 힘차게 외쳐 보지만, 또다시 자포자기하고 싶은 좌절감이 몰려듭니다. 하지만 여기서 물러설 수는 없습니다. 질 땐 지더라도 최선을 다하는 경기를 하고 싶은 은송이입니다. 하지만 승세를 타기 시작한 순수의 공격도 만만치 않습니다. 최선을 다했음에도 불구하고 순수와의 시합 결과는 3대 0.

결국 은송이는 눈물을 흘립니다. 다짐이 컸던 만큼 실망감도 컸습니다. 게임에서 이긴 순수가 은송이를 위로할 겨를도 없이 곧바로 결승전 준비를 해야 하는 승부의 세계, 패자는 할 말이 없습니다.

곧바로 이어진 결승전, 이번 대회의 하이라이트였습니다. 이번에도 순수가 3대 0으로 이겼습니다. 승미의 1위 탈환 목표는 허무하게 무산되었고, 순수가 5연패 달성에 성공했습니다. 시합이 끝나고 이긴 사람에게는 축하를, 진 사람에게는 위로가 건네집니다.

이윽고 시상식이 열렸습니다. 올해도 용곡초등학교 탁구부가 개인전 1, 2, 3등을 휩쓸었습니다. 게다가 이번 경기에서 1위를 한 순수는 자동으로 국가대표 선수로 선발되는 영광까지 얻었습니다. 비록 시합 때는 라이벌이었지만 은송이와 승미는 1위를 한 순수에게 진심으로 축하의 인사를 전했습니다.

잠시 후 개인전이 끝나고 단체전이 시작되었습니다. 용곡초등학교가 단체전 결승에서 맞붙은 상대는 인천 가좌초등학교, 만만치 않은 상대입니다. 순수가 단식 한 게임을 이긴 상태에서 후배 수정이가 한 게임을 내줘서 동점이 되었습니다. 승리를 위해 개인전 최강 팀으로 이루어진 순수와 승미의 복식 조가 투입됩니다. 결과는 무난한 승리였지만 다음 경기들은 피말리는 접전이었습니다. 그리하여 단체전 스코어 3 대 3, 동점입니다.

손에 땀을 쥐게 하는 단체전 마지막 게임은 은송이의 단식입니다. 은송이가 이겨야 단체전 우승이 최종 확정되는 상황이었습니다.

"정은송, 파이팅!"

승미와 순수가 한마음으로 은송이의 승리를 응원했습니다.

이 응원의 힘일까요, 은송이는 볼 하나하나에 집중을 하면서 생각하는 탁구를 구사했습니다. 은송이가 두 세트를 내리 이기고 있는 상황이었습니다. 마지막 한 점을 남겨 놓고 은송이가 폭발하는 드라이브로 상대 선수의 허점을 찌릅니다. 게임 결과는 3 대 0! 훌쩍 성장한 은송이의 실력 덕분에 천안 용곡초등학교가 단체전에서 또 한 번 우승을 거머쥐었습니다.

"완전 잘했어. 마지막은 네가 영웅이었다. 잘했어!"

감독님과 코치님이 하이파이브를 청하며 은송이를 칭찬했습니다. 은송이는 비록 개인전에서 금메달을 따지 못했지만 단체전을 승리로 무사히 이끌었습니다. 이 승부는 혼자만을 위한 것이 아닌, 전체를 위한 아름다운 1등입니다.

시합이 끝나고 다음 날이었습니다. 삼총사가 오랜만에 추리닝을 벗고 나들이를 했습니다. 탁구를 위해 짧게 자른 머리 위에 예쁜 머리띠를 해 보고, 늘 탁구채만 잡고 있던 손가락에 예쁜 꽃반지도 껴 보았습니다. 결국 삼총사는 똑같은 반지를 골랐습니다. 우정의 징표로 똑같이 하얀 꽃반지를 고른 삼총사, 그날 하루는 평범한 열세 살 소녀로 돌아가 봅니다. 하루 동안 탁구화도, 탁구공도 던져 버리고 신 나게 놀아 보는 삼총사입니다. 나중에 성공해서 가장 하고 싶은 게 뭔지 소망을 나누는 시간, 소파에 앉아 이야기꽃을 피웁니다.

"국가대표 돼서 큰 병원 가서 할머니 약도 지어 드리고 싶고 ……."

승미가 말합니다.

"가족들이랑 다 같이 살고 싶어!"

항상 엄마 아빠가 그리운 은송이 말입니다.

"순수, 넌?"

은송이가 순수에게 묻습니다.

"나중에 우리가 국가대표 되면 돈도 많이 벌고 계약금도 받고 그러니까 일단은 큰 집부터 살 거야. 강아지도 키우고 넓은 정원 있고 흔들의자 있는. 봄바람 부는 날에 흔들의자에서 아빠랑 책 읽고 싶어. 흐흐. 나중에 승미, 나, 은송이 집이 따다닥 있는 거 아냐? 이웃이야, 이웃."

삼총사는 나중에 어른이 되어서도 옆집에 살면서 지금의 우정 변치 말자고 다짐해 봅니다.

여기 탁구를 정말로 사랑하는 세 명의 핑퐁 소녀가 있습니다. 힘들 때도 기쁠 때도 항상 붙어 다니는 단짝 친구, 그리고 온몸으로 응원해 주시는 사랑하는 가족. 자신을 위해, 가족을 위해 탁구 하나에 모든 것을 걸고 최선을 다하고 있습니다. 때로는 탁구 때문에 서로 경쟁할 수밖에 없는 상황이 힘들기도 합니다. 하지만 그 경쟁 덕분에 서로가 서로를 이끌어 주며 최고의 자리에 올랐습니다. 세 핑퐁 소녀들의 특별한 우정으로 여자 탁구의 미래는 보석처럼 빛이 납니다.

절친과 경쟁

생텍쥐페리의 《인간의 대지》라는 책에서 소개한 우정에 대한 설명처럼, 누군가의 오랜 벗이 되기 위해선 참나무가 자라서 그늘을 마련해 주듯 오랜 시간이 필요합니다. 은송이와 승미 그리고 순수가 그렇습니다. 탁구라는 공통분모로 만나 함께하는 친구. 그래서 때론 격려자가 되고 때론 경쟁자가 되면서 단단해지는 친구. 은송이에게 승미와 순수는 뛰어넘어야 하면서 동시에 닮고 싶은 친구입니다. 늘 부모님 품에서 사랑받는 것이 익숙한 아이들이 자라서 또래 속에 속하고, 이제는 사랑을 주기도 하고, 경쟁하기도 하고, 양보하기도 하면서 '친구'라고 이름 붙여진 관계를 맺어 가는 걸 보면서 마음이 한 뼘은 더 자란 것 같아 가슴 뿌듯하지요.

자녀가 자라서 우정이 싹트는 시기가 되면 '절친'이라고 표현하는 친구들이 형성됩니다. 그 관계를 살펴보면 대체로 같은 성향의 친구들이 만나게 되므로 경쟁자의 의미도 함께 포함된 경우가 많습니다. 친구이자 경쟁자인 관계엔 가끔은 긴장이 감돌기도 하고, 관계에 금이 가는 경험도 하게 됩니다. 이때 부모님들이 유념해야 하는 일은 무엇일까요? 먼저 자녀의 마음을 헤아리는 것이 필요합니다. 경쟁자이기도 하지만 친구이기에 그 앞에서 표현할 수 없었던 속상한 마음을 부모님 앞에서는 솔직히 표현할 수 있도록 도와주어야 합니다. 이때 '친군데 그러면 안 되지!'라거나 '다음엔 이기면 되겠네'라는 해결 중심적인 피드백은 자녀로 하여금 속상한 마음을 가중시킵니다. '속상했겠구나'라는 공감을 통해 자녀는 그 힘든 마음을 위로받을 수 있습니다. 또한 이긴 친구에 대해 아낌없는 박수를 보낼 수 있는 마음의 여유를 가지도록 해 주어야 합니다. 간혹 부모님들 중에는 친구 간의 경쟁에서 나타난 패배를 너무 크게 다루면서 아이를 다그치는 경우가 있습니다. 이렇게 되면 경쟁이라는 의미가 너무 크게 부각되어 진정한 우정이 자리 잡기 힘들게 됩니다. 마지막으로 친구와의 우정을 잘 쌓아 갈 수 있도록 하는 지원이 필요합니다. 예를 들어 가족 식사에 초대하거나, 관계의 범위를 넓혀 부모까지도 함께 좋은 관계로 발전할 수 있다면 좋겠지요. 사회성 발달이 본격화되는 초등학교 시기부터 청소년 시기까지는 친구 관계의 질에 따라 자녀가 느끼는 사회만족도가 달라집니다.

입시라는 큰 덩치의 무게가 아이들 삶에 자리 잡으면서 혹시 우정의 진정한 가치가 퇴색되고 있지는 않은가요? 경기가 끝나고 서로 꽃반지 나눠 끼면서 어른이 돼도 옆집에 살면서 우정을 변치 말자고 새끼손가락 걸며 약속하는 은송, 승미, 순수는 이미 너무 행복한 아이들입니다. 힘들 때도, 기쁠 때도 힘이 되는 친구가 있으니까요.

미 워 도 내 사 랑

짝꿍 없인 못 살아

"김혜민!"

"야! 조민경, 너 왜 반말이야?"

"왜, 반말하면 어때서?"

"넌 3학년이고 난 4학년이잖아. 이래도 너랑 나랑 나이가 같아 보이나?"

혜민이와 민경이가 중요한 경기를 앞두고 티격태격입니다. 나이가 비슷해서 그런지 별것 아닌 일로도 양보 없이 날을 세웁니다. 아직은 감정 처리가 서툰 나이라 싸우다가 울음을 터트리기도 하고, 한 번 싸울 때마다 한 발짝씩 멀어지는 아직 먼 사이입니다.

수중발레 선수인 민경이와 혜민이는 사실 듀엣 공연을 하는 짝꿍입니다. 둘은 연습 때만이 아니라 화장실에 갈 때도 두 손을 꼭 잡고 함께합니다. 그렇게 둘은 자석처럼 꼭 붙어 다니지만 이렇게 별것 아닌 일로 다툴 때도 많습니다.

어느 날 오후, 혜민이네 집에서 과자 파티가 벌어졌습니다. 밀가루를 체에 치고 달걀을 섞어 과자를 만드는 것이었습니다. 혜민이와 민경이는 혜민이 엄마가 반죽하는 것을 도와주었습니다. 그런데 어느새 민경이가 반죽 그릇을 독차지해 버렸습니다.

"돌아가면서 해야지."

혜민이가 말했습니다.

"나 지금 시작했거든."

민경이가 대꾸했습니다.

그다음은 반죽에 모양을 찍을 차례였습니다. 그런데 이번에는 언니 혜승이가 모양 찍는 것을 도맡아 했습니다. 반죽도 모양 찍기도 도무지 혜민이는 끼어들 틈이 없었습니다. 아무리 짝꿍이라지만 혜민이는 오늘따라 민경이가 더 얄미웠습니다.

아이들은 훈련을 잠시 잊고 오랜만에 놀이터에서 신 나게 놀았습니다. 그때 개구쟁이 민경이의 장난기가 발동했습니다. 혜민이가 언니 수연이와 시소를 타는데, 민경이가 달려와 시소 가운데에 올라선 것입니다.

"조민경, 하지 마!"

"싫어."

"엉덩이 아프단 말이야. 하지 마."

"싫은데."

"왜 올라온 건데?"

"나도 시소 타고 싶어."

"혜승이 언니랑 타면 되잖아."

"나도 수연이 언니랑 타고 싶어. 그리고 내가 올라오든 말든 니가 무슨 상관이야?"

민경이의 말에 혜민이가 시소에서 벌떡 일어났습니다.

“니? 너, 왜 반말해?”

“반말하면 어때서? 나이 똑같잖아!”

민경이가 바짝 붙어 대들었습니다.

“넌 3학년이고 난 4학년이야. 나는 2월에 태어났고, 너는 11월에 태어났잖아. 너랑 나랑 엄청 차이 난다고!”

“칫, 그래도 나이는 같아!”

“너 정말 못됐구나. 나 이제 너랑 짝꿍으로 공연하기 싫어!”

혜민이는 화가 머리끝까지 났습니다.

“나도 같이 하기 싫어!”

민경이도 지지 않고 말했습니다.

혜민이는 민경이와 동갑이지만 학년이 다르기 때문에 언니 대접을 받고 싶었습니다. 하지만 민경이도 같은 열 살인데 늘 동생 노릇을 해야 하는 것이 못마땅했습니다.

둘은 다시는 안 볼 것처럼 소리치고 헤어졌습니다. 그동안 소리 없이 쌓인 불만이 드디어 폭발하고 만 것입니다.

집에 돌아온 혜민이가 시무룩하게 인사했습니다.

“다녀왔습니다.”

엄마가 혜민이를 붙잡고 물었습니다.

“기분이 안 좋아 보이는데?”

“응. 조민경이 자꾸 나한테 반말해.”

“네가 언니잖아. 언니가 언니다운 행동을 먼저 해야지. 그럼 민경이가 ‘너’라고 하겠어?”

"왜 만날 나만 노력해야 하는데?"

"너 계속 민경이랑 듀엣 공연할 거 아니야? 서로 사이가 좋아야 박자도 딱딱 잘 맞출 수 있지. 그리고 어른이 되려면 이런 일도 다 이겨 내야 하는 거야."

혜민이는 갑자기 눈물이 쏟아졌습니다. 언니 소리는 듣고 싶지만 언니 역할을 하기는 너무 힘들었습니다. 자꾸 뜻대로 되지 않으니 눈물만 흘렸습니다.

그날 밤 혜민이는 마음을 가다듬고 일기장을 펼쳤습니다.

8월 8일 일요일, 날씨 맑음

제목 : 민경이와 싸우다

오늘 민경이와 공원에서 놀다가 싸웠다. 나랑 수연이 언니랑 시소를 타는데 민경이가 시소 위에 올라와 이리 갔다 저리 갔다 했다. 내가 하지 말라고 하니까 갑자기 반말을 했다. 기분이 확 상했다. 민경이와 나는 티격태격 말다툼을 하다 헤어졌다. 민경이는 나한테 왜 그런 걸까? 내가 키가 똑같아서 그런 걸까? 나이가 똑같아서일까? 그래도 학년은 내가 높은데 …….

나는 민경이랑 좋은 짝꿍이 되고 싶은데 또 싸우고 말았다. 앞으로 어떻게 해야 할까?

한편 민경이도 기분이 안 좋긴 마찬가지였습니다. 별것 아닌 일로 엄마에게 투정을 부리기까지 했습니다. 그런 민경이를 아빠가 안아 주었습니다. 민경이는 오늘 있었던 일을 털어놓았습니다.

"혜민이 언니가 먼저 짜증 내잖아."

"네가 더 좋은 말로 언니한테 다가가고 칭찬하면 언니도 너한테 그러겠어? 민경이가 동생인데, 언니한테 화를 내면 안 되지."

민경이도 마음속으로는 혜민이와 화해하고 싶었습니다.

이른 아침, 혜민이는 언니 혜승이와 함께 운동을 나갔습니다. 이 년 전 언니와 함께 수중발레를 시작한 혜민이는 수영장에 가는 길이 가장 즐거웠습니다. 집 근처 작은 수영장이지만 그곳에서 민경이와 우정도 쌓았습니다. 그런데 요즘 들어 혜민이는 운동하는 일이 가장 어렵게 느껴졌습니다. 민경이 역시 운동하는 게 힘들게 느껴졌습니다. 전에 없던 실수를 하는 탓에 선생님에게 지적도 많이 받았습니다. 짝꿍 혜민이와 멀어질수록 연습도 자꾸 삐걱댔습니다.

무더운 날씨 속에서 공연 날이 다가왔습니다. 많은 사람들이 공연을 보러 왔습니다. 관객이 늘어나면 늘어날수록 공연에 대한 부담도 큽니다.

첫 번째 주자는 혜승이 언니와 수연이 언니입니다. 언제나 멋진 연기를 선보이는 언니들은 학교의 큰 자랑이고, 든든한 선배입니다. 다음은 민경이와 혜민이 차례입니다. 둘은 언니들만큼 잘 해내고 싶습니다.

민경이와 혜민이의 공연이 시작되었습니다. 연습보다 실전에 강한 두 친구는 대회에서 실수를 해 본 일이 거의 없습니다. 지난 대회에서도 전국 3위를 했습니다. 관객들은 모두 민경이와 혜민이의 깜찍한 모습에 눈을 떼지 못합니다. 그런데 그때, 늘 환상의 짝꿍이었던 민경이 혜민이 팀이 사고를 내고 말았습니다. 움직이는 방향이 서로 맞지 않았던 것입니다. 아무리

우리도 언니들처럼
멋진 공연을 선보이겠어.
"민경아, 우리 잘 해 보자."

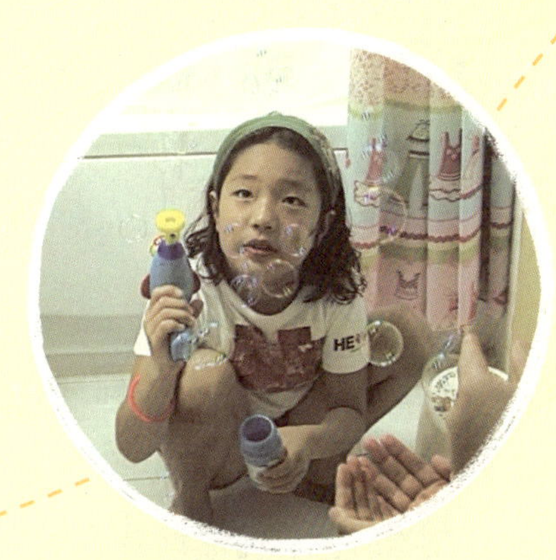

열심히 연습을 해도 마음이 맞지 않으면 제대로 해낼 수 없는 것이 바로 듀엣 공연이었습니다. 둘은 공연을 하는 내내 동작이 부딪혔습니다. 서로 마음을 닫으면서 걷잡을 수 없는 실수가 계속되었습니다.

결국 혜민이는 물속에서 나와 버렸습니다.

"너, 방향을 틀리게 하면 어떡해?"

아직 물속에 있는 민경이에게 혜민이가 쏘아붙였습니다.

"내가 뭘?"

"이쪽으로 가야 되는데 저쪽으로 가고 그랬잖아."

선생님이 두 아이 사이에 끼어들었습니다.

"여기 수영장이 사각형도 아니고 육각형도 아닌데 너희가 어떻게 방향을 잡겠니. 잘했어, 잘했어."

선생님이 아이들을 위로했습니다. 그런데도 혜민이는 하염없이 눈물을 흘렸습니다. 민경이도 속상하기는 마찬가지지만 혼자서 씩씩하게 수영장을 맴돌았습니다.

선생님이 두 아이를 다시 불렀습니다.

"민경아, 동작할 때 혜민이 언니가 하는 거 보이니?"

"안 보여요."

"언니를 보면서 해야 돼. 혜민이 언니는 네가 어디 있는지 계속 확인하잖아. 언니가 알아서 맞추겠지 하고 너 혼자 하니까 호흡이 안 맞는 거야."

민경이는 그제야 혜민이가 자기를 배려하는 걸 알고 머쓱한 표정을 지었습니다.

"선생님이 숙제 내줄 거야. 오늘 하루 동안 민경이는 혜민이 언니 거울이야. 지금부터 한 발짝 뗄 때마다 혜민이 언니랑 발 맞춰서 걸어. 무슨 얘기인지 알겠지?"

둘은 선생님 말대로 발 맞춰 걸어 나갔습니다. 하지만 서로의 마음처럼 발걸음은 제각각이었습니다.

"손을 잡아야지. 천천히 발 맞춰서 걸어 나가. 오른발부터!"

선생님이 뒤에서 말했습니다.

하루 종일 혜민이를 따라 할 생각에 민경이는 한숨이 절로 나왔습니다.

거울이 된 민경이는 혜민이네 집으로 갔습니다. 혜민이가 일어서면 따라 걸어야 하고, 혜민이가 물을 마시면 같이 마셔야 했습니다.

"언니, 자자."

민경이가 혜민이에게 말했습니다.

"난 아직 안 졸려."

마음이 안 풀린 혜민이는 여전히 쌀쌀맞게 대답했습니다.

민경이는 거울이 되어 혜민이를 따라 하다 보니 몹시 힘들었습니다. 가만히 앉아 있는 것만으로도 피곤이 몰려왔습니다.

거울 연습을 한 지 어느덧 세 시간이 지났습니다.

"언니, 나 화장실 가고 싶어."

민경이가 시무룩하게 웅얼거렸습니다.

"응?"

혜민이가 되물었습니다.

"나 화장실. 언니가 문밖에 서 있으면 안 돼?"

둘은 손을 잡고 발을 맞춰 화장실로 향했습니다. 이제 혜민이는 꼬박꼬박 언니라고 부르며 행동을 따라 하는 민경이에게 마음의 문을 열었습니다.

"오른발, 왼발, 오른발, 왼발 ……."

어느새 둘은 거울 놀이 하는 재미에 푹 빠졌습니다. 동작 연습도 물을 마시는 것도 재미있습니다. 똑같이 움직이다 보니 혜민이가 민경이의 거울이 되기도 했습니다.

잠자리에 들 시간입니다. 아이들은 양치를 하려고 욕실로 갔습니다. 슬리퍼를 한 짝씩 나눠 신고 칫솔을 든 채 마주 보았습니다.

"오른쪽부터 시작!"

똑바로 마주 서야 제대로 볼 수 있는 거울! 마침내 민경이와 혜민이는 완벽한 거울이 되었습니다.

아침이 밝았습니다. 민경이는 식탁 앞에 앉아 아무것도 먹지 못했습니다.

"민경아, 어디 아파?"

혜민이 엄마가 물었습니다.

"어지럽고 토할 것 같아요."

민경이가 기운 없이 대답했습니다.

곧이어 민경이 엄마가 와서 민경이를 데려갔습니다.

민경이는 요 며칠 동안 씩씩한 척하면서도 속으로는 끙끙 앓았습니다. 혜민이와 자꾸 부딪히고 멀어지니 속이 상했던 것입니다. 그렇게 잔뜩 얼어 있던 마음이 풀린 탓인지 마치 졸음처럼 몸살이 찾아오고 말았던 것입니다. 혜민이는 아픈 민경이를 보며 표정이 어두워졌습니다.

오후 연습 때도 혜민이는 혼자였습니다. 짝꿍이 없으니 뭘 해도 허전하고 창피하고 어색해서 좀처럼 흥이 나지 않습니다. 민경이의 빈자리가 유난히 크게 느껴졌습니다.

혜민이는 혜승이 언니와 수연이 언니가 동작 연습을 하는 걸 물끄러미 바라보았습니다. 언니들은 아무리 힘든 일이 있어도 싸우는 법이 없습니다. 혜민이는 불현듯 민경이 생각이 났습니다.

혜승이 언니가 시무룩해 있는 혜민이의 머리를 묶어 주었습니다.

"언니는 수연이 언니랑 어떻게 그렇게 사이가 좋아?"

"민경이가 너한테 '야'라고 반말했을 때, 민경이가 왜 그랬는지 생각해 본 적 있어?"

"아니. 근데 그건 잘못된 거잖아?"

"당연히 잘못된 거지. 하지만 네가 진짜 언니라면 민경이를 귀엽게 생각해 줄 수도 있잖아. 아직 동생이라서 잘 모르는 거라고. 그런 게 진짜 언니 마음이야."

혜민이는 언니의 말을 알 것도 같고 모를 것도 같았습니다. 좋은 언니가 되는 것은 생각보다 힘들었습니다.

다음 날 연습을 마친 혜민이는 젖은 머리로 어디론가 향했습니다.

"안녕, 장군아."

민경이네 강아지가 혜민이를 반겼습니다. 혜민이는 민경이가 많이 걱정되어 연습도 집중할 수 없었습니다. 그래서 민경이네 집에 달려온 것입니다.

"민경이 방에 누워 있으니 들어가 보렴."

민경이 엄마가 말했습니다.

혜민이는 민경이 방으로 갔습니다. 민경이는 침대에 누워 있습니다.

"아직 아파?"

"응. 머리 아파."

혜민이는 민경이 이마를 짚어 봅니다.

"열 많이 나네. 뜨거워. 수영장엔 언제 나올 수 있어?"

“이틀 뒤에.”

“빨리 나아서 같이 연습하자.”

“응.”

혜민이는 민경이에게 이불을 덮어 주었습니다.

며칠 뒤, 기운을 차린 민경이는 혜민이 외할머니네 집에 놀러 갔습니다. 할머니네는 집과 가까운 곳이지만 자연을 만날 수 있는 특별한 곳입니다. 자연으로 풍덩 들어간 민경이와 혜민이는 마음껏 뛰어놀고 노래도 불렀습니다. 깻잎도 따고 옥수수도 따면서 가슴속 묵은 때를 훌훌 털었습니다.

어느새 민경이와 혜민이는 서로에게 가졌던 미운 마음을 민들레 홀씨처럼 훨훨 날려 보냈습니다. 앞으로 둘은 무엇이든지 같이 하기로 했습니다. 혼자보다 둘이 있는 것이 더 좋다는 것을 알았기 때문입니다. 마치 햇볕 아래 자라는 꽃나무처럼 두 아이의 우정이 나날이 근사한 세계를 만들어 갑니다. 따사로운 여름 볕 아래 환상의 짝꿍 민경이와 혜민이의 시간들도 보기 좋게 익어 갈 겁니다.

45센티미터 거리

빈섬 이상국의 표현에 따르면 낯선 사람이 마주 보고 서 있을 때 편한 거리는 2.5미터라고 합니다. 이 사이가 친해지면 1.2미터가 된다고 하네요. 하지만 이 거리는 여전히 깊은 마음까지 표현할 수 없는 벽이 있답니다. 그것이 깨지는 순간 45센티미터 사이가 됩니다. 이 관계가 바로 우정입니다. 그렇다면 민경이와 혜민이의 거리는 얼마일까요? 늘 함께해야 하는 수중발레 듀엣인 두 아이는 아마도 살과 살이 마주 닿는 거리에 있을 겁니다. 같은 나이임에도 학년 차이로 인해 묘한 경쟁 구도가 있는 아이들. 게다가 성격도 어찌 그리 다른지 둘 사이에 계속적인 불협화음이 존재합니다. 그 아이들에게 '거울 역할'은 서로를 알아 가는 중요한 촉매제가 되었습니다. 그것을 통해 거울 역할이 얼마나 힘든 일인지를, 그리고 이기는 것보다 져 주는 것이 더 낫다는 것을 깨닫게 해 주었으니 말입니다.

현대의 사회적 변화는 가정의 변화에도 영향을 미쳐 핵가족 문제와 자녀 출산을 꺼리는 경향을 불러왔습니다. 그로 인해 요즘 외동아이들이 참 많아졌지요. 나누고 양보하는 경험이 별로 없었던 아이들이 사회적 관계, 특히 또래 관계를 형성할 때 참 힘이 든 것 같습니다. 경우에 따라선 유치원이나 어린이집에서의 사회 적응에 실패를 맛보는 아이도 있습니다. 따라서 외동 자녀를 둔 부모라면 자녀의 사회 적응에 민감한 관심이 필요합니다. 부모님의 사회적 관계가 풍성하면 외동이라고 해도 또래 경험을 충분히 할 수 있기 때문에 적응에 어려움이 없습니다. 하지만 부모가 내향적이거나 소극적인 경우 별다른 또래 경험을 못 하므로 사회적 기술을 발달시키는 데 제약이 될 수 있습니다. 이런 경우 자신이 좋아하는 것을 배우는 학원이나 문화센터 활동 등을 통해 또래와 접촉할 수 있도록 합니다. 또한 학령기 아이들이라면 주변 지인 자녀들과의 관계 속에서 형성되는 언니나 형, 동생 경험을 통해 배려하고 양보하는 태도를 기르도록 도와주어야 합니다. 아이들의 사회적 기술은 경험을 통해 성숙해지니까요.

마지막으로 가까운 관계일수록 지켜야 할 예의에 대해 자녀들에게 가르쳐야 합니다. 가까워질수록 서로의 단점을 더 알게 되고 상대방의 단점이 나를 힘들게 하는 것을 발견합니다. '가깝다'는 말이 '편하다'는 생각을 갖게 하지만 그럴수록 지켜야 할 예의가 있습니다. 상대방이 편하다고 해서 놀리거나 심한 말을 하거나 화풀이 대상으로 삼는 것은 위험합니다. 더 아끼고 배려하고 존중해야 하지요. 혼자보다는 둘이 더 좋다는 것을 아이들이 알아 가도록 부모님의 노력이 필요합니다.

서 울 소 년 , 곰 배 령 소 녀 를 만 나 다

친구와 누나 사이

곰배령은 해발고도 1,000미터에 있는 고갯마루로, 산나물 군락지이자 온갖 야생화들이 피고 지는 천상의 화원입니다. 그래서 그런지 곰배령 설피마을에는 자연과 하나가 되어 살아가는 사람이 많습니다.

올해 열두 살인 서울 소년 경호는 삼 개월 전 엄마와 동생 가이와 함께 이곳으로 이사를 왔습니다.

"먹을 수 있게 생긴 것만 따 왔어요."

경호가 풀 한 다발을 내밀었습니다.

"어디 봐. 곰취 따 왔네."

펜션 주인아주머니가 말했습니다.

"곰취인 줄 모르고 땄어요. 호박잎인 줄 알았어요."

경호의 말에 엄마와 펜션 주인아주머니가 웃었습니다.

"장아찌 정말 맛있어."

올해 아홉 살인 동생 가이는 곰배령표 산마늘 장아찌 맛에 푹 빠졌습니다.

"맞아. 김밥에 넣으면 진짜 맛있잖아."

이곳 강원도 인제 곰배령에는 산마늘 장아찌뿐 아니라 당귀와 곰취, 그리고 산나물의 여왕이라 불리는 병풍취까지 그야말로 몸에 좋은 나물이 천지입니다.

경호네가 곰배령으로 내려오게 된 건 엄마 아빠의 영향이 컸습니다. 엄마 아빠는 경호와 가이가 중·고등학생이 되기 전 단 일 년만이라도 각박한 도시를 떠나 자연 속에서 자라기를 바랐습니다. 그래서 영화 촬영감독으로 바쁜 아빠를 제외한 세 식구가 먼저 펜션에 작은 방 한 칸을 얻어 생활을 시작하게 되었습니다.

시원하게 흐르는 계곡 물소리와 함께 곰배령 설피마을의 아침이 밝았습니다.

경호와 동생 가이는 보조 교사로 활동하는 엄마, 그리고 곰배령 소녀 지인이와 함께 기린초등학교 진동분교에 다닙니다. 지인이는 백일 때부터 이곳에서 자라온 곰배령 마을의 터줏대감입니다. 6학년인 지인이는 경호와 동갑이지만 한 학년이 높습니다.

기린초등학교 진동분교는 설피마을의 유일한 초등학교로, 전교생이라고 해 봐야 야무지고 당찬 6학년 지인이와 수줍음을 잘 타는 6학년 승환이, 귀여운 먹보 2학년 형주에, 봄에 전학 온 경호와 동생 가이까지 다섯 명이 전부입니다.

"지금부터 어제 배운 평행사변형 넓이 구하는 거 시험을 볼 거야."

선생님이 경호에게 문제지를 내밀며 한마디 더 덧붙입니다.

"묻지도 따지지도 못하는 시험이다!"

경호는 차근차근 문제를 풀었습니다. 미래 외교관이 꿈인 경호는 서울에서도 제법 공부를 잘하는 우등생이었습니다. 하지만 채점 결과 아쉽게도 한 문제를 틀리고 말았습니다. 그때 지인이가 경호 곁으로 다가왔습니다. 경호는 시험지를 구겨 감췄지만 지인이에게 딱 걸렸습니다.

"형태도 못 알아보게 구기면 어떻게 하니? 90점? 쉬운 걸 틀렸네."

지인이의 말에 경호가 불퉁거리며 말했습니다.

"참 잘났수다. 내가 100점을 맞으면 아인슈타인보다 똑똑하지."

"노력해 봐. 아인슈타인보다 똑똑하게. 아니, 에디슨보다 똑똑하다고 해 줄까?"

지인이가 지지 않고 말하자 경호가 소리를 질렀습니다.

"으악~."

쉬는 시간에 아이들은 학교 뒤뜰에 나가 이런저런 들꽃을 구경했습니다.

"이건 여기 끝에 먹는 부분이 매의 발톱처럼 생겼다고 해서 매발톱꽃이야. 이건 산괴물주머니인데 이맘때쯤 엄청 많이 피어 있어."

지인이는 곰배령 토박이인 만큼 이곳 자연 식물에 대해 모르는 게 없습니다.

"이건 돈나물인데, 새싹비빔밥에 넣어 먹으면 맛있어. 또 이건 싱아라고 하는데, 시지만 맛있어."

경호도 지인이처럼 곰배령에 대해 이것저것 많이 알고 싶습니다.

학교 수업이 끝난 뒤에는 다섯 명이 함께 계곡에서 고기를 잡으며 뛰어 놀았습니다.

"승환아, 돌 좀 들어."

지인이가 그물로 물살을 막으며 소리쳤습니다.

"오케이!"

　그물을 들어 보니 금강모치 한 마리가 잡혔습니다. 하지만 동생 가이가 물고기를 손으로 잡다가 그만 놓치고 말았습니다. 아이들은 다시 힘을 모아 물고기 한 마리를 더 잡았습니다. 하지만 이번에는 경호가 물고기를 놓치고 말았습니다.

　"힘들게 잡았는데 놓치면 어떡해."

　지인이와 아이들의 원망에 경호는 자존심이 상했습니다.

　저녁이 되자 아이들은 경호네 펜션으로 갔습니다. 경호 엄마가 카레볶음밥과 산나물로 저녁을 차려 주었습니다.

　"이건 박쥐나물이야."

　지인이의 말에 경호가 한마디 쏘아붙였습니다.

　"만날 지가 뭐 전문가인 줄 알아."

　"내가 잘 아는 게 아니고, 네가 모르는 거야."

　지인이도 한마디 내던지고 자리에서 일어났습니다.

　경호는 곰배령에 대해 잘 아는 지인이가 부럽기도 하지만, 한편으로는 시도 때도 없이 잘난 척하는 지인이가 얄밉기도 합니다.

240

"와, 물고기다!"
하지만 기쁨도 잠시,
"야! 야!"
후다닥 달아나는 야속한 물고기!

지인이는 산골에서 살지만 영재학교를 다닐 정도로 공부도 제법 잘합니다. 지인이가 강원도 오지 중의 오지인 곰배령 설피마을에서 살게 된 건 아빠 때문입니다. 서울에 엄마와 대학생인 언니가 있지만, 아빠가 곰배령에서 펜션을 운영하면서 지인이도 이곳에서 살게 되었습니다.

다음 날은 본교와 분교 아이들이 함께 수업을 하는 날입니다. 아이들은 학교 뒤뜰에서 야생화와 산나물을 구경합니다. 지인이가 본교 아이들에게 싱아와 매발톱꽃을 친절하게 설명해 줍니다.

"이건 매발톱꽃인데 끝부분을 먹을 수 있어."

아이들이 꽃을 꺾어 맛을 봅니다.

"우와, 진달래보다 달다."

"엄마한테 주고 싶어."

"이건 쥐오줌풀이야."

지인이의 설명에 심술이 난 경호가 시비를 겁니다.

"잘난 척 대마왕!"

지인이는 그런 경호가 싫어 아무 말도 하지 않고 자리를 피합니다. 자꾸 누나 대접도 하지 않고 괴롭히는 경호 때문에 속이 상했기 때문입니다.

다음 날 경호는 지인이의 신발 밑창에 뾰족한 돌을 꽂아 놓습니다. 그 사실을 몰랐던 지인이는 신발을 신다가 깜짝 놀랍니다.

"아, 따가워. 뭐야? 누가 그랬어?"

그 소리에 경호가 도망을 갑니다. 지인이가 눈치를 채고 경호를 잡으러 갑니다.

"단경호! 네가 했지?"

"안 했어."

“그럼 누가 했단 말이야?”

“형주.”

“형주는 네가 하자고 하지 않는 한 안 해.”

“그렇게 너무 논리적으로 따지지 마.”

지인이는 경호의 말에 한숨만 나옵니다. 요즘 들어 부쩍 유치한 장난을 많이 하는 경호를 도통 이해할 수 없습니다. 하지만 경호가 끝까지 잡아떼니 속상해도 별다른 방법이 없습니다. 그렇게 경호와 지인이의 사이는 자꾸 멀어져만 갑니다.

주말에 진동분교 아이들은 방과 후 기타 선생님이 운영하는 식당에 놀러 갔습니다. 울창한 숲길을 걸어가는데, 경호가 나뭇가지로 지인이의 등을 찔렀습니다.

“하지 말라고!”

“뭘? 뭘? 뭘?”

경호는 나뭇가지를 던지고 앞장서 가 버렸습니다. 지인이는 경호가 왜 심술을 부리는지 알 수가 없습니다. 식당에 도착해서 선생님을 도와 드렸지만, 자꾸 경호의 장난이 떠올라 마음을 추스를 수 없습니다. 경호 역시 마음이 불편해 안절부절못합니다. 지인이가 갑자기 옷을 챙겨 입고 나가자 동생 가이가 묻습니다.

“언니, 왜 가?”

“여기 있다가는 화병 걸릴 것 같아서.”

결국 지인이는 혼자 눈물을 닦으며 집으로 돌아갔습니다.

그날 저녁 엄마는 경호를 붙잡고 말합니다.

“누나가 울었다면서? 그건 진짜 속상해서 우는 거야. 계속 꾹꾹 참다가.”

"그 정도 장난에 우는 사람이 어딨어?"

"그리고 너랑 지인이랑 동갑이지만 학교를 먼저 들어갔으니 누나야."

"아, 어지러워. 동갑인데 누나는 무슨 누나야."

"어쨌거나 오늘 일은 네가 잘못했으니까, 누나한테 먼저 사과해. 그리고 지인이한테 섭섭한 게 있으면 당당히 말해."

엄마의 말에 경호는 머리가 복잡해집니다.

한편 지인이도 아빠와 저녁을 먹으며 고민을 털어놓습니다.

"아빠, 경호는 정신연령이 낮아."

"아빠가 보기엔 그래도 너하고 가장 말이 잘 통하는 아이 같은데."

지인이가 멋쩍은 웃음을 지어 보입니다.

"아무튼 경호한테는 적응이 안 돼."

"네가 힘들어도 누나로서 선배로서 더 베풀어야 해. 경호가 너보다 더 약자야. 아빠가 보기에는 네가 훨씬 세. 그러니 네가 더 잘해 줘야 해."

아빠의 말에 지인이가 고개를 끄덕입니다. 그렇지만 지인이는 한숨이 절로 나옵니다. 무조건 동생에게 잘해 주라고 하니까 속이 탑니다.

다음 날 지인이가 선생님을 따라 시내 외출에 나섰습니다. 지인이는 일주일에 두 번씩 수학영재학교에서 수업을 받습니다. 그런데 그 시각 곰배령 네 아이들은 계곡에서 신 나게 물놀이를 합니다.

"여기 올라와 봐. 진짜 미끄러워."

지인이가 없으니 경호가 곰배령 마을의 골목대장 노릇을 합니다.

지인이는 수업이 끝난 뒤 경호네 집 쪽으로 갔습니다. 경호와 계속 어색하게 지낼 수 없기 때문에 용기를 내어 경호를 만나 볼 생각입니다. 사과를 해서 풀 수 있다면 먼저 사과도 하리라 마음먹었습니다. 하지만 창문 너머

로 아이들을 보니 통닭을 먹으며 즐겁게 놀고 있어서 차마 말 붙일 용기가
나지 않았습니다. 왠지 모르게 서운하고 쓸쓸한 기분이 듭니다. 지인이는
그대로 발길을 돌립니다.

　지인이와 경호네가 따로따로 등교한 지도 벌써 일주일이 지났습니다. 지
인이는 이제 아예 경호 쪽으로 눈길조차 주지 않습니다.

　며칠 뒤 펜션 주인집 도희 형이 군대에서 휴가를 나왔습니다. 도희 형은
진동분교를 나왔고, 지인이 언니인 지수 누나와 친구 사이입니다. 경호는
그런 도희 형에게 도움을 구하기로 했습니다.

　"형, 지수 누나랑 싸운 적 있어?"

　"있지. 어렸을 때 많이 싸웠지."

　"그럴 때는 어떻게 했어?"

　"그냥 내가 먼저 사과했어."

　"그랬더니 뭐래?"

　"사과하면 받아 주지. '나도 미안해'라고 하면서 말이야."

　다음 날 경호는 책상에 앉아 편지를 씁니다. 드디어 용기를 내 지인이에
게 사과 편지를 전할 생각입니다.

　"오빠, 뭐 해?"

　동생 가이가 묻자 경호가 편지를 내밀며 부탁합니다.

　"이것, 지인이 누나한테 갖다 주고 와라."

　동생 가이는 경호가 나가자 편지 봉투에 적힌 'To 김지인'을 보고 옆에
'누나'라는 말을 오빠 경호 대신 적습니다. 그리고 지인이네로 달려갑니다.
하지만 지인이가 집에 없어 우편함에 편지를 꽂아 두었습니다.

　경호는 자전거를 타고 가다 동생 가이를 만났습니다.

"가이야, 편지 잘 전해 줬어?"

"어. 지인이 언니 화 풀린 것 같아."

동생 가이는 오빠와 언니를 화해시키려고 거짓말도 서슴지 않습니다.

집으로 돌아온 지인이가 편지를 발견했습니다. 지인이는 생각지도 못한 경호의 편지가 반가웠습니다.

경호는 약속 장소인 계곡에서 자리를 잡고 앉아 있습니다. 편지를 읽은 지인이는 계곡으로 갔습니다. 경호가 손을 흔들자 지인이도 손을 흔들었습니다. 지인이는 돌다리를 건너다 미끄러질 뻔했습니다. 그 모습을 본 경호가 돌 하나를 얹어 징검다리를 고쳐 주었습니다. 두 사람은 오랜만에 예전처럼 웃으며 물장구를 치고 놀았습니다.

수용과 관용

해발 1,000미터 고도의 곰배령의 설피마을에서 자연을 벗 삼아 자라는 경호와 지인이는 친구입니다. 하지만 경호는 늘 당당하고 자신감이 넘치는 지인이 때문에 속상할 때가 많죠. 게다가 같은 나이임에도 누나라고 불러야 하니 경호에게 지인이는 좋은 친구이면서 불편한 누나입니다. 결국에는 둘 간에 다툼이 생기고 그것을 화해해 가는 과정을 통해 아이들은 '관용'이라는 것을 배우게 됩니다. '관용'이라는 말은 누군가를 용서하거나 너그럽게 봐줄 때 사용하는 말입니다. 이 말은 '다르다'라는 뜻에서 시작되었다고 하네요. 다른 사람과 내가 다르다는 것을 인정하는 것이 바로 관용의 시작이라는 말입니다. 하지만 다르다는 것을 받아들이는 일이 쉽지 않습니다. 누구나 내가 맞고 다른 사람은 틀리기를 바라니까요. 그래서 시간이 필요합니다.

관계가 늘 핑크빛이라면 얼마나 좋을까요? 하지만 그럴 수 없는 것이 또한 관계지요. 아이들이 간혹 친구들과 다투고 그 속상한 마음을 토로할 때가 있지요. 그때 여러분은 어떤 태도를 취하나요? 먼저 자녀를 탓하는 부모님이 있습니다. 그 상황에서 자녀가 느꼈을 감정은 아랑곳하지 않고 자녀의 잘못으로 몰아가는 부모님입니다. '그러니까 네가 그때 그러지 말고 참았어야지'라는 피드백을 통해 자녀가 느끼는 것은 무엇일까요? 바로 억울함입니다. 이 감정을 가지고선 관용의 마음까지 얻는 것은 불가능하죠. 다음으로 상대방 탓하는 부모님이 있습니다. 눈에 넣어도 아프지 않을 내 자녀를 속상하게 만든 상대방을 비난하는 경우지요. '나쁜 녀석이구나. 다음부터는 그 아이와 놀지 마라'라는 피드백으로는 상대방과의 다른 점을 인정하거나 자신의 행동을 돌아보는 기회를 얻기 힘듭니다. 다툼도 자녀의 성장에 꼭 필요한 과정이라고 생각해야 합니다. 그 속에서 사회성이 자라기 때문입니다. 그때 자녀가 느낀 감정은 무엇인지, 다툼이 일어난 원인이 무엇인지, 이 상황을 어떻게 해결할 수 있는지 자녀와 나누어야 합니다. 그리고 자녀가 바로 해결하지 못하더라도 조금 기다려 주는 부모님의 인내가 필요합니다.

우정이 생기는 과정은 다소 시간이 필요합니다. 서로 알아 가며, 다른 것을 인정하기 위해선 다툼과 화해라는 어려운 시간도 통과해야 하지요. 우리가 그랬듯이 그 과정을 지나가야만 진정한 친구라는 우정이 자리 잡게 됩니다. 기다림이 서툴고 자기중심성이 강할수록 그 과정은 더 길겠지요. 조금만 기다리며 자녀가 할 수 있다고 믿어 보세요. 분명 경호와 지인이처럼 서로의 다름을 수용하고 관용하면서 우정을 키워 갈 것입니다. 언제나 화해할 수 있는 친구니까요.

친구 관계는 부모 하기 나름

🌼 우정이란

우리는 흔히 사람의 됨됨이를 평가하려면 그 친구를 보라는 말을 합니다. 그만큼 인생이라는 역사에 중요한 사람 중 하나가 친구입니다. 평생 동안 의지할 친구가 있으면 인간관계에 성공한 것이며 그럴 사람이 없다면 노력이 부족했거나 불행한 일이라고 여깁니다. 그만큼 친구는 인생을 평가하는 중요한 참고 자료입니다. 친구가 많은지 적은지, 어떤 이들이 친구인지, 얼마나 깊은 친구 관계인지에 따라 그 사람의 사회적 평가를 하게 되므로 친구는 중요한 존재입니다. 특히 외동아이는 형제간에 느낄 수 있는 우애를 친구 관계를 통해 보충합니다. 부모에게 꾸중을 들은 형제는 공통의 화제를 형제간에 공유하고 마음을 다독이지만, 외동이거나 나이 차이가 많이 나는 형제를 둔 아이는 이 역할을 친구가 대신해 줍니다.

바로 이렇게 친구와 쌓아 가는 정이 우정입니다. 내가 필요로 할 때 도움을 받을 친구가 있다는 것은 든든한 후원자가 있다는 것입니다. 또 자신이 누군가에게 그런 사람이 된다는 것은 자신의 인품을 말하는 기준이기도 합니다. 이런 관계를 유지할 수 있는 힘이 바로 우정의 힘입니다.

💠 우정은 어떻게 시작되고 어떻게 자라는가

우정이란 타인의 존재를 나와 다르며 함께할 수 있는 존재로 인식하기 시작하면서 싹틉니다. 일반적으로 혼자 놀던 아이가 다른 사람과 함께 놀고 싶어 자기의 욕구를 조절하고 양보하기 시작하는 나이가 네 살입니다. 그러나 네 살 된 아이가 이해하고 양보하는 데는 한계가 있습니다. 아직은 자기중심적이어서 상대방의 입장을 생각할 수 없습니다. 그러나 놀이나 게임을 통해 차례를 기다려야 하고 친구의 의사도 무시하면 안 되는 것을 느끼고 배울 수 있습니다. 그리고 점차 놀이 속에서 동화와 조절을 배워 나가며 친구의 마음을 읽기도 하고 자기주장을 부드럽게 하는 방법을 차츰 배워 갑니다.

　놀이의 친구는 동업자이면서도 경쟁자입니다. 혼자 놀면 심심해서 같이 놀자고 하면서도 자신의 욕구와 부딪힐 때는 화가 나고 친구가 유능하면 질투심이 생기고, 의견이 다르면 다투기도 하고 정서적으로 상처 입기도 합니다. 그러나 이러한 시간이 누적되면서 인간관계의 기술도 배우고 신뢰와 신의도 배워서 우정을 싹트게 합니다. 바로 친구와 부딪히며 쌓은 미운 정 고운 정이 우정의 초석이 됩니다. 초등학교 시기에 들어서면 보다 논리적인 의사결정 방법을 배우고 양심과 도덕의 발달과 함께 서로 상처 주지 않으면서 우정을 쌓아 가게 됩니다. 이런 발달은 사춘기 시기를 통해 이성에 관한 또 다른 우정과 동성 간의 우정 색깔을 달리하면서 발달하게 됩니다.

우정을 발달시키려면 친구와 함께 감정을 공유하는 절대적인 시간이 필요합니다. 감정을 공유하여 즐거움을 함께 느끼는 기회도 있어야만 합니다. 이런 측면에서 요즘 학습만 강요받고 놀 수 있는 시간이 없는 아이들의 현실이 안타깝습니다. 부모가 자녀의 우정 발달을 돕기 위해 세 살 전에는 연령에 관계없이 다른 아이들이 놀이하는 장면을 많이 보여 주고 그 옆에서 놀게 하여 친구를 만들 수 있는 기초공사를 도와주어야 합니다. 부모가 이웃에 자주 데리고 가거나 아이가 있는 사람들을 자주 초대하여 가족 외의 사람에 대한 거부감이 없도록 도와주어야 합니다. 유치원생 시기에는 함께 놀이를 할 수 있는 친구가 생기도록 도와주며, 혹시 친구의 권리를 무시하거나 함부로 행동하지 않도록 친구에 대한 예절도 지도해야 단짝 친구가 생깁니다.

특히 초등학생 시기에는 근면성을 배워 나가고 도덕과 규칙을 몸에 익히기 위해 단짝보다는 팀으로 함께하는 구기 종류(축구, 배구, 야구 등)나 단체 활동을 통해 팀의 우승을 위해 자신의 욕구를 억제하고 협동하는 방법을 배우도록 합니다. 때로는 하고 싶은 공격자의 역할이 아니라 수비수의 역할을 하면서 팀의 승리를 자신의 승리로 받아들이는 경험도 맛보게 합니다. 이 과정에서 양보의 미덕을 가치로 인정하고, 주인공이 되고 싶은 마음도 달래고, 돋보이게 칭찬받는 친구에 대한 질투를 감추는 태도도 익혀 가게 됩니다. '괜찮아!'라고 스스로 위로하며 공동의 꿈을 향해 협조하는 마음을 키워 나가는데, 바로 이 마음이 진정한 우정의 원동력이 됩니다.

학교를 다닐 때는 공부를 잘하지 못해서 인정받지 못했던 동창들이 사회에서 크게 성공한 사람이 된 경우를 종종 봅니다. 학문이라는 학습 영역보다는 친구들과 놀이나 활동 경험을 통해 살아가는 방법을 터득했던 친구들이 사회에서는 두각을 나타내기 때문입니다. 바로 우정을 쌓는 능력이 탁월해서 소위 출세를 쉽게 하는 것입니다. 그러므로 부모는 놀 수 있는 절대적인 시간과 기회를 주어야 합니다.

사춘기가 되면 관심 영역이 확장되면서 더욱 강한 결속력을 요구하는 우정으로 변화하기도 하고, 눈에 보이는 동질성(모양이 같은 옷, 같은 음악이나 같은 연예인을 좋아하는 등)을 찾아 친밀감을 극대화하려는 행동들이 눈에 띕니다. 이 시기의 부모는 자녀의 동성과 이성 친구 간에 우정이 싹틀 수 있도록 친구와 함께 놀 시간을 인정해 주고, 이성 친구는 그에 걸맞는 예절도 가르쳐야 합니다.

친구들과의 경험은 다른 사람의 다름을 인정하고, 다른 사람들의 감정을 거스르지 않는 방법을 익히고, 자신의 의견을 주장하거나 표현하는 능력을 발달시킵니다. 부모는 자녀의 친구 관계를 폭넓게 보고, 지나치게 비교하거나 평가하는 언행은 주의해야 합니다. 친구를 지나치게 칭찬하면 질투심이 생겨 그를 멀리하게 됩니다. 또 친구를 비난하게 되면 나쁜 친구를 사귄다고 부모의 꾸중을 듣거나 자신도 평가 절하를 당할까 봐 속일 수 있습니다. 친구 관계에 대한 대화도 솔직하게 나누고, 자녀의 잘한 점과 못한 점을 있는 그대로 인정하는 대화법이 자녀로 하여금 끈끈한 우정을 만들어 가도록 도와줄 것입니다.

힘들고 어려운 일이 있을수록 혼자가 아니라
함께한다는 느낌이 들면 충분히 헤쳐 갈 수 있습니다.
무엇보다 함께한다는 '정서적 유대감'이
아이에게 크나큰 힘과 용기가 됩니다.
부모로서 아이에게 긍정적인 말로 따뜻한 감정을 표현하세요.
다른 사람을 이해하고 도와주는 아이로 자랄 겁니다.

CHAPTER 05

동행

이해하고 도와주려는 마음

나 의 엄 마 나 의 아 빠

우리 남매는 입양아

"한국입양어린이합창단입니다. 작년 6월에는 '해피콘서트 입양어린이들 행복을 노래하다' 공연을 통해 많은 박수갈채를 받기도 했습니다."

공연이 시작되자 사회자가 힘차게 시작을 알립니다.

이번에도 승연이는 무대 위에 당당하게 섰습니다. 승연이를 입양한 엄마 아빠는 무대에 서는 막둥이가 늘 자랑스럽기만 합니다. 올해 초등학교 6학년이 된 승연이는 합창단의 주요 멤버입니다. 승연이가 활동하는 한국입양어린이합창단은 공개 입양에 대한 사회의 잘못된 인식을 바로잡기 위해 입양아로 구성된 모임입니다. 승연이는 합창단 활동을 통해 입양 사실에 위축되지 않고 남들 앞에 서는 힘을 얻습니다.

승연이는 예전부터 노래 부르는 것이 취미이자 특기입니다. 장차 뮤지컬 배우가 되는 것이 꿈입니다. 덕분에 승연이네 집 안에는 노랫소리가 끊이질 않고 이어집니다. 이런 승연이에게는 자신과 꼭 닮은 대학생 오빠가 있습니다. 이제 곧 대학교 입학을 앞둔 승연이의 오빠이자 이 집의 맏아들 구혁이입니다. 사실 구혁이도 엄마 아빠가 두 살 때 입양한 아이입니다. 그동안 비밀로 하다가 사 년 전 승연이를 가족으로 들이면서 그 사실을 알렸습니다.

"그래도 승연이가 있어서 충격을 빨리 극복한 거지?"

엄마가 구혁이에게 말합니다. 뒤늦게 입양 사실을 알리고 엄마는 아들 구혁이의 상처가 깊을까 봐 늘 노심초사입니다. 하지만 그 어려운 곁을 같은 상처가 있는 승연이가 지켜 주었습니다.

"그렇다고 할 수 있지. 착한 동생이야. 진짜야, 자랑스러운 동생이야."

구혁이는 엄마 말에 스스럼없이 동의하며 승연이에게 말합니다. 그러자 승연이는 "그래? 히히히" 하고 오빠 말을 농담처럼 넘기며 배시시 웃습니다. 신기하게도 승연이와 구혁이는 낳아 준 부모님이 다른데도 겉모습이 친남매처럼 꼭 닮았습니다.

결혼 전부터 입양에 대한 생각이 열려 있었던 엄마 아빠입니다. 마침 아이가 생기지 않아 큰 이견 없이 두 살배기 구혁이를 입양했습니다. 그리고 지금으로부터 사 년 전 승연이는 보육원에서 살다가 아홉 살 때 입양되었습니다. 이 집에 오자마자 "엄마 아빠"를 바로 불렀을 정도로 승연이는 밝고 명랑한 성격이었습니다. 그간 엄마와 아빠, 구혁이, 승연이는 울고 웃으면서 많은 이야기와 추억거리를 만들었습니다.

원체 점잖은 아빠는 늦둥이 막내딸을 이해하기 위해 많은 노력을 합니다. IT 업계에서 바쁘게 일하는 와중에도 입양 아동에 대한 공부를 따로 하며 정성을 쏟고 있습니다. 그러는 사이 엄마는 종종 승연이와 함께 잠을 잡니다. 늘 엄마 품이 그리웠을 승연이를 위해 이제라도 엄마의 다정하고 따스한 사랑을 느끼게 해 주기 위해섭니다.

다음 날 아침, 승연이의 등굣길 풍경입니다. 승연이는 엄마의 배웅을 받으며 흥얼흥얼 콧노래로 하루를 엽니다. 그 시각 엄마는 하나뿐인 딸의 방 청소에 바쁩니다. 처음 승연이가 가족이 되었을 때 엄마는 승연이가 옷 정리정돈을 너무 잘해서 기분이 이상했습니다. 꼬마가 제 옷을 전문가처럼 딱딱 맞춰 개고 정리까지 다 하는 것을 보고, 좀 편해지고 흐트러졌으면 하고 바랐습니다. 보육원에서 밴 습관 하나하나가 모두 안타까웠습니다. 그런데 이제는 엄마가 대신 해 주니 또래 아이들처럼 게을러지는 모양입니다. 엄마는 그 흐트러진 모습이 외려 더 흐뭇합니다.

"여보세요? 으 ……. 엄마, 나 알림장이 없어. 분명히 넣었단 말이야."

"승연아, 이번에는 갖다 줄게. 그런데 또 그러면 엄마 화낼 거야. 알았지?"

승연이는 엄마에게 당당하게 요구하고, 엄마는 엄하게 당부를 합니다. 처음에는 엄마가 어렵고 미안해서 가져와 달라는 말도 못 했지요. 하지만 요새는 부쩍 엄마가 편하고 가까운지 불편하고 귀찮은 부탁도 곧잘 하곤 합니다. 다음부터는 잘 챙기라고 당부하는 엄마의 속내에는 사실 은근한 흐뭇함이 깔려 있습니다.

방과 후 승연이는 학교 친구들과 스스럼없이 어울립니다. 보육원에서 자라던 시절 다양한 아이들과 어울릴 일이 많았기 때문일까요? 남자아이들과도 어색하거나 주눅 드는 기미 없이 잘 놀고 얘기합니다.

"우리 진실 게임 할까?"

"난 신동준이 인승우보다 좋아."

"난 박예솔이 좋아."

"악! 너 해바라기구나?"

"해바라기가 아니라 걔밖에 예쁜 애가 없다니까."

친구들이 좋아하는 이성 친구 얘기를 하며 박수를 치는 사이, 승연이가 표정 변화 없이 가볍지 않은 이야기를 툭 던집니다.

"애들아, 내 이야기를 할게. 난 원래 입양된 아이야."

"정말?"

"입양아야. 나 예전에는 고아원에서 살았어."

친구들 앞에서 입양아라는 사실을 거침없이 얘기하는 승연이입니다. 심각한 사실도 전혀 심각하지 않게 전하는 모습에서 승연이 특유의 긍정적인 성격이 엿보입니다. 그런 성격이 솔직함으로 묻어나는 듯합니다.

"승연아, 너 입양됐는데 안 슬퍼?"

"안 슬퍼!"

"엄마는 어디 있어?"

"엄마를 못 찾아. 나중에 찾고 싶어."

대체로 보육원에서 자라거나 입양된 것을 숨길 텐데 승연이는 당연하다는 듯이 의연하니 마음이 단단하고 생각이 깊어 보입니다. 승연이는 자신의 상처와 아픔을 떳떳하게 말할 수 있는 용기를 지녔습니다.

그날 저녁, 엄마는 어딘가 바빠 보입니다. 구혁이 어렸을 때 사진들을 꺼내 서둘러 휴대전화에 옮겨 담습니다. 그러고는 어디론가 사진을 전송하고 전화를 합니다.

"괜찮습니다. 저기, 지금 구혁이 사진을 보냈어요."

한 달 전 즈음, 엄마는 구혁이를 낳은 아버지에게서 연락을 받았습니다. 입양되기 전 보육원을 통해 구혁이를 수소문한 겁니다. 엄마는 생부를 위해 구혁이 사진을 조금씩 보내 주고 있습니다. 하지만 구혁이 마음에는 생부에 대한 원망이 남아 있습니다. 지금의 부모님은 구혁이가 생부에 대한 원망을 안고 사는 것이 다소 걱정스럽습니다.

"어차피 한 번은 꼭 만나고 싶을 건데, 이번 기회에 만나 보는 건 어떻겠니?"

"아니, 난 만나기 싫어!"

"시간은 되잖아?"

"시간이랑 상관이 없어. 아직은 내가 만나고 싶지 않아."

구혁이는 아직 생부를 만날 준비가 되지 않았다고 했습니다. 자신을 낳은 부모가 따로 있다는 사실을 알게 된 것이 불과 사 년 전입니다. 그 후로 얼마 지나지 않은 시점, 생부는 아무런 예고도 없이 갑작스레 등장했습니다. 구혁이로서는 혼란스럽고 힘든 것이 당연합니다. 그날 엄마와의 대화는 싱겁게 끝나고, 구혁이는 같은 처지에 있는 동생 승연이에게 이 일을 의논했습니다.

"승연이는 만약 낳아 준 사람이 나타나면 좋겠어?"

"응, 나는 좋아."

구혁이가 질문하자 예상외로 승연이는 단호하게 '좋다'고 말합니다. 같은 입양아이지만 구혁이와 승연이는 생각이 많이 달랐지요.

"왜?"

"원래 내 진짜 엄마가 왔으니까!"

"그래?"

"오빠는 싫어?"

"응, 난 싫어. 별 상관 없어."

"왜? 그분이 없었다면 오빠는 여기 없어. 그러니까 내 말은 다른 건 미워해도 태어나게 해 준 것은 감사하게 생각해야 해."

♬ 나는 알고 있어요.
언제나 내 곁에 그 사람이
있어. 난 항상 행복한 거죠,
엄마 ♪♬

"나는 별 상관 없다니까. 나는 이미 태어났고. 너, 나가. 너랑 얘기하기 싫어."

화가 난 구혁이가 언성을 높이자 승연이도 같이 화를 냈습니다.

"아, 알았어. 알아서 생각해. 이기적이야! 오빠는 나중에 지옥 가서 벌 받을 거야."

남매는 비슷한 상황에서 서로 다른 견해를 드러냈습니다.

승연이는 어릴 때부터 부모님을 그리워하며 어떤 분들일까 궁금해했기에 지금 오빠의 상황이 부럽기만 합니다. 반대로 구혁이는 생부의 등장이 어색하고 새삼스럽습니다. 그도 그럴 것이 처음부터 자기 처지를 안 승연이와 달리 구혁이는 겨우 사 년 전 입양아라는 사실을 알았고 지금도 이를 받아들이는 것이 버겁고 힘듭니다. 하지만 이 모든 과정이 입양된 아이들이라면 누구나 한 번쯤 거쳐야 할 일입니다. 남매가 잠시 언성을 높이기는 했지만 이번 일을 겪으며 구혁이는 승연이에 대한 마음이 더 애틋해졌습니다. 그리고 같은 고민을 나눌 수 있는 동생이 곁에 있어 참 고마웠습니다.

며칠 후 승연이와 친구들이 거실을 점령했습니다. 아이들은 집 안 구석구석을 돌아다니며 공놀이를 하느라 정신이 없었습니다. 이윽고 아르바이트를 마치고 구혁이가 집으로 돌아왔습니다.

"자, 얼른 정리해. 던진 거 갖고 가고. 숙제랑 학습지는?"

"뭘 정리해? 다 됐는데."

"뭐가 다 됐어? 빨리 가서 정리해!"

구혁이가 승연이에게 오빠 노릇을 톡톡히 하자 승연이가 버럭 짜증을 냅니다. 이에 아랑곳없이 오빠 구혁이가 숙제 검사까지 하자 승연이가 소리를 지르고 때리고 발길질까지 합니다. 그러더니 제 마음대로 학습지 선생님의 방문 날짜를 바꾸기까지 합니다.

어느새 사춘기가 시작된 승연이입니다. 부쩍 짜증이 늘고 제멋대로인 승연이를 볼 때마다 가족들은 당황스럽습니다. 승연이는 '나는 누구이고, 왜 태어났는지'를 고민하면서 자아 정체성이 형성되는 시기를 지나는 중입니다. 자기 뿌리가 궁금하고 진심으로 찾고 싶습니다.

그리하여 며칠 전부터 썩 좋지 않은 승연이의 기분을 점검하기 위해 엄마 아빠는 승연이, 구혁이와 함께 한국입양가족상담센터를 찾았습니다. 보통 입양 아동이 가정에 적응하기까지 걸리는 기간을 삼 년으로 보는데, 승연이 역시 이 집에 오고 삼 년이 지났습니다. 부모님은 승연이가 이상 없이 잘 자라는지, 가족들과의 애착 상태는 어떤지 한 번쯤 점검해 보고 싶었습니다.

“지금부터 가족 작업을 할 건데, 원하시는 대로 이 종이 전체에 그림을
그려 보세요.”

상담 선생님의 말에 따라 엄마와 아빠, 구혁이는 종이 전체를 널찍하게
사용한 반면 승연이는 그림을 종이 모서리에다 그렸습니다. 그래서 승연
이만 따로 검사를 받아 보기로 했습니다.

“승연아, 여기 상자 안에 원하는 피규어를 가지고 와서 마음껏 꾸며 볼
까?”

승연이는 어떤 것을 고를까 한참 생각했습니다. 먼저 어두운 이미지의
모형들을 고르고 마지막에는 새장을 집어 들었습니다.

“이 장면을 설명해 줄래?”

“여긴 지옥이에요. 지옥 가운데는 용암이고요. 지옥 가면 팔팔 끓는 용
암에 수백 번 들어갔다가 다른 곳으로 가요. 이 새장은 사람이 쉬는 곳이에
요.”

“새장이 사람 쉬는 곳이야?”

“용암 속에서 엄청나게 뜨거워하다가 한 몇 초 동안 다시 여기 와요. 그
만큼 지옥이 괴로운 거예요.”

상담 선생님의 질문에 승연이는 언제나처럼 솔직하고 담담하게 말합니
다. 하지만 이야기 내용에 큰 그늘이 느껴집니다. 승연이 마음속에 대체 무
슨 일이 일어나고 있는 걸까요? 승연이의 말을 들은 엄마 아빠는 더럭 겁이
났습니다.

“어머님, 아버님. 승연이에게 모래 속은 지옥입니다. 그런데 잠깐 몇 초
쉴 수 있는 곳이 새장 속에 새가 있는 곳이에요. 새라는 동물도 되게 모성
적이거든요. 아이의 겉모습은 상당히 밝은데 그럼에도 불구하고 구석에는

결핍이 있는 걸 보여 줘요. 그런데 그 결핍이 지금 부모님한테서의 결핍이 아니라 그 이전에 경험했던 것에 대한 결핍이에요. 지금은 그것이 채워지고 있는 과정이겠지요.”

“네. 그렇겠지요.”

“그런데 아직까지 더 많이 채워져야겠구나, 이런 생각이 들어요.”

상담 선생님의 말에 엄마 아빠는 오랫동안 말을 잃었습니다. 구혁이 역시 생각이 많아지는 날이었고요.

그날 밤 아빠는 승연이를 데리고 데이트를 나왔습니다. 승연이의 부족한 부분을 채워 주려는 아빠 나름의 노력인데요, 무엇보다 아빠는 승연이의 깊은 속내를 알고 싶습니다.

“승연아, 혹시 낳아 준 엄마를 만나고 싶니?”

“오빠를 보니 친부모를 찾는 게 부러워. 근데 찾을 방법이 없나?”

“흠 ……. 한 가지 방법은 승연이를 낳아 준 엄마가 직접 찾으러 오는 거야. 그 방법밖에 없는데 어쩌지? 그렇다면 계속 기다릴 거니?”

“아니, 기다릴 수 없고 찾으러 다닐 거야.”

아빠의 말에 승연이가 단호하게 말합니다.

사실 친부모가 나서서 아이를 찾지 않는 이상, 입양아가 부모를 스스로 찾는 것은 현실적으로 불가능한 일입니다. 하지만 아빠는 승연이의 고민에 진심으로 공감하고, 같이 해결책을 찾는 아빠가 되고 싶고, 그것이 진짜 부모의 모습이라고 여겼습니다. 아빠는 승연이의 뿌리를 함께 찾기 위해 승연이가 자란 울산 보육원에 전화를 해 두었습니다. 그리고 얼마 후, 짐을 챙겨 울산으로 떠났지요.

다행히 승연이의 출생 기록이 보육원에 남아 있었습니다. 하지만 입소

당시 출생증명서에 있었던 생모의 이름과 생년월일, 주소를 가지고 관할 구청에 알아보아도 더 이상 찾을 수가 없다고 했습니다. 남은 방법은 승연이가 태어난 병원으로 직접 찾아가 보는 방법뿐. 승연이는 엄마 아빠와 함께 '나를 찾는 여행'을 계속 이어 갑니다.

"이 건물입니다." 병원까지 안내해 준 부동산 업자가 설명합니다.

"여기가 병원 자리였나요?"

"제가 여기서 한 지 칠팔 년 됐는데, 그때는 병원이 없었습니다. 그런데 그 전에는 병원이 2층에 있었다는 얘기를 들었어요."

승연이네 가족은 어렵게 주소지를 찾았지만 병원은 근처 어디에도 없었습니다. 부동산의 도움을 받아 동네를 수소문했지만 병원은 사라지고 주소지 건물은 고깃집으로 변했습니다. 뭔가 단서라도 찾을 수 있을까 승연이는 기대를 했지만 시간은 많은 것을 바꿔 놓았습니다.

그날 승연이는 자신이 태어난 주소를 사진에 담았습니다. 궁금증은 하나도 풀린 게 없었지만, 이름 하여 '나를 찾는 여정'에 엄마 아빠가 동행해 주었습니다. 비록 친부모에게는 버림을 받았지만 승연이는 지금의 부모님이 자신을 마음 깊이 사랑하고 있음을 피부로 느꼈습니다. 그것만으로도 굉장히 의미 있는 시간이었습니다.

울산 여행 이후로 승연이는 자신의 출생에 대해 더 당당해졌습니다. 구혁이는 기특하고 용감한 여동생 승연이에게 울산에 다녀온 일에 관해 따로 물었습니다.

"그럼 병원이 식당으로 바뀐 거야? 기분이 어땠어?"

"허탈했어. 그리고 부모님이, 우리 엄마 아빠가 나를 키워 주는 게 너무 고마웠어. 그래서 내가 좋은 아이디어를 생각했어!"

“뭔데?”

“고마우니까, 그 마음을 표현하자고. 나한테 좋은 아이디어가 있는데 비꼬지 마!”

“안 비꼴게.”

“나는 노래 부르고 오빠는 피아노 치고. 어때?”

구혁이는 잠시 생각을 하더니 고개를 끄덕였습니다. 동생의 허한 마음을 음악으로 채워 주고 싶었습니다.

다음 날 저녁 승연이가 온 가족을 거실에 불러 모았습니다.

“승연아, 왜 불러?”

“우리가 준비한 게 있는데 ……. 여긴 엄마 전용, 여긴 아빠 전용. 엄마 아빠를 위해 오빠랑 내가 콘서트를 준비했어요.”

“그래?”

구혁이가 피아노 의자에 앉아 반주를 시작합니다. 구혁이가 반주하고 승연이가 부르기로 한 노래의 제목은 「엄마의 나무」입니다.

내 등 뒤에 있는지, 내 맘속에 들어오는지

늘 바람만 불어도 내 맘 알고 있네요.

그대는 보이지 않죠. 손으로 만질 수 없죠.

아무리 귀 기울여도 들을 수는 없지만

나는 알고 있어요. 언제나 내 곁에 그 사람이 있어

난 항상 행복한 거죠, 엄마. ♪♬♩

만약 지금의 부모님을 만나지 않았다면 승연이는 부모님의 사랑이 어떤 건지 평생 알 수 없었을 겁니다. 세상의 모든 부모 자식의 만남은 좋든 나쁘든 운명이고 필연입니다.

"와. 잘한다. 지난번보다 더 잘해. 이거 연습했어?"

"자, 계속 앉으시죠. 콘서트는 아직 끝나지 않았습니다. 저희가 엄마 아빠한테 선물이자 편지를 준비했습니다."

승연이는 엄마 아빠한테 쓴 편지를 한 분 한 분께 건넵니다.

"그래 승연이가 직접 읽어 봐."

아빠 말에 승연이가 편지를 받아서 큰 소리로 읽습니다.

아빠께. 사랑하는 아빠, 저 승연이예요. 저는 아빠가 좋아요. 공부도 잘하고 친절하니까요. 그럴 때마다 저는 입양 오길 잘했다고 생각해요. 더 늙어도 공부 잘하고 친절하셔야 해요. 사랑해요. 아빠를 사랑하는 딸 올림.

승연이는 어느새 이 집에 없어서는 안 될 애교만점 동생이자 막내입니다. 꼭 피를 나누어야만 가족은 아닐 것입니다. 서로의 고통을 감싸 안아 주고 사랑을 나누며 승연이네는 피보다 더 진한 가족으로 거듭났습니다. 결핍으로 인한 빈틈을 서로 메워 주는 사랑, 그 아낌없는 하모니가 기대되는 아름다운 가족입니다. 속 깊은 부모님의 조건 없는 사랑으로 무럭무럭 자라날 승연이, 구혁이의 인생이 앞으로 굉장히 기대됩니다.

뿌리 찾기 수용

탤런트 차인표 신애라 부부를 통해 일간 사회적 관심이 되었던 자녀 입양은 우리 사회의 따뜻한 일면입니다. 부모가 된다는 것은 자녀를 낳아 기른다는 뜻을 내포하고 있습니다. 즉 '출산'과 '양육'을 모두 포함하지요. 하지만 입양 가정 부모의 경우 양육을 감당하는 역할을 하게 되지요. 말 그대로 '가슴으로 낳은 자녀'가 됩니다. 구혁이와 승연이가 바로 그렇습니다. 한 번의 큰 아픔을 경험한 아이들을 사랑으로 양육한다는 것은 자녀를 낳아 기르는 것보다 더 큰 인내와 수용이 필요합니다.

입양을 통해 자녀를 양육하는 부모님에게 필요한 것은 무엇일까요? 먼저 자녀에게 입양에 관한 사실을 알리는 것입니다. 여러 가지 이유로 공개 입양을 꺼리는 부모님들이 있습니다. 그러다 뒤늦게 입양 사실을 알게 된 자녀의 방황에 적잖게 당황하게 됩니다. 아이가 어릴 때 입양 사실을 알리고 그 감정을 충분히 나눌 수 있도록 해야 합니다. 이를 통해 자녀는 자신을 낳지 않았지만 변함없는 부모님의 사랑을 경험하게 되고 뒤늦은 방황을 예방할 수 있습니다.

다음으로 자녀가 성장하면서 자신의 '뿌리 찾기'에 대한 요구를 수용해야 합니다. '나는 누구인가?' '나는 어디서 왔는가?'의 고민을 통해 정체감을 형성하는 사춘기가 되면 그 어느 때보다 뿌리 찾기의 경험은 중요할 수 있습니다. 다행히 승연이의 부모님은 이런 자녀의 감정을 먼저 수용하고 함께 뿌리 찾기에 동참하는 것을 볼 수 있습니다. 이를 통해 자녀는 자신을 있는 그대로 수용하는 부모의 사랑을 경험할 수 있습니다. 마지막으로 자녀가 입양과 관련하여 당당할 수 있도록 도와주어야 합니다. 아이들은 버려졌다는 사실을 수용하기 힘들어서 입양 사실을 밝히기 힘들어하기도 합니다. 그렇게 되면 사회적 관계에서 당당하기 힘들지요. 아이와 이 문제를 충분히 나누고, 필요하다면 적절한 부모의 지원이 필요합니다. 또한 승연이의 경우처럼 입양아의 자조 모임이 있다면 더 좋겠지요. 어려움을 함께 공감할 수 있을 테니까 말이죠.

가슴으로 낳은 자녀를 사랑으로 키운다는 것은 몇 배의 노력과 눈물이 있어야 할 것입니다. 그 과정을 함께해 준 부모님께 승연이가 느낀 고마움과 사랑은 얼마나 컸을까요? "언제나 내 곁에 그 사람이 있어 난 항상 행복한 거죠. 엄마!"라는 승연이의 노래가 바로 부모님을 향한 사랑의 본심일 것입니다. 가족은 꼭 피를 나누지 않아도 될 수 있습니다. 사랑이 있다면 피보다 진한 가족이 될 수 있습니다. 사랑을 노래하는 승연이처럼 말이죠.

엄 마 와 똠 얌 꿍

태국산이 싫어요

"**엄마**, 나 배고파요."

"알았어. 지금 똠얌꿍 만들고 있어."

한 달에 한 번 유정이 엄마의 태국 친구들이 모이는 날입니다. 엄마는 주방에서 음식 준비로 굉장히 분주합니다. 태국식 파파야 샐러드인 쏨땀도 만들고 태국식 볶음 요리도 준비합니다. 온 집 안에 태국 향신료인 향긋한 카 냄새가 진동을 합니다.

"엄마, 새우 샀어요? 엥? 뭐야, 이거 태국산이에요?"

"그래, 태국산이야."

"난 국내산 먹고 싶어. 나 국내산 좋아하는 거 알면서 왜 태국산으로 사왔어?"

새우를 좋아하는 유정이가 까다롭게 원산지를 따지고 듭니다. 엄마에게는 고향의 식재료인 태국산 새우를 강하게 거부하면서 말입니다. 한국인 아빠와 태국인 엄마 사이에서 태어난 유정이는 요즘 자신이 누군지, 자신의 뿌리가 어디로 뻗어 있는지 그저 혼란스럽기만 합니다.

이윽고 엄마의 태국 친구와 언니들이 놀러 왔습니다. 엄마 친구인 야와랏 아줌마는 직접 만드신 태국식 닭 튀김 요리인 카이톳을 가져왔고, 엄마는 손님들을 위해 태국의 대표 국물 요리인 똠얌꿍을 끓였습니다. 먼저 야와랏 아줌마가 수저로 똠얌꿍 국물을 떠먹어 봅니다.

"어때?"

"음, 맛있다!"

맛이 괜찮은지 야와랏 아줌마가 흡족하게 미소를 짓습니다. 야와랏 아줌마도 유정이 엄마처럼 국제결혼으로 한국에 왔고 삼 남매를 키우고 있습니다. 엄마는 야와랏 아줌마의 딸에게 관심이 많습니다. 유정이와 비슷한 또래 여자아이이기 때문이지요. 엄마가 야와랏 아줌마 딸의 근황을 묻자 아줌마가 딸 사진을 보여 주었습니다.

"우와, 인형 같다."

엄마는 유정이가 버젓이 옆에 있는데도 아줌마 딸이 예쁘다고 입에 침이 마르도록 칭찬을 합니다. 그런 엄마를 아니꼽게 보며 유정이는 뚱한 표정을 감추지 않습니다.

"엄마, 나는 안 예뻐?"

"예뻐, 예뻐!"

유정이는 엄마에게 엎드려 절 받기 식으로 예쁘다는 말을 받아 내지만, 이미 유정이의 기분은 상할 대로 상해 버린 상태라 좀처럼 나아지질 않습니다.

잠시 후 상이 차려집니다. 똠얌꿍과 쏨땀, 카이톳을 비롯해 평소에는 보기 힘든 태국 음식들이 밥상 가득 차려졌습니다. 엄마와 엄마의 태국 친구들은 낯선 타국 생활에서 느끼는 외로움을 이렇게 태국 음식을 함께 먹으며 달랩니다.

"잘 먹겠습니다."

맛있게 밥을 먹는 엄마와 달리 유정이는 밥을 먹을 생각이 전혀 없어 보입니다. 아까 야와랏 아줌마의 딸 사진 때문에 화가 난 걸까요? 방 안에서 꼼짝 않고 드러누워 아예 나오지를 않습니다.

"유정아, 밥 먹자!"

엄마의 거듭된 권유에 유정이는 마지못한 표정으로 겨우 일어섭니다. 밥상 앞으로 어정어정 나온 유정이가 야와랏 아줌마가 해 온 닭고기 한 쪽을 받아 들자마자 또 예의 없이 툭 묻습니다.

"엄마, 이거 국내산이야? 엄마는 태국산 사 왔잖아."

"아니, 국내산이야."

엄마의 대답을 듣고도 유정이는 닭고기 원산지를 의심하며 또 생트집을 잡습니다.

"나 이거 안 먹을래."

"왜, 유정아. 이거 태국 거 아니야. 이모가 국내산으로 만들어 온 거야. 어서 먹어."

유정이의 말을 들은 야와랏 아줌마의 얼굴이 순간 굳어지고 분위기도 썰렁해지고 맙니다. 그런데 유정이는 싱크대로 가서 물로 입까지 헹구고 방으로 들어가 버립니다. 지금 손님 앞에서 무슨 실례를 했는지조차 모르는 기색입니다. 엄마는 유정이 대신 민망하고 미안한 마음을 표현하며 손님 앞에서 어쩔 줄을 모릅니다.

결국 식사 모임이 유쾌하지 않게 끝났습니다. 야와랏 아줌마가 현관을 나서면서 문까지 배웅하러 나온 유정이에게 한 가지 제안을 했습니다. 아줌마네 집에 놀러 와서 딸을 한번 만나 보라는 말이었습니다.

그날 오후, 엄마의 태국 친구들이 급히 떠난 뒤 엄마의 속내는 여러모로 착잡했습니다. 엄마는 유정이가 엄마의 고향이자 자신의 반쪽 고향인 태국 음식을 안 먹고 거부하는 것에 굉장히 속상했습니다. 하지만 속상한 마음을 애써 감추며 한 끼를 굶은 유정이를 위해 치킨 한 마리를 주문했습니다. 배달원이 갓 튀긴 치킨을 들고 오자 유정이가 아까와는 달리 호들갑을 떨었습니다.

"맛있겠다. 음. 냄새 진짜 좋아!"

카이톳이나 치킨이나 똑같은 닭 요리인데 유정이는 태국식만 덮어놓고 싫다고 합니다. 도대체 왜 그러는 걸까요? 저녁 내내 상 앞에 마주 앉은 엄마와 유정이 사이에는 무거운 침묵이 흘렀습니다. 잠시 뒤에 엄마가 먼저 입을 뗐습니다.

"유정아, 태국 반찬 싫어하지 마. 그러면 안 돼!"

"정말 싫단 말이야. 싫은데 어떻게 해?"

"엄마도 이모도 마음이 아파. 유정이가 똑똑하니까 가르치려는 거야. 열심히 태국 요리를 해 온 이모가 마음이 안 좋아. 태국 요리가 얼마나 맛있는데!"

"뭐가 맛있는데? 나는 맛없어!"

유정이는 태국 음식이 싫은 마음을 좀처럼 숨기지 않습니다.

사실 유정이는 그다지 까다로운 아이가 아닙니다. 초등학교 5학년으로 친구들 사이에서 인기도 많고, 거친 장난도 하하하 웃어넘기는 대범한 성격의 여자아이입니다. 같은 학교에 다니는 남동생 승정이는 올해 3학년입니다. 유정이는 수업이 일찍 끝난 날에는 동생 승정이와 꼭 같이 집에 돌아옵니다. 한눈에도 외모가 눈에 띄는 유정이와 승정이는 한국인 아빠와 태국인 엄마 사이에서 태어난 다문화 가정 자녀입니다.

한데 요즘 유정이가 좀 이상합니다. 머리를 빗고 또 빗고 거울 앞에서 떠날 줄을 모릅니다. 최근 들어 유정이가 외모에 대한 관심이 부쩍 늘어난 것을 보면 아무래도 사춘기가 시작되었나 봅니다. 엄마는 유정이의 변화에 아랑곳없이 어린 승정이의 머리를 꼼꼼히 매만져 주며 말합니다.

"애들아, 머리를 잘 빗어. 엄마가 외국 사람이니까 항상 조심해야 해. 잘못하면 사람들한테 엄마 욕먹어. 알았지? 빨리 가. 열심히 공부해라!"

"네!"

등굣길, 엄마는 아이들에게 거듭 당부를 합니다. 외국인 엄마를 두었다는 이유로 아이들에게 놀림을 당하는 건 아닌지 엄마는 늘 걱정입니다. 조금이나마 그 어려움을 덜어 주고 싶어서 엄마는 매일 아침 대문까지 나와 아이들을 배웅하고 또 응원합니다.

그날 아침 각 반마다 학급 회의가 있었습니다. 학급 부회장인 유정이는 능숙하게 마이크를 잡았습니다. 유정이의 진행에 따라 아이들은 저마다 의견을 내놓았습니다. 아이들의 의견을 조율하고 끌어내는 유정이의 활약이 두드러져 보였습니다. 유정이는 작년까지만 해도 가만히 앉아 있거나 책상에 엎드려 있을 때가 많았습니다. 하지만 올해는 그 누구보다도 열심히 수업에 참여하고 있습니다. 아마도 친구들과 잘 어울려 놀고 인정을 받게 된 덕분이 아닌가 싶습니다.

저녁에 집으로 돌아와서도 유정이는 인터넷 강의에 집중하며 공부합니다. 대부분의 친구들이 학원에 갈 시간, 유정이는 누가 시키지 않아도 혼자서 예습 복습을 하는 덕분인지 최근 성적이 많이 올랐습니다. 흔히들 다문화 가정 아이들은 학교생활에 적응하기 쉽지 않다고 하는데, 반대로 유정이는 올해 들어 학교생활에도 부쩍 재미를 붙이고 공부도 좋아졌습니다.

유정이, 승정이 남매가 학교에서 돌아오면 칠순이 넘은 할머니가 둘을 반갑게 맞이합니다. 할머니는 다리가 불편해서 주로 집 안에서 생활을 합니다. 아빠는 경비실에서 하루 이십사 시간 근무를 하고 다음 날은 쉬는 2교대 근무를 해서 마주치는 시간이 하루걸러 하루입니다. 또 엄마는 집 근처에 있는 한 고등학교 기숙사 관리 일을 하고 저녁에야 집으로 돌아옵니다. 할머니는 엄마가 남의 나라에 와서 열심히 일하는 것을 보면 참 착실하다고 늘 칭찬합니다.

태국 사람이지만 유정이 엄마의 한국 음식 요리 솜씨는 수준급입니다. 엄마는 집에 오자마자 고등어를 굽고 할머니 저녁상부터 서둘러 차려 냅니다. 낮에는 직장 다니랴, 밤에는 시어머니 모시고 두 아이 뒷바라지하랴 바쁜 엄마에게 할머니는 '효심 지극한 며느리이자 좋은 엄마'라는 칭찬을 아끼지 않습니다.

다음 날, 유정이는 학교 대신 지역 공부방을 찾았습니다. 집에서 공부하다가 막히는 부분이 있으면 물어볼 사람이 없어 답답했던 유정이입니다. 그런데 공부방 선생님 도움을 받으니 문제가 술술 풀리고, 덤으로 선생님께 칭찬까지 들으니 정말로 오길 잘했다는 생각이 듭니다.

같은 시각, 엄마는 야와랏 아줌마의 집을 찾았습니다. 아줌마가 만든 닭고기의 원산지를 따지며 먹지 않겠다고 한 유정이의 돌발 행동을 사과할 겸, 고민 상담까지 하려고 겸사겸사 들렀습니다.

"엄마의 역할이 가장 중요해. 엄마의 나라 '태국'이 어떤 곳인지, 뭐가 유명한지 조금씩 얘기해 줬어야 하는데 아침부터 저녁까지 한국에 대해서만 얘기를 하니 그렇지. 태국 음식도 먹어 봐야 한다고! 태국 음식이 얼마나 유명한지 아느냐고 물어봐. 하지만 천천히 해. 갑자기 하면 싫어하고 영향을 못 받을 테니까 조금씩, 조금씩 얘기해.”

엄마의 나라를 천천히, 조금씩 알게 해야 한다는 야와랏 아줌마의 조언에 엄마는 깊이 수긍하며 고개를 끄덕였습니다. 그리고 사진으로만 보았던 야와랏 아줌마의 딸 보현이와도 잠깐 만났습니다. 태국의 전통 악기를 척척 연주하는 보현이를 보며 엄마는 어디서부터 잘못됐는지 자신을 되돌아보게 됩니다.

다음 날, 유정이네 부엌에서 음식 냄새가 진동을 합니다. 작지만 맵기로 유명한 태국 고추도 등장했습니다. 뭘 만드시려는 걸까요? 엄마는 한국 사람들이 가장 즐겨 먹는 태국 음식인 쌀국수를 만들 생각입니다. 양념 냄새가 온 집 안에 퍼지자 유정이는 이불까지 뒤집어쓴 채 괜스레 울상을 짓습니다. 돼지고기 육수에 국수를 넣고 태국식 소스와 숙주나물을 얹어서 먹는 쌀국수 요리라면 유정이도 잘 먹을 거라고 엄마는 생각했습니다.

“유정아, 승정아! 국수 먹어.”

“싫어, 토할 것 같단 말이야.”

유정이는 반항하듯이 먹어 보지도 않고 도리질을 칩니다. 엄마는 그 말을 모른 척하고 승정이에게 쌀국수를 권합니다.

“이거 맛있어. 먹어 봐!”

맛있다는 엄마의 말을 듣더니 승정이는 쌀국수를 후루룩 잘도 먹습니다. 엄마는 태국 음식을 잘 먹어 주는 승정이가 너무 예쁘고 기특합니다. 하지만 유정이는 승정이가 쌀국수 한 그릇을 다 먹을 때까지 방 안에서 나오지

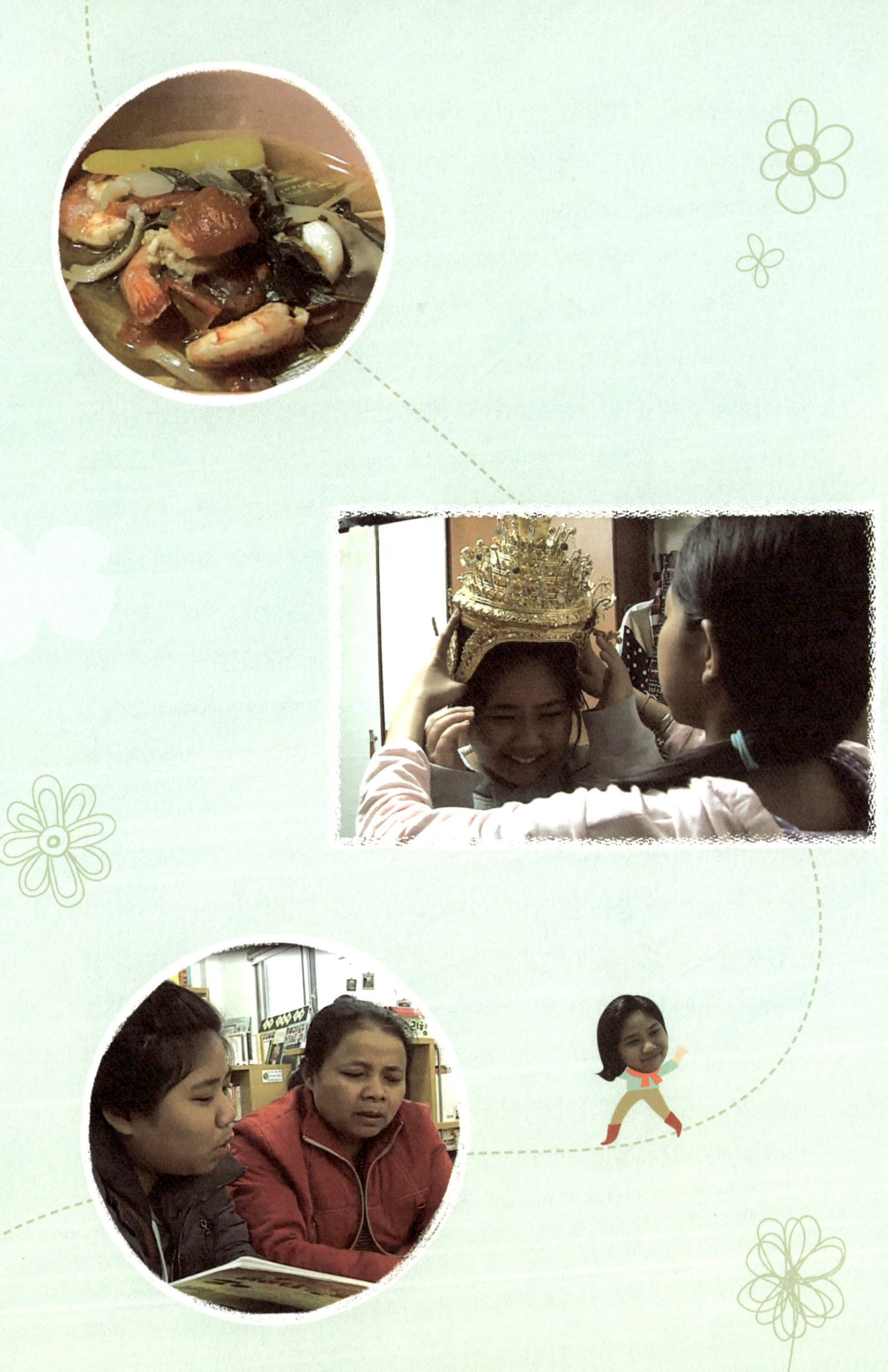

않습니다.

"아, 먹기 싫어. 안 먹을 거라고!"

"맛있어. 빨리 와."

엄마는 싫다는 유정이에게 인내심을 발휘하며 거듭 권유하지만 왠지 섭섭하고 화나는 기분을 감출 수가 없습니다.

"너 맛없다 그래도 우리나라에서는 맛있어!"

화가 난 엄마가 자리에 앉아 어설픈 한국말로 화를 냅니다. 하지만 유정이는 여전히 드러누운 채로 말을 잇습니다.

"나 태국 음식 죽어도 안 먹을 거야."

유정이가 또 한 번의 폭탄 발언으로 엄마 가슴을 후벼 파고 말았습니다. 속없이 내뱉은 유정이의 말은 급기야 엄마의 자존심까지 건드리고 말았어요. 엄마의 화를 돋울 대로 돋운 유정이는 엎드려 울고, 그날 엄마는 더 이상 아무 말도 하지 않았습니다.

어느 가을비가 추적추적 내리는 아침 수업 시간, 쌀국수 사건이 있은 뒤로 유정이 마음에도 비가 내립니다. 수업 시간, 우연히 책을 보다가 태국 사람의 특징을 적어 놓은 페이지에서 유정이가 눈을 떼지 못합니다. 엄마의 구릿빛 피부가 떠오르면서 유정이는 노는 것도, 공부하는 것도 다 심드렁합니다.

한편 엄마는 일터에서 분주하게 뛰어다닙니다. 고등학교 기숙사를 청소하고 관리하는 일을 하는 엄마. 얼마 전 쌀국수 사건 이후로 엄마도 늘 가시방석입니다. 엄마는 유정이가 엄마랑 똑같이 힘들게 살지 말고 더 잘 살길 바랍니다. 낯선 타국에 와서 고생해도 유정이 남매 낳아 기르고 공부시키고 뒷바라지해 주는 게 가장 큰 보람이라고 생각합니다. 하지만 요즘 유정이의 행동을 봐서는 제대로 키우고나 있는 건지 자신이 서질 않습니다. 엄마는 그날 서둘러 일을 마치고 유정이네 교실을 찾았습니다.

"선생님, 안녕하세요?"

"아. 어머니, 처음 뵈어요."

교실을 들어서며 음료수 박스를 건네는 엄마. 유정이 문제로 고민을 하던 끝에 어렵사리 용기를 내어 담임 선생님을 찾은 것입니다. 엄마는 손깍지까지 끼고 간절한 마음으로 물었습니다.

"유정이가 친구하고 안 싸우고 잘 지내나요?"

"유정이는 친구들하고 다투거나 하는 그런 아이가 아니에요. 사실 학기 초에는 반 친구들이 유정이와 잘 안 놀아 주기도 했어요. 그런데 지금은 유정이도 친구들과 잘 어울리고 놀아요."

선생님은 처음으로 학교를 찾아온 유정이 엄마의 고민에 귀를 기울입니다.

"…… 제가 유정이한테 너무 미안해요. 유정이가 엄마랑 똑같이 안 살겠다고 자꾸 이야기해요."

"엄마가 많이 고생하시잖아요. 유정이가 그렇게 이야기해요?"

"네. 엄마하고 똑같이 안 산다고 ……."

얼마 전까지 태국 음식에 대한 거부감을 심하게 드러낸 유정이를 보며 엄마는 그것이 엄마처럼 살지 않겠다는 유정이의 자기표현이 아니었을지 추측해 봅니다. 이제 막 사춘기가 시작된 딸을 어떻게 대하면 좋을까요? 엄마는 무거운 마음으로 집으로 걸음을 옮깁니다.

다음 날, 마음을 다잡은 엄마는 유정이와 승정이를 데리고 야와랏 아줌마 집을 찾았습니다. 언제 한번 꼭 데리고 오라고 했던 약속을 드디어 지키게 된 것입니다. 코끼리 조각상 등을 비롯해 집 안을 꽉 채운 태국 전통 소품들을 보니 야와랏 아줌마 집은 마치 태국 박물관 같았습니다.

그중에서도 무엇보다 유정이의 발길을 잡아끄는 것은 방에서 울려 퍼지는 청명한 악기 소리였습니다. 얼마 전 엄마가 입에 침이 마르도록 칭찬했던 야와랏 아줌마의 딸, 보현이 언니의 연주 소리였지요. 보현이 언니가 연주하는 악기는 우리네 거문고와 비슷하게 생긴 태국의 전통 악기 '김'이었습니다. 유정이는 한동안 넋을 놓고 악기와 소리를 감상했습니다.

그런데 잠시 뒤 유정이를 더욱 놀라게 하는 일이 벌어졌습니다. 유정이 엄마가 방에 들어왔다가 태국 말로 화장실이 몇 개냐고 물어보자 보현이 언니가 그 말을 알아듣고 태국 말로 자연스럽게 대답을 한 겁니다. 유정이 엄마는 아직 한국말이 서툴러 무심코 태국 말로 이야기하곤 하는데, 유정이는 그때마다 엄마에게 짜증을 냈습니다.

그런데 훌륭한 악기 연주로도 모자라 엄마랑 태국 말로 대화까지 하는 언니를 보니 유정이는 여러모로 기가 팍 죽었습니다. 게다가 다른 방을 구경하니 태국 전통 춤을 출 때 쓰는 왕관과 민속 의상이 다 모여 있었습니다. 언니는 유정이에게 인사법을 가르쳐 주었습니다.

"이건 인사하고 써야 돼. 왜냐면 태국 춤을 만든 사람에 대한 예의야. 만든 사람한테 고맙다는 뜻으로 인사하고 써야 하는 거야."

언니의 권유로 유정이는 화려한 태국 왕관도 써 봤습니다. 엄마의 나라 태국 문화에 익숙한 언니를 보니 유정이는 마치 머리를 한 대 얻어맞은 것처럼 뒤통수가 얼얼했습니다.

며칠 후 엄마가 일을 쉬는 일요일에 남매를 데리고 서울 동대문에 위치한 한 도서관을 찾았습니다. 이곳은 엄마의 나라 태국 동화책뿐 아니라 전 세계 13개국의 동화책 7천 권이 모여 있는 다문화 어린이 도서관이었습니다. 보현이 언니를 만나고 온 뒤 태국 말에 관심을 가지기 시작한 유정이를 위해 엄마가 직접 찾아보고 데려왔습니다. 유정이도 앞으로 보현이 언니처럼 엄마한테 태국 말을 배워 볼 계획입니다.

"이제 태국 싫어하지 마. 알았지? 먹는 거 잘 먹고 맛없다고 하지 마. 가슴 아파. 다음에 태국 놀러 갈 때도 안 먹으면 너 배고파. 알았지?"

"엄마는 한국어 배워야 돼."

"엄마가 많이 배울게. 하루 한 장 공부할게."

유정이와 엄마는 손가락을 걸고 굳게 약속했습니다.

그날 저녁, 엄마랑 유정이가 다정하게 싱크대 앞에 섰습니다. 유정이가 태국의 유명한 요리인 똠얌꿍 만드는 법을 직접 배워 보기로 한 것입니다.

"유정아, 어때? 향이 좋아?"

"응, 레몬 향 같아."

똠얌꿍은 달콤하고 새콤하고 매콤한 태국의 새우탕으로, 세계 3대 수프 중 하나로 꼽힐 만큼 유명한 음식입니다. 하지만 태국 음식이라면 냄새조차 싫어했던 유정이가 과연 똠얌꿍을 끝까지 만들 수 있을까요? 하지만 걱정과 달리 유정이는 여전히 얼굴을 찡그리면서도 똠얌꿍 만들기를 무사히 마쳤습니다. 그다음은 똠얌꿍을 제대로 맛볼 차례입니다.

"맛봐. 유정아, 맛봐."

유정이는 쓴 약을 먹듯 겁을 내면서 눈을 감고 겨우겨우 국물을 찍어 혀 끝에 살짝 대 보았습니다. 그러고는 이내 놀란 듯 갑자기 눈을 반짝 뜨고 소리쳤습니다.

"맛있다! 이거 맛있다! 괜찮네."

맛있다는 표현을 연거푸 내뱉고는 유정이는 국물을 자꾸 떠먹어 보았습니다. 엄마는 그간의 서운함이 한 번에 사라진 듯 기분 좋게 활짝 웃었습니

다. 그토록 먹기를 거부했던 똠얌꿍을 처음 맛본 날, 엄마 얼굴에 웃음이 스르르 퍼지고 유정이 마음속에는 두려움이 사라졌습니다.

다음 날, 각자 집에서 해 온 과제물을 발표하는 수업 시간에 유정이는 자신 있게 발표자로 나섰습니다. 우선 '똠얌꿍'이라고 칠판에 적은 유정이는 반 아이들에게 똠얌꿍 사진을 보여 주면서 또박또박 설명하기 시작했습니다.

유정이가 발표를 잘 끝내자 선생님이 설명을 덧붙였습니다.

"태국은 음식 재료가 굉장히 풍부하고 신선해. 해산물, 과일도 종류가 다양하고 맛있고, 쌀농사가 잘되어서 국수 종류도 많고 맛있단다."

유정이는 어느 때보다 뿌듯한 표정을 지었습니다. 어제까지만 해도 참기 힘들었던 똠얌꿍 냄새는 이제 무엇보다 향기롭고 그윽한 냄새가 되었지요. 유정이가 세상에서 가장 사랑하는 바로 엄마의 냄새이자 엄마의 맛이니까요.

엄마의 냄새, 엄마의 맛

이제 우리도 본격적인 다문화 사회로 진입하였습니다. 그간 '단일민족'이라는 자부심이 면면히 흘러온 우리네 집단 무의식 속에는 어쩌면 '다르다'는 말이 '틀리다'로 이해되어 왔는지도 모릅니다. 이러한 배경 속에 다수의 다문화 가정에서는 다른 문화의 수용보다 한국 문화로의 빠른 적응을 부추겼던 것도 사실입니다. 그 결과 자녀들은 한국 문화를 부모의 다른 문화보다 우월하게 생각하고 다른 문화를 거부하는 사례가 많았지요. 하지만 이럴 경우 건강한 자아 존중감을 형성하기 어려울 수 있습니다. 다른 외모, 다른 가족 구조를 떳떳하게 생각하지 못하게 될 테니까요.

이제 인식의 전환이 필요합니다. 국제화 시대를 살아가면서 다문화 가정의 아이들은 부모를 통해 두 가지 문화를 경험할 수 있는 특권을 가지고 태어났습니다. 두 개의 모국어를 사용하는 것은 두말할 나위가 없죠. 한국어와 태국어를 자유롭게 구사하고 태국의 문화와 악기를 즐기는 것은 얼마나 멋진 일입니까?

이처럼 현재의 상황은 해석 여부에 따라 달라질 수 있습니다. 자녀가 한국 사회에 잘 적응하며 자신감을 가지게 하기 위해선 먼저 부모가 자신의 문화에 대해 당당할 필요가 있습니다. 물론 한국 문화에 관심을 가지고 익히도록 노력해야 하지만, 그것이 자신의 문화를 배제하는 일이 되어선 안 됩니다. 어려서부터 자녀가 부모의 두 가지 언어에 노출되면 두 가지 언어를 모국어로 사용할 수 있습니다. 이것은 자녀에게 큰 능력이 될 수 있는 만큼 당당하게 사용해야 합니다. 다음으로 자녀에게 일어날 수 있는 또래의 놀림과 차별에 당당하게 대처하는 방법도 가르쳐야 합니다. 단지 다를 뿐이지, 틀린 것은 없다고.

마지막으로 가족 모두가 문화를 존중해 주는 태도가 필요합니다. 상대방의 국적에 대해 폄하하는 태도를 보여서는 안 됩니다. 가족 안에 두 가지 문화가 살아 있으려면 부모가 먼저 서로의 문화를 존중하는 태도를 가져야 합니다. 그리고 이것이 바탕이 될 때 자녀는 건강하게 두 가지 문화 모두를 수용할 수 있습니다. 거꾸로 자녀가 다문화 가정 자녀와 또래를 형성하게 될 때 편견을 가지지 말고 함께 어울리는 방법을 알려 주어야 합니다. 먼저 그 친구들이 가질 수 있는 어려움(예를 들어 언어 이해의 어려움 등)에 대해 알려 주고 친구의 문화에 관심을 가지도록 가르쳐야 합니다. 이로써 많은 문화적 차이를 이해할 수 있고 견문도 넓힐 수 있습니다. 그리고 상대를 존중하는 법도 배울 것입니다.

파라과이 소년의 한국 적응기

비행기로도 이십 시간을 넘게 날아가야 하는 지구 반대편의 먼 나라 파라과이. 옛날 그곳에 살던 하얀 얼굴의 아가씨가 동양에서 온 남자를 만나 사랑에 빠졌습니다. 두 사람 사이에는 어여쁜 공주 다희가 태어났고, 인형같이 귀여운 주희도 태어났습니다. 이들 가족은 파라과이에서 한국으로 이사를 왔습니다. 그리고 얼마 후 이들 가족을 뒤따라온 한 명의 소년이 있습니다. '다비드 네초이'라는 파라과이 이름으로 십이 년을 살아온 소년이 이제는 '최다빈'이라는 한국 이름으로 살아가려 합니다.

"빨리, 빨리!"

한국 엄마들의 아침은 이 한마디로 시작됩니다. 다빈이, 다희, 주희의 엄마도 마찬가지입니다. 딸아이 머리를 빗겨 등교 준비를 돕고, 남편과 아이들의 식사거리를 챙기며 출근 준비까지 돕습니다. 가족이 파라과이에서 살다가 한국으로 건너온 지 벌써 오 년째입니다. 한국에 온 첫해 다섯 살 꼬마 숙녀였던 다희도 어느덧 초등학교 3학년이 되었습니다. 아빠가 일찍 출근하고 다희가 학교로 쌩하고 나서면 이번에는 엄마가 겨우 출근 준비를 합니다.

한데 여기, 파라과이 소년 다빈이는 등교 준비를 할 생각이 없어 보입니다. 엄마는 옷장에서 옷들을 척척 꺼내 다빈이에게 건넵니다. 다빈이 몸에 턱없이 작아 보이는 옷들이니 다빈이가 입을 옷들은 아닌 듯합니다. 옷의 주인은 바로 여전히 꿈나라에 있는 네 살짜리 막냇동생 주희입니다. 엄마는 다빈이에게 동생을 챙겨 어린이집에 보내라는 당부를 몇 번씩 거듭하고는 먼저 출근을 합니다. 잠투정하는 어린 동생을 깨워 옷을 갈아입히고 어린이집으로 보내는 것은 이제 집에 남은 다빈이의 몫이 되었습니다.

“주희 뭐 해? 주희 잘 거야?”

다빈이는 여전히 한국말이 서툽니다. 한국 나이로 열세 살, 다빈이는 오 개월 전 파라과이에서 한국행 비행기를 탔습니다. 다빈이는 귀여운 동생 주희를 한국에 와서야 처음으로 만났습니다.

“뽀로로 안 봐? 응?”

다빈이는 몇 개월 만에 네 살짜리 동생 주희를 깨울 수 있는 비장의 카드를 터득했습니다. 바로 주희가 좋아하는 애니메이션 동영상입니다.

다빈이, 다희와 달리 주희는 한국에서 태어나고 자랐습니다. 엄마 아빠가 한국으로 건너온 뒤 주희가 태어났습니다. 주희가 이만큼 자라는 동안 다비드, 아니 다빈이는 사진으로만 얼굴을 보고 전화로만 목소리를 들었습니다. 그런데 지난봄 다빈이도 엄마가 사는 한국으로 오면서 비로소 막내를 처음으로 봤습니다. 막냇동생 주희를 챙기는 다빈이의 손길이 어린 소년답지 않게 꼼꼼하면서도 다정합니다. 동생이 투정을 부려도 짜증 한 번 내지 않는 대견한 오빠입니다. 사실 파라과이에 있는 동안 다빈이는 마음으로 수천 번도 더 연습을 해 왔습니다. 귀여운 동생들의 다정한 오빠가 되어 줄 자신의 모습을 말입니다.

어느새 훌쩍 아홉 시가 지나고 해는 중천에 떴습니다. 여느 또래 같으면 학교 교실에 있어야 할 시간입니다. 하지만 다빈이는 주희의 손을 잡고 같은 아파트 단지에 있는 어린이집으로 갑니다. 소년은 어린 동생을 어린이집까지 무사히 데려다 주었습니다. 이것으로 친절한 오빠 다비드, 아니 최다빈은 엄마가 맡긴 오전 임무를 무사히 마쳤습니다.

집으로 돌아온 다빈이는 겉옷을 주섬주섬 입더니 가방까지 챙겨 외출 준비를 마칩니다. 다빈이가 살던 파라과이는 겨울이 없는 나라이기 때문에 소년은 나갈 때마다 버릇처럼 외투를 단단히 챙겨 입습니다. 다빈이가 학교에 가지 않는 대신 매일 찾는 곳은 바로 지역아동센터입니다. 이 공간에서 다빈이가 꼭 익혀야 할 것이 있습니다. 바로 한글입니다.

"아, 아버지."

"이건 누구?"

"언니."

"아니, 누나!"

선생님의 물음에 다빈이가 더듬더듬 말합니다. 파라과이에서 초등학교 5학년까지 다니다 온 다빈이지만 한글을 알 리 없습니다. 파라과이에서는 과라니어나 스페인어를 사용하기 때문입니다. 받아쓰기 시험에서 쓰는 건 겨우 'ㄱ, ㄴ, ㄷ'. 알파벳에 익숙한 다빈이에게는 이 독특한 글자가 마냥 낯설기만 할 겁니다. 이 글자를 다 익혀야만 내년에는 학교에 갈 수 있을 텐데, 갈 길이 구만리입니다.

그날 밤 다빈이, 다희, 주희 삼 남매가 모두 한자리에 모여 앉았습니다.

아빠가 퇴근길에 햄버거를 사 왔기 때문입니다. 한국에서 자랐거나, 파라과이에서 자랐거나, 아이들 입맛은 대체로 비슷합니다. 햄버거를 정신없이 먹느라 아이들은 말수까지 줄었습니다. 그런데 딱 한 가지 잊은 게 있었습니다.

"야, 이놈들아! 누가 먼저 먹으래?"

"엄마가 먹으랬어!"

"엄마가 먹으라고 했어도 아빠한테 인사도 한마디 없이 먹고, 아주 나쁜 놈들이야."

"여보, 애들 배고팠잖아. 언제까지 기다려!"

"아, 오 분을 못 기다려?"

순간 집 안 분위기가 살벌해집니다. 파라과이에서 시집온 엄마는 배고플 터이니 먼저 먹으라고 했습니다. 하지만 한국인 아빠의 생각은 다릅니다. 이런 일은 종종 생깁니다. 파라과이에 있을 때는 아무렇지도 않던 일들이 한국에서는 버릇없는 일이 되기도 합니다. 문화적 차이 때문에 오늘처럼 꾸중을 들어야 할 때가 있습니다. 파라과이와 한국의 작고도 큰 차이, 다빈이에게는 아직도 낯선 것이 많습니다. 한국에 온 지 겨우 반 년, 다빈이에게는 이곳이 아직 어렵습니다. 엄마가 있고, 귀여운 동생들이 있고, 그리고

양치질 꼭 해야 해.
다음에 혼자 해 봐, 알았지?
근데, 어? 삼키면 안 돼!

새아빠가 계신 곳. 하지만 다빈이에게 한국은 여전히 멀고도 먼 이국땅입니다.

엄마는 지금으로부터 십 년 전 지금의 아빠를 만나 결혼했습니다. 그때 다빈이는 세 살이었습니다. 오 년 전 어느 날, 엄마 아빠가 급하게 한국에 들어오면서 다빈이를 파라과이 외가에 잠시 맡겼습니다. 금세 다시 볼 줄 알았는데, 어쩌다 보니 근 오 년 만에야 집으로 데려왔습니다.

"항상 가족사진 보면, 다빈이도 사진 안에 있으면 좋을 텐데, 그래."

엄마가 아빠랑 밥을 먹으면서 조심스레 말을 꺼냅니다.

"다빈이가 측은하기도 하고 그래. 혼낼 때도 미안하고. 그런데 한국에서 열두 살, 열세 살 나이면 벌써 어른이거든. 근데 어떨 때 보면 다빈이가 다섯 살이야. 그럴 때마다 뭐라고 해야 할까, 하지 말아야 될까 고민이 돼……. 가끔은 주희랑 똑같이 놀려고 그래."

"그래도 사람을 안아 줘야지. 안아 주고 예뻐해야지."

아빠 말에 엄마가 곧장 말을 잇습니다. 엄마는 다빈이를 오 년 동안이나 부모 없이 자라게 한 것이 미안합니다. 그래서 엄마는 아들을 감싸고, 아빠는 마음 약한 아들이 한국에 적응하지 못할까 전전긍긍입니다.

주말이 돌아왔습니다. 아빠는 일찍부터 다희만 데리고 열차를 탑니다. 매주 토요일은 아빠와 다희의 서울 나들이가 있는 날입니다. 다희는 다빈이보다 세 살 아래인 여동생입니다. 파라과이에서 태어났지만 한국에 온 것은 벌써 오 년째입니다. 읽고 쓰고 말하는 모든 것을 한국에서 배웠고, 당연히 한국 학교에 입학해 지금은 3학년이 되었습니다. 다희는 다빈이 오빠도 주희도 없이 아빠의 관심을 혼자서만 독차지하는 이 시간, 토요일의 외출 시간이 정말로 좋습니다. 다희는 합창 연습 때문에 매주 아빠와 함께 서울 나들이를 합니다.

다희는 레인보우 합창단의 단원입니다. 천안에서 굳이 서울에 있는 이 합창단까지 찾아오는 데는 이유가 있습니다. 그건 바로 레인보우 합창단이 다문화 가정의 아이들로 구성된 합창단이기 때문입니다. 엄마 혹은 아빠가 다른 나라에서 왔다는 오직 그 이유만으로 때때로 놀림을 받는 아이들입니다. 하지만 아이들은 이곳에서 서로 다른 목소리가 여럿 어울려야 아름다운 화음이 된다는 것을 배웁니다.

"다희야, 너 머리 누가 해 줬니? 너무 예쁘다!"

엄마가 만져 준 머리 덕분에 다희는 그날 관심을 좀 받았습니다. 예전에는 사람들의 시선이 무조건 싫고 부담스러웠던 다희입니다. 하지만 이제는 괜찮습니다. 다르다는 것은 아름답다거나 혹은 빼어나다는 말의 전제 조건이 되기도 하니까요.

한편 동생 다희가 서울에서 즐겁게 친구들과 어울리는 동안, 다빈이는 쓸쓸하게도 혼자서 집을 지킵니다. 말이 필요 없는 컴퓨터 게임 말고는 아직 같이 놀 만한 친구가 없습니다. 다빈이는 혼자 외출을 해도 갈 곳이 별로 없습니다. 그래서 다빈이는 고민하다가 엄마가 일하는 곳으로 찾아갔습니다.

한국 생활에 능숙해진 엄마는 직장에 다니고 있습니다. 한국은 파라과이보다 몇 배나 부자인 나라지만 노력 없이 돈을 벌 수 있는 곳은 아닙니다. 공부시킬 아이가 셋이나 되다 보니 엄마는 부지런히 일하는 수밖에 없습니다.

"2천 원! 아니, 3천 원!"

"뭐 사 먹으려고?"

"우유!"

“몸에 나쁜 과자 같은 거 먹지 말고 좋은 거 사 먹어. 초콜릿 우유 같은 거.”

엄마가 다빈이에게 당부합니다. 그간 오 년이나 떼어 놨던 아들입니다. 이제는 얼굴을 보고, 만질 수 있다는 것만으로도 가슴이 벅찹니다. 다빈이 입장에서도 오 년 동안 늘 그립고 고프기만 했던 엄마의 손길입니다. 엄마를 매일, 가까이서 볼 수 있다는 것만으로도 한국은 다빈이에게 행복을 주는 나라입니다.

다빈이가 3천 원을 들고 찾아간 곳은 다름 아닌 재래시장입니다. 다빈이가 좋아하는 나들이 장소입니다. 파라과이에는 바다가 없습니다. 그 때문에 바닷물고기들을 볼 일도 없었습니다. 그래서일까요? 평범한 해산물들이 파라과이에서 온 소년의 눈에는 진귀하게 보이는 모양입니다. 미꾸라지처럼 파라과이에서 익히 봐 왔던 물고기도 있습니다. 반가운 마음에 손으로 한 번 잡아 봤는데, 아무래도 사고를 친 모양입니다.

“야, 그렇게 만지면 못써! 그러는 거 아녀!”

좌판 할머니가 소리를 지릅니다. 다빈이가 완전히 알아듣지는 못합니다. 하지만 야단을 치시는 것만큼은 분명할 겁니다. 이럴 때는 얼른 자리를 피

해야 합니다.

시장 구경을 웬만큼 했으니 이제는 허기진 배를 채울 때입니다. 다빈이는 보기만 해도 매울 것 같은 떡볶이를 시켰습니다. 하지만 고추의 원산지에서 온 소년 아니겠습니까? 떡볶이의 매운맛에는 적응을 끝낸 지 오랩니다. 겨울날의 짧은 오후, 학교도 학원도 다니지 않는 다빈이에게 이 짧은 오후는 평소에 길고도 지루한 시간입니다. 이제 집으로 돌아가나 싶더니, 이번에는 새장 속의 어여쁜 새들이 다빈이의 발걸음을 잡습니다.

"이 새 이름이 뭐예요?"

"사랑새. 사랑앵무!"

다빈이는 예쁜 앵무새를 사고 싶었지만 주머니가 가벼워 그냥 눈에만 담았습니다. 그길로 집에 오니 새처럼 귀여운 막내 주희가 오빠를 기다리고 있습니다. 그날 오후 막내 주희의 사랑을 놓고 다빈이와 다희가 티격태격 경쟁이 붙었습니다. 불꽃 튀는 언니와 오빠의 주희 바라기 틈에서 주희의 선택은 다빈이 오빠입니다. 그간 살뜰히 보살펴 온 보람이 있나 봅니다.

세 살 터울에 작은 것 하나도 경쟁하기 좋아하는 남매입니다. 주희의 선택으로 다빈이가 이기는가 싶더니, 다희는 다시 한 번 역전을 노립니다.

"주희야, 언니가 이 과자 줄게. 오빠랑 절대 놀면 안 돼! 알았지?"

"언니, 정말 과자 줄 거야?"

결국 다희의 과자 하나로 주희의 사랑은 다시 홀라당 넘어가고 말았습니다. 이번 경쟁은 다빈이의 패배로 끝이 났습니다. 다빈이가 집에 온 후로 다빈이 다희 남매는 계속 냉전 상태입니다. 오 년 동안 장녀처럼 살아온 다희는 갑자기 나타난 오빠에게 엄마 아빠의 사랑을 빼앗기는 것 같아 억울할 때가 한두 번이 아닙니다.

한데 다음 날 다희네 학교에 다빈이가 나타났습니다. 이 학교에는 초등학교 축구부가 있습니다. 다빈이는 이 축구부의 임시 부원입니다. 열세 살 다빈이에게 가족의 사랑만큼이나 필요한 것이 있다면, 그건 또래 친구와의 우정일 겁니다. 타국에서 온 외로운 아이, 하지만 축구부 아이들은 아무 거리낌 없이 다빈이를 친구로 받아 주었습니다. 이 친구들이 있어서 다빈이는 이방인이 아닌 한국인으로 좀 더 빨리 동화될 수 있습니다.

아빠는 주희와 함께 드라이브에 나섰습니다. 학교에서 조금 떨어진 곳에 있는 인조 잔디구장, 다빈이가 축구부 아이들과 연습을 하는 곳입니다. 아빠와 주희의 목적지는 바로 이곳이었습니다. 파라과이에서 엄마를 기다리는 긴 시간 동안, 다빈이는 종종 공을 차곤 했었습니다. 남미 대륙의 많은 아이들이 그런 것처럼 다빈이에게도 축구는 가장 쉽게 할 수 있는 운동이자 놀이였습니다. 엄마와 가족을 만나기 위해 고향도 친구도 모두 파라과이에 두고 온 다빈이입니다. 하지만 그곳에서도 이곳에서도 변함없이 지켜 갈 수 있는 것이 하나 있습니다. 바로 축구 선수가 되겠다는 꿈입니다.

"잘한다, 잘한다. 슛, 슛, 슛!"

초등학생 아이들의 연습일 뿐인 게임입니다. 하지만 아빠만은 여느 국제

경기 못지않은 열정으로 경기를 관람합니다. 언어도, 문화도 너무 다르지만 지구 반대편의 나라나 여기나 똑같은 규칙이 적용되는 것, 그것이 바로 축구입니다. 또 말투가 다르고 생김새가 달라도 차별의 시선을 던지지 않는 공간, 그곳이 바로 축구장입니다. 다빈이를 한국에 데려온 뒤 누구보다 고민이 많았던 사람이 아빠입니다. 학교는 잘 다닐 수 있을지, 친구는 사귈 수 있을지 모든 것이 걱정스러웠습니다. 하지만 아빠는 요즘 축구장에서 다빈이의 미래와 희망을 봅니다.

"다빈! 잘했는데, 왜 패스를 안 해? 혼자만 공을 가지고 있으려고 해?"

"그냥 드리블해. 내가 하려고."

꿈이 있어 함께 뛰는 초등 축구팀 선수들입니다. 다빈이가 진실한 꿈을 꾸는 한 다빈이의 곁에는 언제나 함께 뛰어가는 친구가 있을 겁니다. 또 손을 잡고 긴 길을 함께 걸어갈 가족이 있습니다. 생김새도, 피부색도 다르지만 틀림없는 아빠와 아들입니다.

다음 날, 아빠의 준비하에 다빈이네 가족은 함께 여행을 떠났습니다. 남아메리카의 내륙 국가인 파라과이에서 나고 자란 탓에 다빈이는 한국에 오기 전까지는 한 번도 바다에 가 본 일이 없었습니다. 그래서 인천의 강화도로 단숨에 달렸습니다. 다빈이는 짭조름한 바다 냄새도 처음 맡고, 새우깡을 냉큼 집어 가는 갈매기도 처음 보았습니다. 푸른 바닷물도, 눈부신 풍경도 마냥 신기하기만 한 다빈이입니다.

"와! 갈매기가 정말 물 것 같아요."

여기에 동생이 없다면, 엄마 아빠가 없다면, 가족 중 누군가가 사라졌다면, 다빈이가 이 행복을 오롯이 느낄 수 있을까요? 함께 있어 행복이 더 커지는 사람들, 그들이 가족입니다. 지금까지 오 년 동안 가족은 다빈이가 좋아하는 것, 다빈이가 잘하는 것, 다빈이가 원하는 것, 그 이야기를 전혀 듣지 못하고 살아왔습니다. 파라과이에서 온 아들을 한국 소년으로 키운다는 것, 그것은 아주 어려운 일일지도 모릅니다. 하지만 자식을 키우는 부모 중에 그 짐이 가벼운 이 누가 있겠습니까? 때로는 등이 휘는 자식이라는 무게, 그것이 무게 이상의 몇 갑절 행복이 된다는 걸, 많은 부모는 이미 알고 있습니다.

지구의 정반대 편에 살던 다빈이네 가족이 이제 한자리에 모였습니다. 긴 시간과 먼 공간을 건너 다시 만난 이들입니다. 이들이 한곳에서 함께 살아가고자 하는 이유는 오직 한 가지, 바로 가족이기 때문입니다.

며칠 후 엄마 아빠의 웨딩 촬영 겸 가족사진을 찍기 위해 온 가족이 한자리에 모였습니다. 십 년 전 엄마 아빠는 파라과이의 한 교회에서 조촐하게 결혼식을 올렸습니다. 하지만 그때는 경황이 없어 멋진 웨딩 촬영을 하지 못했습니다. 그런데 이번에는 결혼 십 주년이자 아들 다빈이가 한국으로 온 해를 기념해 사진으로 또 한 장의 추억을 남기기로 했습니다.

지난 오 년 동안 만들어 온 가족의 추억, 그 속에는 언제나 다빈이가 없었습니다. 하지만 미래는 다를 겁니다. 다빈이, 다희, 주희와 엄마 아빠가 만들어 갈 추억에는 언제나 다빈이도 함께 있을 겁니다. 물론 거실에 새로 걸릴 가족사진에도 다빈이는 함께 서 있을 겁니다. 어려운 과정 끝에 특별한 인연을 만들어 가게 된 다섯 사람, 이 따뜻한 가족 안에서 한국 소년 최다빈은 크고 아름다운 꿈을 함께 키워 갈 것입니다.

가족은 가장 안전한 타인

오 년간 엄마와 떨어져 파라과이에서 지내다 한국에 온 다빈이에게 한국은 아직 낯설고 어려운 나라일 것입니다. 또 경험해야 할 많은 일들이 있겠지요. 다빈이처럼 오랫동안 외국에서 자라다 한국 문화에 적응해야 하는 경우 부모님의 특별한 도움이 필요합니다. 가장 중요한 것은 학교 적응과 또래 관계 형성입니다. 한국의 치열한 교육 열의는 문화 적응에 있어 가장 어려운 점이 될 수 있습니다. 이때 부모님의 조바심으로 오랜 시간을 학업에 전념하도록 하는 것은 아이의 적응을 오히려 해칠 수 있습니다. 학습 성과가 늦게 나타날 수 있다는 마음으로 기다려 주는 인내가 필요합니다. 오히려 학업의 적응보다 친구 관계 형성에 더 초점을 맞추어 아이의 적응을 도와주어야 합니다.

또한 한국 문화에 대해 설명할 수 있는 기회를 많이 갖는 것이 중요합니다. 가족은 가장 안전한 타인이지요. 아이들이 새로운 환경에 적응할 때 든든한 가족이 옆에 있으면 더 당당한 태도를 보이게 됩니다. 따라서 아이의 적응을 위해 부모님이 자주 함께 있어 주는 것이 필요합니다. 마지막으로 혹시 모를 차별에 대처하는 방법도 가르쳐 주어야 합니다. '나는 꿈이 있습니다I have a dream'라는 연설로 유명한 마틴 루터 킹Martin Luther King의 아버지는 그 사회에 만연했던 흑인의 차별과 편견에 대해 자녀에게 늘 이렇게 말했다고 합니다. "너희들은 어쩔 수 없는 차별과 편견을 경험할 수 있단다. 하지만 그것은 너희들의 잘못이 아니야. 차별과 편견을 행하는 사람들의 잘못인 거야. 그러니 당당해라"라고 말이죠. 현실을 부정하지 않지만, 그 안에서 당당할 수 있는 자녀를 양육하는 것이 필요합니다.

다빈이 가족은 부모와 다희, 주희로 구성되었던 가족 구조에 나중에 다빈이가 합류한 경우입니다. 이 경우 외동으로 있다가 동생이 생겨 힘들어하는 첫째 아이처럼 여동생 다희가 느끼게 되는 상대적인 박탈감도 이해할 필요가 있습니다. 따라서 부모님께서 다빈이, 다희, 그리고 주희만을 위한 특별한 시간을 갖는 것이 필요합니다. 예를 들면 특별한 시간을 정해서 다희와의 데이트를 즐기는 거죠. 자녀들은 모두 특별한 사랑을 받기 원합니다. 나누어 가지게 되면서 관계에 경쟁이 작용하게 되죠. 가끔은 온전히 그 자녀만을 바라보는 시간이 필요합니다. 그렇게 되면 다희의 불만도 해소될 수 있습니다. 그리고 형제가 함께 해결해야 할 미션을 줌으로써 자녀의 우애도 돈독히 할 수 있습니다.

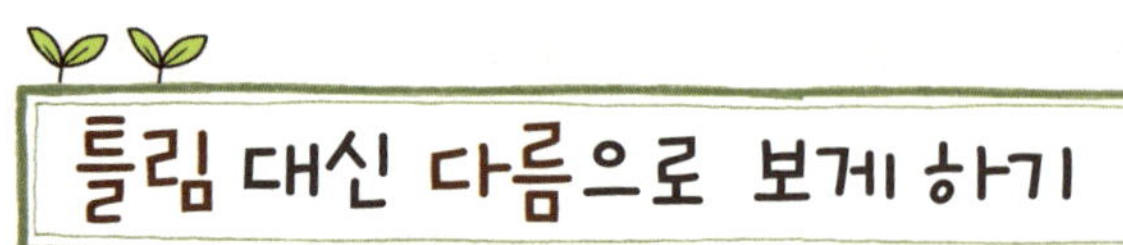

틀림 대신 다름으로 보게 하기

🌼 다문화와의 동행이란 무엇인가

한번은 그리스인 엄마와 한국 아빠 사이에서 태어난 5학년 남자아이를 상담한 적이 있습니다. 어머니의 걱정은 아이가 밖에 나가 놀지 않고, 가게에 가서 두부 좀 사 오라는 작은 심부름조차도 안 하려 한다는 것입니다. 아이와 이야기해 보니 나가 놀다 아이들과 다투기라도 하면 "너희 나라로 가 버려!"라는 말 때문에 나가 놀지 않는다고 합니다. 부모의 심부름을 하지 않는 것도 어른들이 "너는 어느 나라에서 왔니?"라고 물으면 기분이 나빠지기 때문이라며 볼멘소리로 말합니다. 아이와의 상담에서, 다름을 틀림으로 대하는 사람들 때문에 속상한 아이의 마음을 들어 주고, 아이에게 "내가 너희와 다르게 생겼지! 우리 엄마는 그리스인이고 우리 아빠가 한국인이라서 얼굴이 너랑 달라. 그렇지만 나는 한국에서 태어난 한국인이야!"라고 당당하게 말하자고 했습니다. 그 후 아이는 학교생활에 활기를 찾고 잘 적응하고 있습니다. 틀림이 아니라 다름이라는 것을 스스로 받아들이고 당당하게 표현하여 다른 사람의 인식까지 바꿀 수 있는 능력이 생겼기 때문입니다.

다문화 시대란 다른 문화가 모인 사회가 아니라 새롭게 변화해 가는 새로운 문화가 탄생하는 시대입니다. 아직까지 우리의 대뇌는 익숙한 것은 옳고 낯선 것은 그르다거나 이상하다고 생각하는 인식 시스템이 작동합니다. 이

시스템을 변화시키기 위해서는 노력이 필요합니다. 그러기 위해서는 '틀린 것이 아니라 다를 뿐이야'처럼 다른 점을 정확한 언어로 표현하여 사고의 오류를 바로잡아 주는 것부터 시작해야 합니다.

🌼 아름다운 동행은 어떻게 시작되는가

다른 사람의 마음을 이해하고 나누려면 우선 이해와 공감의 능력이 필요합니다. 공감 능력은 나와 다른 사람을 이해하고 소통할 수 있는 중요한 능력으로 사람마다 개인차가 큽니다. 어린 아기를 대상으로 한 유명한 실험이 있습니다. 돌 무렵의 아기 두 명과 엄마 두 명이 앉아 있다가 한 엄마가 문을 열고 나가면 엄마가 자리를 뜬 아기는 웁니다. 그때 다른 아기의 반응을 보면 자신의 엄마에게 매달리는 아기, 자신이 가지고 놀던 장난감을 우는 아기에게 주어 달래려는 아기, 우는 아기를 자신의 어머니에게 끌고 오는 아기가 있습니다. 아기이면서도 다른 우는 아기를 보면 불안을 느껴 우는 아기를 달래려는 행동을 보입니다. 만약 여기서 전혀 신경을 쓰지 않는 아기라면 자폐적인 성향이 있는, 어려움이 매우 큰 아기입니다.

　이처럼 대부분 사람들은 다른 사람을 이해하고 도와주려는 마음을 태어날 때부터 가지고 있습니다. 이 마음이 부모나 사회를 경험하면서 더 따뜻한 마음이 되기도 하고 오히려 차가운 마음이 되기도 합니다. 따라서 아이들이 이해와 공감이라는 본성을 잘 발달시킬 수 있도록 부모가 공감 표현을 많이 해 주고 관심과 칭찬을 아끼지 말아야 합니다.

🌼 공감하는 아이로 키우려면

힘들고 어려운 일이 있을수록 혼자가 아니라 함께한다는 느낌이 들면 일을 하는 데 훨씬 수월해집니다. 실제 일을 나누기보다 함께한다는 '정서적 유대감'이 원동력이기 때문입니다. 아이들의 공감 능력의 발달은 부모가 공감해 주고 표현해 주는 상호작용에서 일어납니다. 아기일 때는 온몸으로 감정을 느낄 수 있게 표현해 주어야 합니다. 부모가 긍정적 감정이나 부정적 감정을 표현할 때는 얼굴에도 같은 표정을 지어야 합니다. 정신분열증 환자의 가족을 연구한 결과, 정신분열증 환자의 가족은 사용하는 언어와 마음이 서로 다른 것을 알게 되면서, 이런 문제에 초점을 두고 가족의 의사소통을 연구하고 치료하는 가족 치료의 한 분야가 생겼습니다. 이렇게 마음과 표현이 일치하는 것이 중요한 것처럼 부모의 언어 메시지와 신체 메시지가 일치해야 합니다. 어릴수록 감각 자극을 통해 경험하고 이해하게 되므로 부모의 표정과 태도도 아주 중요합니다.

부모가 공감 반응을 많이 해 준 아이는 여러 면에서 능력을 갖춘다는 사실이 이미 많은 논문에서 입증되었습니다. 부모의 부정적 감정도 감출 것이 아니라, 그렇게 느끼는 이유를 정확하게 이해할 수 있도록 설명하고 전달해야 합니다. 아울러 부정적인 감정보다 따뜻한 감정을 언어로 많이 표현해 주면 따뜻한 공감 반응을 많이 하는 아이로 성장하여 사회성이 좋아집니다.

이웃에 푸른 눈의 다문화 가정 아이가 있다면 "네 눈빛이 예쁘구나"처럼 있는 그대로의 눈빛을 칭찬해 주어 틀림이 아니라 다름이라는 표현을 정확히 하여야 합니다. 또한 긍정적인 관심의 표현을 많이 한다면 공감 표현 능력이 발달되고 정서적 유대도 강해질 것입니다.

부모 자신이 먼저 돌아봅시다. 공감을 잘하는 사람인가 아닌가를. 또한 공감은 잘하는데 표현력이 부족하여 상대방이 그렇게 인식하지 못한다면 연습해야 합니다. 또 마음을 읽는 능력이 부족하다고 생각된다면 아이들과 소통하는 대화법도 살펴봐야 합니다. 하교 후에 가방을 던지듯 내려놓는 아이가 있다고 합시다. "네가 가방을 던지는 모습을 보니 속상한 일이 있어 보인다"라고 말문을 열어 보세요. '네 행동에서 나는 ~~을 느낀다'는 표현은 상대방을 비난하지 않고 공감하는 표현입니다. 누구라도 내 마음을 알아준다고 느끼면 '정서적 유대감'이 생겨 소통이 쉬워지고, 이런 부모의 태도를 아이가 자연스럽게 따라 하게 됩니다. 그러나 가끔 공감이 안 될 때에는 질문을 하여 내가 너를 이해할 수 있도록 도와 달라고 해야 합니다. 공감하기 위해서는 정확한 표현과 소통이 필요하며, 그래야 우리는 '틀림'이 아니라 '다름'이라는 문화를 만들어 갈 수 있습니다.

부모도 공감 표현 능력을 키워야 합니다. 첫째, 아이가 보여 주는 행동을 말로 설명합니다. "네가 자동차를 가지고 놀고 있구나"처럼 있는 그대로 행동을 읽어 주는 것입니다. 둘째, "네가 자동차를 밀며 땀을 흘리는 것을 보니 즐거워 보인다"처럼 여기에 내가 느끼는 감정을 이야기합니다. 셋째, "네가 즐겁게 놀고 있어 나도 기분 좋구나"와 같이 자신이 느끼는 감정을 표현합니다. 그 과정을 통해 아이의 감정도 공감하고 부모의 감정도 아이가 전달받을 수 있도록 노력하면 자녀와의 소통이 수월해집니다.

그러나 부모는 자녀가 될 수 없으며, 자녀에게 좀 더 다가갈 뿐이라는 사실을 잊지 맙시다. 아이처럼 생각하고 이해하고 느껴 보려는 노력을 통해 이해력과 공감력을 키워 나가다 보면 '자녀와 공감하는 부모'가 될 것입니다.

'희망'을 품은 사람은 잘 웃고 매사 긍정적인 태도를 보입니다.
실패를 두려워하기보다는 새로운 일에 적극적으로 도전하면서
확고한 자존감으로 삶의 가치를 높이는 데 주저함이 없습니다.
희망은 누구나 가질 수 있지만 또 누구나 포기할 수 있습니다.
내 아이가 희망보다 포기를 배우지 않도록
긍정이 지닌 큰 힘을 가르쳐 주세요.

CHAPTER 06

희망

현실에서 대단함을 찾아내는 능력

발 레 로 세 상 에 맞 서 다

검은 백조의 비상

"쿵, 짝짝! 5번! 클리사 아상블레! 클리사 아상블레!"

선생님의 힘찬 구령 소리에 맞추어 소년이 핑그르르 춤을 춥니다. 낙타처럼 큰 눈에 부드러운 초콜릿색 피부, 깡마른 체구의 이국적인 소년입니다. 핑크 발레복을 입은 소녀들 사이에 한 명뿐인 남자아이라 유난히 눈에 띕니다. 소년의 이름은 아담, 발레리노가 꿈인 열세 살 남자아이입니다.

"하나! 아담, 빨리 돈다! 하나에 기다려!"

"하나! 둘!"

아담은 하루도 빼먹지 않고 검은 타이츠를 입습니다. 발레를 시작한 지도 벌써 일 년 반이나 되었습니다. 다른 어린이 발레리노들보다 늦게 시작한 편이라 더 성실하게 연습해야 합니다. 앞으로 넉 달, 서울의 예술중학교에 진학해 발레를 더 배우겠다는 아담의 1차 목표가 이제 코앞으로 다가온 탓입니다.

아담이 처음부터 발레를 좋아한 것은 아닙니다. 소녀처럼 가녀린 아담의 체형을 장점으로 끌어올리자며 아담에게 발레를 권한 사람은 다름 아닌 엄마입니다. 하지만 막상 아담은 남자답지 못한 무용이라는 생각에 할까 말까 주저하고 부끄러워했습니다. 이런 고민 끝에 억지로 배우기 시작한 발레입니다. 그런데 놀랍게도 아담은 발레를 배우면 배울수록 그 매력에 푹 빠졌고 재미와 기쁨을 느꼈습니다.

사실 아담은 태어날 때부터 조금은 특별한 아이입니다. 아담이 친구들보다 피부색이 진한 이유는 한국인 어머니와 파키스탄인 아버지 사이에서 태어났기 때문입니다. 덕분에 아담은 발레 하기에 딱 맞는 서구적인 몸을 가졌습니다. 하지만 아담의 특별함이 매 순간 장점인 것은 아닙니다. 피부색이 다르다고 친구들의 놀림감이 되는가 하면, 무심코 길을 걷다가도 쏟아지는 눈길들 때문에 불편하고 주눅 드는 경우가 많습니다.

지금도 아담은 색안경을 쓰고 자신을 대하는 사람들과 몸으로, 말로, 마음으로 자주 싸워야 합니다. 그때마다 발레는 아담에게 큰 위로가 됩니다. 때로는 몰입하고 집중하는 일이 상처에 명약이 되곤 합니다.

최근 들어 아담은 하루도 빠짐없이 세계적인 발레리노가 등장하는 영화와 동영상을 보며 시간을 보냅니다. 그들의 춤과 연기를 보면서 동작을 따라 해 보는 것은 아담에게 가장 중요한 일과 가운데 하나입니다. 화면 속 발레리노가 우아하고 거침없는 몸짓으로 새처럼 날아오릅니다. 아담은 그 도약과 비상을 흉내 내면서 빨리 발레 실력이 늘었으면 하고 바랄 뿐입니다.

어느 저녁, 아담이 연습을 마치고 돌아왔습니다. 엄마는 아담이 좋아하는 크림수프를 미리 끓여 놓았습니다.

"아담, 휘건아. 얼른 밥 먹자!"

병원에서 간호사 일을 하는 엄마는 늘 바쁩니다. 휴일도 일정하지 않고 때론 야간 근무도 나가야 합니다. 그래서 아담네 가족은 오랜만에 밥상에 둘러앉았습니다. 엄마와 아담, 아담의 고등학생 형 휘건이까지 세 식구 단출한 밥상입니다. 엄마는 휘건이 아빠와 사별한 후에 파키스탄 사람과 결혼해 아담을 낳았습니다. 하지만 성격 차이로 아담의 아빠와 일찍이 헤어지고 홀로 두 아들을 키웁니다.

엄마가 천진하게 밥술을 쥔 아담에게 조심스레 묻습니다.

"아담, 네 친구들은 어때? 왕따를 당하거나 ……."

"안 당했어요!"

엄마 말이 채 끝나기도 전에 아담이 발끈하여 말합니다. 얼굴색 다른 아들이 혹시나 학교생활에 적응하지 못할까 엄마는 내심 늘 노심초사입니다.

"그래, 왕따를 당하지 않았는데, 네가 미리 걱정을 했잖아. 혹시라도 그런 일이 생길까 봐, 그렇지? 그런데 생각보다 다 협조적이고 그래서 괜찮은 것 같아. 네 친구들이 널 편안해해?"

"응!"

엄마 걱정을 잡아매려는 듯 아담이 씩씩하게 대답합니다. 한때 학교 친구들이 놀리기도 했지만, 지금은 특유의 긍정적이고 밝은 성격으로 잘 이겨 내고 있습니다.

이윽고 엄마는 일하러 가기 위해 집을 나섭니다. 어린 두 아들만 남겨 두고 집을 나서는 것이 마음에 걸리지만 생계를 위해서는 어쩔 수 없습니다.

"잘 있어! 아침에 일어나서 꼭 챙겨 먹어! 꼭! 꼭!"

엄마가 현관문을 닫고 나서면서 또다시 당부를 합니다.

"아담! 와 봐!"

"왜? 왜 그러는데?"

"형이 너한테 좋은 일 하나 하려고 그런다."

얼마나 지났을까요? 밥 다 먹고 방에 들어가 꼼지락대던 휘건이가 아담을 부릅니다. 휘건은 아담과 다섯 살 터울의 고등학생 형입니다. 피부색은 좀 다르지만 아담에게는 세상에 하나밖에 없는 형입니다.

"형, 뭔데?"

"컴퓨터로 영화 좀 보자!"

"무슨 영화인데?"

"뭐라고 할까. 너처럼 발레 하는 남자애에 관한 영화야."

휘건이는 아담에게 보여 주려고 발레리노가 나오는 영화를 미리 준비해 두었습니다. 밤사이 일하러 나간 엄마 대신 어린 동생을 살뜰히 챙기는 형입니다.

"아담, 진짜 저래?"

"딱 저렇진 않지."

스티븐 달드리 감독의 영화 『빌리 엘리어트』입니다. 이 영화는 영국 광산촌을 배경으로 주변의 반대와 따가운 눈길에 굴하지 않고 발레리노로 성장해 가는 한 소년의 이야기를 다루고 있습니다.

"무슨 생각해?"

영화가 다 끝나자 휘건이가 아담에게 묻습니다.

"…… 나도 저렇게 해야 한다는 생각이 들었어."

"그렇지? 형은 네가 빌리 엘리어트의 발끝만큼만 따라가도 진짜 네 모든 게 행복해질 거라 믿어."

"형, 지금이 발끝만큼이야."

아담이 발끈하고 나서자 휘건이가 싱글싱글 웃습니다.

"에이, 아닌 것 같은데?"

"흠……. 진짜야. 그렇다고 쳐 줘."

이렇게 투덜거리는 아담이지만 영화를 보고 난 뒤 두 눈이 유난히 반짝입니다. 나도 언젠가는 꿈을 꼭 이루고 말리라는 마음이 꿈틀꿈틀 생기나 봅니다.

다음 날 아침입니다. 아담, 휘건 형제는 스스로 일어나 등교 준비를 해야 합니다. 고등학교에 다니는 휘건이가 먼저 등교를 하고 아담은 혼자 아침밥을 챙겨 먹습니다. 이렇게 혼자만의 시간이 생길 때마다 아담은 가장 존경하는 발레리노인 중국인 리춘신의 발레 동영상을 보곤 합니다. 그는 중국의 문화혁명 속에서 역경을 딛고 세계적인 발레리노가 되었습니다. 이 사연이 아담을 매료시켰습니다.

아담은 리춘신의 사연이 자신과 비슷하다고 생각했습니다. 그는 거의 끌려가다시피 해서 반강제로 처음 발레를 했는데, 이 부분이 엄마의 권유에 의해 억지로 발레를 시작한 자신과 닮았다고 여겼습니다. 하지만 리춘신은 발레에 점점 재미를 느꼈고 실력이 나날이 향상돼 현재 최고의 발레리노로 활동하고 있습니다.

그래서 그의 이름 앞에는 '고난을 극복한 전설의 발레리노'라는 말이 붙습니다. 아담은 자기 이름 앞에도 그 수식어가 붙을 날이 오기를 간절히 바라 봅니다.

그날 아담은 학교 수업을 마치고 발레 학원으로 갔습니다. 예술중학교 시험을 서너 달 앞둔 중요한 시기입니다. 그런데 안타깝게도 아담의 머릿속에는 발레리노가 되고픈 마음과 친구를 사귀고픈 마음이 같이 있습니다.

왜 그 두 마음은 자주 엇갈려야 하는 걸까요? 발과 발목, 다리가 생명인 미래의 발레리노 아담에게 발을 많이 쓰는 축구는 절대 해선 안 되는 운동입니다. 하지만 아담은 그날 방과 후에 또래 친구들과 더 친해지려고 축구를 하다가 그만 발을 다치고 말았어요.

발이 마음대로 움직여지지 않으니 온몸이 따로따로 놉니다. 아담은 그저 안 들키고 무사히 넘어가기만을 바랍니다. 큰 부상은 아니지만 이 사실을 선생님에게 감추느라 집중이 더 힘듭니다.

"왜 그래? 아담? 너 왜 그러냐고? 어디 아파?"

"아, 아니에요."

"너, 축구 하고 왔지? 발을 다치면 어떻게 수업을 해? 선생님이 발레 하는 사람은 뭐가 제일 건강해야 한다고 말했지?"

"다리요 ……."

"아니, 발! 발 다치면 아무것도 못 해! 한동안 축구 안 하는 것 같더니만 왜 그러니?"

선생님은 요즘 들어 부쩍 집중하지 못하는 아담이 걱정입니다. 발레리노가 되겠다는 열정만 있지, 막상 연습에 성실하지는 않아 보이기 때문입니다.

그리하여 선생님은 아담을 격려하는 차원에서 특별 수업을 계획했습니다. 제법 큰 규모의 어린이 발레 콩쿠르를 참관하기로 한 겁니다. 아담이 처음으로 다른 어린이 발레리노의 실력을 구경하는 날입니다.

콩쿠르 시작하기 전, 선생님의 소개로 그날 참가하는 유일한 소년 발레리노를 만났습니다. 물어보니 심지어 아담과 나이도 같습니다. 아담은 괜스레 몸을 비비 꼬며 몸 둘 바를 모릅니다. 훨씬 의젓하고 발레 실력도 앞서 있는 소년 앞에서 한껏 주눅이 든 겁니다.

드디어 또래 아이들의 경연이 시작되었습니다. 수많은 관중 앞에서 멋진 공연을 선보이는 어린이 발레리노, 발레리나 들입니다. 같은 학원의 소녀들도 아이들의 뛰어난 실력 앞에 넋이 나갔습니다. 아담이 마음을 졸이며 기다리던 예비 발레리노, 동갑내기 청일점 친구의 공연도 펼쳐집니다. 중력의 법칙을 거스르면서 가볍게 공중으로 날아오르는 모습이 두 눈으로 보고도 믿기지 않습니다. 한시도 눈을 뗄 수 없습니다.

"아담, 내년에는 저기에 서 봐야지? 한번 나가 보고 싶지 않아?"

"꼴찌 할 텐데요."

"꼴찌를 한다 해도 나가서 경험하는 게 중요해."

선생님은 어느새 자신감이 없어진 아담에게 용기와 희망을 불어넣었습니다. 또래 소년을 보고 더 잘하고 싶은 마음이 든 걸까요, 아니면 새로운 도전 과제에 대한 흥분과 열망일까요? 아담의 마음속에 소중하고 뜨거운 불씨 하나가 피어났습니다.

그날 저녁 아담은 집에 들어오자마자 엄마를 찾습니다.

"아담, 오늘 어디 갔다 왔니?"

"콩쿠르요!"

"보고 난 소감이 어때? 오면서 무슨 생각했니?"

"나도 저렇게 하고 싶다. 부럽다."

"그 생각만 했어? '나도 저렇게 하고 싶다' '부럽다' 이것만?"

"네 ……."

"네가 너무 충격받았나 보다. 그 생각밖에 안 나는 거 보니까!"

역시나 엄마가 정확하게 아담의 속마음을 집어냅니다. 아담은 엄청나게 큰 충격을 받아 그야말로 머리가 아플 지경입니다. 우물쭈물하던 아담이 조심조심 말을 꺼냅니다.

"…… 엄마, 저도 콩쿠르 나갈까요?"

"콩쿠르? 아담, 좀 그렇다. 준비된 것도 없고 연습된 것도 없이 그냥 무조건 남들 다 가니까 콩쿠르 나간다고? 그건 아니지. 먼저 콩쿠르 나갈 정도로 실력을 쌓은 다음에 그런 생각도 하는 거야."

어쩐지 엄마의 반응이 싸늘합니다. 예상과 다른 엄마의 말에 아담은 깜짝 놀랍니다. 콩쿠르를 나가게 된다면 저절로 더 연습하게 되지 않을까 싶었는데 ……. 아담은 엄마의 비난에 가까운 조언에 속상하고 창피한 마음입니다.

"엄마, 더 연습할게요."

"일 났네! 아담, 콩쿠르 한 번 나가는 데 얼마인 줄 아니?"

"얼만데요?"

"의상비도 들고, 이것저것 합쳐서 최저 500만 원에서 600만 원이래."

"그냥 집에 있는 의상 입고 가면 안 되나요?"

아담이 아이다운 순진한 소리를 하자 엄마의 표정이 어두워집니다.

"흠 ……. 아담, 그건 네 생각이지."

"왜요?"

"콩쿠르는 그냥 화장만 하고 가겠니? 작품도 없이?"

"작품은 선생님께 배우면 돼요."

"선생님은 할 일 없어? 너만 가르치는 게 아니잖아."

"선생님이 저 따로 가르쳐 주신 거 있는데 그걸로 나가면 될 거예요."

"아담! 그건 작품이 아니야. 넌 동작만 배운 거라고!"

아담은 치열한 논쟁 끝에 벌러덩 누워 버립니다. 엄마와의 말싸움에서 이길 수 없을 때는 이 방법이 최고입니다. 무슨 발레 콩쿠르 한 번 나가는데 그렇게 돈이 많이 드는 걸까요? 아담은 도무지 이해할 수가 없습니다. 콩쿠르에서 만난 이름 모를 소년처럼 무대에 한번 서 보고 싶을 뿐인데, 세상은 마음대로 되는 게 하나도 없는 곳인가 봅니다. 반대로 아담 엄마도 어린 아들의 열정에 찬물을 끼얹은 것 같아 마음이 편치 않습니다.

다음 날입니다. 발레 선생님이 학원에서 아담을 따로 부릅니다.

"아담, 특별 수업 때도 말했지만 선생님은 너도 콩쿠르를 한번 준비했으면 좋겠어. 이번에 나가서 1등 하고, 2등 하는 게 중요하지 않아. 나중에 더 잘해 낼 수 있게끔 하기 위해 준비하는 거지. 만날 연습실에서 이렇게 반복하는 것보다 큰 무대에 올라가서 너 자신을 뽐내 보기도 하고, 네 속 안에 웅크리고 있는 너의 내성적인 성격을 터트려 주고 싶다는 생각이 들더라. 앞으로 연습하고 노력해서 ……."

아담의 가능성을 믿어 주는 선생님의 고마운 말씀입니다. 하지만 아담은 선생님의 목소리가 점점 작게 들립니다. 마음이 조각조각 나는 기분이 듭니다. 선생님은 어젯밤 엄마와 아담이 나눈 얘기를 당연히 알 리 없는데, 애꿎은 선생님께 원망이 돌아갑니다.

이럴 때는 발레 연습이 제일입니다. 아담은 복잡한 마음을 지우기 위해 발레 동작 만들기에 아주 열중합니다.

"하나 하고 바로 들어가야 해! 하나 바로 잡아. 등 모아, 날개 딱! 할 수 없어?"

"아니요!"

"그래, 할 수 있지? 뭐가 두려워서 못 해! 그럼 해!"

"네!"

나의 진로 계획,
나의 꿈
나만의
연령
10대
20대
30대
40대
50대
60대
70대
이상
노력할 일

"보여 줘! 준비! 할 수 있어! 자신감 가지고 선생님이 설명한 거 잘 기억해!"

그날따라 선생님의 지도가 남다르게 들립니다. 아담은 발레도 잘하고 싶고, 또래 친구들도 많이 사귀고 싶고, 무대에도 멋지게 서 보고 싶습니다. 얼마 전 도는 것도 두 바퀴까지 되었는데, 비록 하루는 안 됐다가 하루는 잘 됐다가 해도 이제는 실력에 대한 자신감도 슬금슬금 생기고 있습니다. 그런데 이 속마음을 훤히 알아주는 사람이 아무도 없는 것만 같습니다.

다음 날 이른 새벽이었습니다. 아담은 홀로 성당을 찾아갔습니다. 평소 소년부 미사에서 신부님을 도와 드리는 복사로 활동하고 있는 아담입니다. 빠져도 안 되고 늦어도 안 되는 비교적 중대한 임무입니다. 세상을 상대로 더 씩씩해지려고, 고난에도 꿈을 포기하지 않으려고 스스로 선택한 일입니다. 그날 아담은 복사가 되면서 가까이 모시게 된 신부님을 찾았습니다.

"아담, 무슨 일이니? 이리로 가까이 와야지."

"신부님, 저 …… 요즘 발레 학원에 다니는데 운동이 잘 안 돼서 고민이에요."

"그래? 발레가 잘 안 돼? 왜 안 되는 걸까?"

"……."

아담은 이 복잡한 감정을 뭐라 설명할까 생각합니다. 생각을 하면 할수록 말을 쉽게 떼기 어렵습니다.

"혹시 외모 때문이야? 신부님도 한국 사람인데 얼굴 까만 것 때문에 애들한테 엄청 놀림받았어. 너한테는 뭐라고 놀리던?"

"까맣다고, 초코파이요."

"초코파이라고? 그때 마음이 어땠어?"

"그냥 그랬어요."

신부님의 힘일까요, 신의 힘일까요? 아담은 그동안 아무에게도 털어놓지 못한 슬픈 기억을 비교적 담담하게 얘기합니다.

"아담. 겉모습은 중요한 게 아니야. 마음이 중요한 거지. 마음이 얼마나 멋있는 사람이 되느냐, 응?"

"네!"

"그게 중요하니까."

엄마나 형이 걱정할까 봐, 다 괜찮다고 왕따 아니라고 애써 웃어넘겨 온 아담입니다. 하지만 얼굴이 까만 남자아이가 발레까지 한다는 주변의 곱지 않은 눈길이 실은 하나하나 가슴 깊은 상처로 남았나 봅니다. 하지만 이런 졸렬한 눈길들이 발레를 향한 아담의 열정까지 위협할 순 없습니다.

"너, 정말 발레를 좋아하는 거잖아?"

"네."

"그래, 사랑하는 거잖아. 중요한 건 말이야, 아담. 사랑하는 건 놓지 말아야 돼. 신부님도 예수님 사랑하니까 놓지 않잖아. 그렇지? 너도 발레를 정말 사랑하면 발레를 절대 놓아선 안 돼. 어떤 일이 있어도 헤어지면 안 되는 거야. 알겠니?"

신부님 말에 아담이 힘껏 고개를 끄덕입니다. 그런 아담이 귀여운지 신부님이 아담의 머리를 쓰다듬어 줍니다.

"엄마랑 형이랑 행복하게 오래 살고 싶어요."

"그래. 너는 아담이라는 이름을 가진 멋진 사람이 될 거니까 그런 마음으로 당당하게 살면 돼. 알겠지?"

아담은 신부님의 말에 속이 후련해졌습니다. 꼭 아주 크고 든든한 백이 생긴 기분이었지요. 앞으로 발레를 좋아한다고 마음껏 외칠 수 있는, 멋진 발레리노가 되게 해 달라고 아담은 신 앞에서 간절히 기도했습니다.

"아담 왔니? 엄마, 오늘 아담하고 어디 가려고 하는데 ……."

그날 아침 아담이 성당에서 집으로 돌아오자, 엄마는 기다렸다는 듯이 아담의 손을 잡아끕니다. 아담이 어디로 가느냐고 묻자 엄마가 말합니다.

"아담, 발레리노가 되려면 아무래도 일반 학교보다 예술학교에 가야 하잖아. 오늘 엄마 쉬는 날이라 아담이 가고 싶어 하는 예술중학교에 가 볼까 하는데 어때? 같이 한번 가 보고 싶어?"

아담이 반대할 이유가 있나요. 오직 자신만을 위한 특별한 외출인데요. 며칠 전 아담의 콩쿠르 준비를 반대한 일이 못내 마음에 걸렸던 엄마입니다. 엄마는 아담과 지하철을 타고서 아담이 진학하고 싶어 하는 한 예술중학교에 갔습니다.

"우와! 멋져요."

학교 안에 들어가자마자 신이 난 얼굴로 학교 여기저기를 구경하던 아담이 걸음을 멈추고 눈길을 고정한 장소가 있습니다. 바로 한 쌍의 백조처럼 잘 어울리는 발레리나와 발레리노의 사진 앞이었지요. 아담은 사진 속 발레리노처럼 우아하고 아름다우며 힘 있고 당찬 사람이고 싶습니다.

그날 아담은 운 좋게도 수업까지 지켜볼 수 있는 행운을 얻었습니다. 어쩌면 선배들이 될지도 모르는 누나와 형 들입니다. 연습복을 입은 많은 누나들 사이에서 아담 눈에 단연 띄는 존재는 두 명의 형입니다. 역시나 형들의 멋진 몸과 동작에 눈길이 고스란히 쏠립니다.

춤 한 동작 한 동작이 마치 신기루처럼 아담의 눈앞에 펼쳐집니다. 형들은 지금 발레리노의 꿈에 몇 발자국이나 더 나아가 있는 걸까요? 스텝에 맞추어 아담의 발도 저절로 가볍게 움직입니다. 파트너와 함께 우아하게 호흡하고 동작을 맞추는 모습이 마치 꿈속 광경처럼 황홀하고 멋지게 보입니다. 조만간 아담에게도 한 쌍의 백조처럼 아름답게 움직일 수 있는 기회가 반드시 올 겁니다.

그날은 아담과 엄마에게 잊을 수 없는 날이 되었습니다. 발레리노의 꿈에 한 걸음 더 나아간 날이면서 발레라는 꿈이 더 깊은 환상으로 가슴속에 들어온 날입니다. 엄마 역시 할 수 있는 방법을 다해 아담의 꿈을 지원해 주기로 했습니다.

그날 이후로 아담은 예술중학교 형들에게 들은 조언에 따라 스트레칭에 특히 열심입니다. 중학생이 되면 몸이 굳으니 조금이라도 어릴 때 몸을 유연하게 만들라는 알맹이 같은 조언이 있었지요. 부쩍 달라진 아담의 모습에 선생님도 더 열과 성을 다해 가르침을 아끼지 않습니다. 유연성 외에도 발레의 기본이 되는 근력과 지구력을 잘 기르는 것이 아담의 과제입니다.

"아담, 선생님이 너에게 작품을 만들어 주고 싶어. 콩쿠르 작품을 완벽하게 줄 수는 없지만, 지금 배우고 있는 동작에 작품 음악을 자연스럽게 가미할 거야. 작품의 큰 제목은 '지젤'인데, 그 지젤이라는 작품 안에 포도 축제에서 왕이 된 남자가 추는 솔로 춤을 가르쳐 줄 거야. 비록 당장 콩쿠르에 나갈 수는 없지만 선생님이 최대한 아담을 지원해 줄 생각이야."

"지젤 ……. 솔로 춤이오?"

선생님 말씀에 아담은 이대로 폴짝폴짝 하늘로 날아갈 것 같습니다. 머지않아 아담은 포도 축제의 왕처럼 멋지게 솔로 춤을 추는 어린이 발레리노가 될 겁니다. 물론 잘 안 되는 동작도 있겠지요. 하지만 백 번이고 천 번이고 연습하고 또 연습하다 보면 빌리 엘리어트나 리춘신 발레리노만큼 잘 추는 날이 분명 올 겁니다. 마음만 먹는다면 거리에서의 짧은 시간도 훌륭한 연습 장소와 시간이 될 수 있습니다. 그러다가 콩쿠르에 못 나가면 또 어떤가요? 가족이 지켜보는 모든 곳이 다 아담의 무대인데 말입니다.

부드러운 초콜릿색 피부와 초롱초롱한 눈망울이 매력인 한국 소년 아담입니다. 백조가 아닌 흑조라서 더 눈에 띄고 매력 있는 발레리노이지요. 멋지고 아름다운 소년 아담이 튼튼한 팔과 다리를 양쪽 날개 삼아 어느 세상에서든 훨훨 날아다닐 날을 손꼽아 기다려 봅니다.

한계와 의지

인생을 살아가다 보면 늘 한계라는 크나큰 산을 마주하게 되지요. 그때 한계를 대하는 개인의 태도에 따라 결과는 확연히 달라집니다. 바로 '의지'가 작동하는 시간이기 때문이지요. 심리학자 윌리엄 콕스William Cox에 의하면, 위인이라고 칭하는 사람들 중 90퍼센트는 부족한 환경 속에서도 남과 다른 의욕을 보이며 강한 의지로 그 한계를 극복했다고 합니다. 그 강한 의지가 꿈을 이루는 동력으로 작용한 거지요. 자녀에게 희망의 중요성을 가르치지만 그 과정에서 반드시 치러야 하는 인내에 대해서는 간과하는 경우가 많습니다.

아담은 멋진 발레리노가 되고 싶고, 콩쿠르에 참가하고 싶은데 넉넉지 못한 가정 형편 때문에 쉽지 않습니다. 콩쿠르에 참여하고 싶은 희망이 좌절되는 순간이죠. 그때 아이의 대처가 바로 의지를 보여 줄 수 있는 기회입니다. 한계라는 산 앞에서 그 크기에 압도당해 주저앉느냐 아니면 그 산을 힘들어도 넘어 보느냐를 선택할 시간이니까요.

이런 경우에 처한 자녀에게 어떤 태도를 보였나요? 혹시 '힘들어도 참아야 하지 않겠니?'라거나 '안 되는 부모님 입장도 생각을 해 봐' 등의 훈계나 설득을 하진 않았나요? 아니면 '안 되는 일에 매달리지 말고 그냥 포기해'라며 포기를 종용하진 않았나요? 만약 그때 그 산을 부모님이 함께 동행해 준다면 어떨까요? 아이 스스로 그 어려움을 해결하기에 아직 미숙한 단계에 있습니다. 이때 부모님이 '하고 싶었을 텐데. 마음대로 되지 않아서 힘들구나'라고 마음을 공감해 주어야 합니다. 그 후에 지금 왜 그 일을 할 수 없는지를 충분히 설명해 주어야 합니다.

그리고 대안을 마련해 주는 태도도 필요합니다. 만약 위험한 스포츠를 즐기려는 자녀가 있다면 '그 게임이 너에겐 정말 재미있는 일이었구나. 그런데 엄마가 하지 못하게 해서 많이 속상했겠다. 하지만 그 스포츠는 지금 네 나이에는 너무도 위험한 거란다. 누구도 자녀가 위험한 일을 하겠다는 것에 동의하는 부모는 없지. 그 대신 네가 좋아하면서도 안전한 스포츠를 함께 찾아보자. 그 운동에 대해 적극 지원할게'라는 공감과 제한 설명, 대안을 함께 제안합니다.

자녀가 성장하면서 분명 한계를 경험합니다. 성장의 과정이니까요. 그때 훈계나 설득 혹은 포기라는 피드백이 아닌, 대안을 함께 모색하고 이 상황을 이기는 성공 경험을 찾도록 합니다. 그래야 아이의 '의지'가 자랄 수 있습니다. 한계는 한계일 뿐 불가능은 아닙니다. 자녀가 한계 상황에서 좌절하려 할 때 또 다른 희망의 씨앗을 심어 줄 수 있는 사람, 바로 부모가 아닐까요?

쌍 둥 이   인 어 공 주

참을 수 없는 인어공주의 눈물

수면으로부터 10미터. 소녀는 다이빙대에 오를 때마다 구름 위에 뜬 느낌입니다. 사람이 가장 공포를 느낀다는 높이보다 딱 1미터 모자라는 정도인데, 소녀는 무섭고 아찔하기보다 예감이 좋아서 가슴이 두근두근합니다. 이제는 습관처럼 새하얀 다이빙대 끝에 서서 발끝을 바짝 세우는 열다섯 살 소녀 현주는 다이빙을 시작한 지 딱 삼 년 만에 세 바퀴 반 회전 기술을 익힌 타고난 실력자입니다.

실력만큼 얼굴도 예뻐서 팀 내 인어공주로 불리는 현주의 유일한 라이벌은 같은 종목 선수로 활약하는 쌍둥이 언니 현아입니다. 하지만 현아는 눈 부상 때문에 잠시 훈련을 쉬고 있어서 다이빙 훈련장의 궂은일은 현주가 도맡아 하지요.

지독한 노력파인 언니 현아는 계속된 훈련으로 눈동자에 부상을 입어 한동안 물속에 들어갈 수 없다는 진단을 받았습니다. 얼마 전 수술까지 받은 터라 집에서 편히 쉴 만도 한데, 현아는 하루도 빠지지 않고 훈련장에 나옵니다.

반 친구들이랑 어울려 노래방을 가도, 학생의 본분으로 돌아가 공부에 집중해도 현아는 어울리지 않는 옷을 입은 것처럼 영 어색합니다. 다이빙 대 끝에서 새처럼 훨훨 날았던 때의 희열을 하루도 잊을 수 없습니다. 이것이 물에도 들어가지 못하는 현아가 훈련장에 나오는 이유입니다. 수백, 수천 번의 실패로 몸에 익힌 다이빙 기술을 지상에서 다시, 또다시 연습을 거듭하기 위해서이지요. 앞으로 대략 사 개월 남짓, 물에서 다이빙 연습을 못하는 사이에 그 본능적인 감각을 잃어서는 안 됩니다.

두 쌍둥이 인어공주 현아, 현주가 환상적인 다이빙 기량을 연마하고 있는 무대는 바람과 파도, 바람과 쪽빛 해변이 어우러지는 환상의 섬 제주도입니다. 제주도에는 경치 말고도 빼어난 게 많습니다. 그중 출전하는 대회마다 전국 1, 2위를 다투는 청소년 다이빙 대표 팀도 제주도의 특별한 자랑 거리이지요. 제주도 청소년 중등부 다이빙 대표 팀은 모두 9명입니다. 이 중 5명이 여자 선수들인데, 특히 현아, 현주 쌍둥이 자매는 개인 종목과 듀엣 종목 모두를 아우르는 대표 팀 내 간판스타입니다.

하루 다섯 시간의 훈련이 무사히 끝나고 현아와 현주는 활기찬 모습으로 샤워장에서 나옵니다. 다이빙의 매력에 푹 빠져서 아무리 고된 훈련에도 좀처럼 웃음을 잃지 않았던 소녀들, 그런 현아와 현주를 보면서 세쌍둥이 중 막내 현수도, 아빠도 기분이 좋아지곤 했습니다. 그런데 최근 현아가 다이빙을 갑자기 쉬게 되면서 집으로 향하는 아빠의 차 안 웃음소리가 부쩍 줄었습니다.

현아, 현주 그리고 막내 현수는 세쌍둥이입니다. 막내인 현수는 현아, 현주와 달리 남자아이로 수영 대표 선수입니다. 세쌍둥이는 임신 칠 개월 만에 2킬로그램 정도의 미숙아로 태어났고 선천적으로 폐가 약했습니다. 아이들은 다 자라지 못한 폐 때문에 감기에 걸렸다 하면 바로 폐렴으로 이어졌고, 일 년에 서너 번 이상 병원에 가서 신세를 져야 했습니다. 그래서 아빠는 세쌍둥이 모두에게 운동을 권했고 그 후로 잔병치레가 많이 줄었습니다. 어릴 때부터 건강식품을 꼼꼼히 챙겨 준 아빠 덕분에 세쌍둥이는 이제 홍삼즙도 눈살 하나 찌푸리지 않고 잘 먹게 되었지요.

그런 아빠는 집에 돌아오자마자 일주일 앞으로 바짝 다가온 회장배 전국 수영 대회 일정을 체크합니다. 큰 대회라 지난 일 년간 학수고대하며 준비한 대회입니다. 하지만 부상으로 이번 해에 출전을 못 하게 된 현아는 혼자서 아쉬움을 달래 봅니다. 어정쩡한 모습으로 거실에 앉아 휴대전화를 만지작거리는 폼이 굉장히 쓸쓸해 보입니다.

'매일매일 운동으로 시간을 썼는데 갑자기 운동을 안 하니까 시간이 엄청 느리게 가는 것 같아 ……. 이제 뭘 해야 하지?'

눈으로는 또래 아이들이 좋아하는 웹툰을 죽 훑으면서도 현아는 속으로 이래저래 고민이 많습니다. 하루하루 시간이 조금씩 지나가도 확 좋아지지 않는 눈 상태 때문입니다.

다음 날, 현아가 좋아하는 미술 시간이 돌아왔습니다. 그날은 눈에 보이는 사물을 정밀하게 그리는 수업을 했습니다. 현아는 지우개를 그리기로 했습니다. 현아는 친구에게 간단한 조언을 할 수 있을 정도로 그림 실력이 뛰어납니다. 하지만 선생님 시범에 따라 그림에 진한 음영을 넣어야 할 때에, 괜스레 지우개만 앞으로 바짝 당겨 놓았지요. 지우개의 음영을 눈으로 잘 보아야 하는데, 음영은커녕 형태조차 흐릿하게 보입니다.

그렇습니다. 현아는 어느새 사물을 눈앞에 최대한 가까이 놓고 봐야 할 정도로 시력이 더 나빠졌습니다. 다이빙은 수시로 검사를 받아야 할 정도로 워낙에 부상이 많은 종목입니다. 현아도 훈련을 하던 도중 망막을 다쳤습니다. 망막이란 눈의 일부로 빛에 대한 정보를 뇌로 전달하는 기관입니다.

강한 햇빛 아래 설 때 현아의 예쁜 눈은 저절로 찌푸려집니다. 눈 부상을 입고 나서 현아의 일상은 180도 달라졌습니다. 미술 시간을 마치고 방과 후 현아는 지상 훈련도 빠지고 곧장 안과로 갔습니다.

"맨 위의 거 읽어 볼래?"

"아예 안 보여요."

"앞쪽으로 조금 와 볼래? 왼쪽 가리고, 이거 보여?"

"4요?"

의사 선생님의 질문에 따라 현아가 어렵게 답을 했습니다. 엄마가 현아의 시력 검사를 가만히 지켜보더니 깜짝 놀란 말투로 현아에게 물어봅니다.

"아예 안 보여? 왼쪽이? 아니면 오른쪽이?"

"안 보이는 건 아니고 또렷하게 안 보여요."

"저 큰 글씨도 안 보여?"

"네, 가까이 가야 보여요."

눈에 뿌연 안개가 드리운 느낌입니다. 이 정도라면 전부터 눈이 잘 보이지 않아 계속 불편했을 텐데 속 깊은 현아는 엄마에게 투정 한 번 부리지 않

았습니다. 어쩌면 그 조숙함이 화근이었는지도 모릅니다.

이윽고 의사 선생님이 진찰 결과를 엄마에게 조곤조곤 설명합니다. 그런데 내용을 들을수록 현아 얼굴에 그늘이 드리워집니다.

"지금 눈 안에 실리콘이 들어 있고 아직 그걸 빼지 않았어요. 망막박리가 생긴 건 다이빙이 직접적인 원인이 되었을 가능성이 크거든요. 아무래도 수면에 얼굴을 반복적으로, 세게 부딪치니까 그 외상으로 인해 망막박리가 생길 수 있지요. 각별히 주의를 해야 할 거예요, 앞으로!"

"혹시 뛰어다니고 해도 상관없어요?"

"초기에는 그것도 좋지 않아요. 상태가 완전히 안정되기까지 시간이 걸리죠. 지금 망막이 잘 붙어 있기는 한데, 안에 기름이 들어 있는 상태라 움직일 수 있습니다."

"선생님, 다이빙은요? 다이빙은 할 수 있을까요?"

현아는 엄마와 의사 선생님의 이야기를 가만히 듣고 있다가 꾹 참았다 터트리듯 간절한 말투로 다이빙 가능 여부를 물어봅니다. 하지만 의사 선생님의 대답은 굉장히 회의적입니다.

"글쎄. 웬만하면 다이빙은 안 했으면 좋겠는데, 이게 조금 위험하거든. 실명이 될 수도 있어."

현아와 엄마는 또다시 놀랍니다. 하늘을 나는 것만 같은 짜릿한 기분이 좋아서 다이빙을 시작한 현아입니다. 그렇게 처음에는 마냥 좋고 재미있어서 한 일이 이제는 미래의 진로이자 꿈이 되었습니다. 그런데 목전에 국가대표의 꿈을 두고 현아의 꿈은 몸의 한계에 가로막히고 말았어요. 인어공주의 실명 위기, 이제 현아는 어떻게 되는 걸까요?

그다음 날, 코치님은 현아에게 망막박리 검사 결과를 조심스레 물었습니다. 다이빙 최고 유망주였던 현아의 상태는 코치님의 최고 관심사 중 하나이지만, 이를 묻는 일은 참으로 걱정스럽고 어려운 일입니다.

"현아야, 안과 갔다 왔어? 결과는 어땠니?"

현아에게 혹시 상처가 될까, 코치님은 지나가는 말로 넌지시 묻습니다. 그런데 뜻밖에도 이 간단한 질문에 현아는 그간 참았던 눈물이 왈칵 쏟아집니다. 이대로 소중한 꿈을 포기해야 할지도 모르는 상황입니다. 그 커다란 장애 앞에 평소 감정을 잘 드러내지 않는 현아 나름의 의젓함도 와르르 무너지고 맙니다.

인어공주의 까만 눈동자에서 닭똥 같은 눈물이 툭툭 떨어집니다. 멈출 길 없는 슬픔입니다. 당황한 코치님이 아무리 등을 토닥여 봐도 현아의 눈물이 좀처럼 원래 자리로 돌아가질 않습니다. 잠시 후 코치님이 어렵게 입을 엽니다.

"예전에 선생님도 현아 너랑 똑같이 엉엉 울었어. 현아 너, 혹시 축구 선수 유상철 알아? 옛날 국가대표 말이야."

"예, 들어 봤어요."

"응. 그 선수도 망막박리고, 또 김은중 선수도 망막박리여서 한쪽 눈 시력이 없대."

"선생님, 담에 또 수술하게 되면 더 이상 수술할 데가 없대요."

“선생님도 현아 마음을 알겠어. 현아, 지금 아직 실리콘 제거 수술이 남아서 걱정하는 거지? 그런데 그것까지 다 하고 나서 의사 선생님이 ‘괜찮습니다!’ 하면 나중에 시간이 지나고 나서 내가 어느 쪽 눈을 수술했는지, 심지어는 내가 언제 수술을 했는지도 기억이 안 나고 가물가물해진다니까. 망막박리는 완치가 없다고 듣긴 했는데, 나중에는 그냥 자연스럽게 완치 상태처럼 되어 버리더라고.”

“아 ……..”

코치님의 말에 현아가 조금씩 고개를 끄덕였습니다.

그간 현아는 혼자 몰래 키운 걱정들이 눈덩이처럼 커져 마음이 계속 심란했습니다. 하지만 코치님에게 의지해 지난 며칠 동안 참아 온 감정을 터트리자 도리어 마음이 얼마간 진정되는 것을 느꼈지요. 또 같은 부상을 무사히 극복한 코치님의 경험담이 희망의 불씨가 되어 두려움과 불안감을 스르르 녹여 줍니다. 이렇게 한바탕 울고, 상담도 하고 나니 현아는 몸도 마음도 한결 가벼웠습니다.

그날 집으로 돌아가는 길, 동생 현주가 아빠에게 대뜸 한 가지 이야기를 꺼냈습니다.

“아빠, 나 이번에 싱크로 안 뛰어요.”

“이번에 싱크로 맞출 사람이 없어?”

현주와 아빠가 말하는 싱크로란 싱크로다이빙을 줄인 말입니다. 두 사람이 함께 나란히 다이빙을 해서 물속으로 들어가는 기술을 겨루는 종목입니다. 그동안 싱크로 종목에서 현아, 현주 자매는 이심전심 쌍둥이 선수라는 이점을 십분 활용해, 연달아 금메달을 손에 쥐는 빼어난 기량을 보여 주었습니다.

"아니요. 이번에는 운정이랑 윤희 언니가 뛸 거래요."

"왜? 너 밀려났어?"

아빠의 물음에 현주 대신 현아가 대답했습니다.

"밀려난 게 아니라 현주가 나랑 이제까지 맞추다가 윤희 언니랑 두 바퀴 반 맞추게 되면 자세가 망가질 수 있대요."

나쁜 소식이었습니다. 현아의 부상으로 현주도 덩달아 싱크로 종목에 나갈 수 없게 되었습니다. 현아, 현주 콤비의 호흡이 잘 맞았던 데다 둘의 기량이 워낙 뛰어나 팀 내 비슷하게라도 맞출 선수가 없다고 합니다. 환상의 싱크로 파트너 현아가 다치니, 현주의 빼어난 실력도 의미가 없습니다.

안타까운 엇갈림에도 불구하고, 며칠 후 현주가 솔로로 출전하는 회장배 전국 수영 대회 날이 홀연 밝았습니다. 매 경기마다 선수로 빠짐없이 출전했던 현아를 두고, 현주는 아쉽게도 혼자 선수로 나가게 되었습니다. 그날 현주는 연습 및 환경 적응 훈련을 위해 아빠와 현아보다 하루 일찍 비행기를 타고 경기장으로 갔습니다.

그런데 이튿날 현주의 마음이 유달리 조급해졌습니다. 원래부터 유독 실전에 약해 연습 때보다 실수를 많이 하는 징크스를 가진 선수 현주. 그런 현주의 긴장감을 지난 삼 년간 매 대회 때마다 달래어 준 사람은 다름 아닌 언니 현아였지요. 그러니 현주에게 현아의 빈자리는 유난히 클 수밖에요.

얼굴도 닮은꼴, 실력도 막상막하
완전 사랑스러운 쌍둥이 인어공주
'다이빙 국가대표'를 향하여~

　십오 년 전 태어나는 순간부터 현아, 현주는 서로의 곁에서 그림자처럼 서 있었습니다. 현주가 연습이 힘겨워 밥을 못 먹을 때면 현아가 색색의 과일 도시락도 싸 주곤 했습니다. 현주 삶에 더없이 소중한 반쪽 현아 인어공주가 잠시 사라지니, 현주는 괜스레 초조하고 어두워지는 마음을 달래기 힘듭니다.

　그 시각 현아가 경기장 안으로 부랴부랴 들어왔습니다. 다행히 아슬아슬하게 현주의 경기 직전에 도착했지요. 현아는 땀 식힐 새도 없이 곧바로 현주부터 찾았습니다. 아빠는 눈으로 경기장 안을 스윽 둘러보더니 신기하게도 단번에 현주를 찾아냈습니다. 현주는 10미터 다이빙대 위에 서 있습니다. 현아가 손에 든 검은 봉투에는 현주가 부탁한 초콜릿이 잔뜩 들어 있습니다.

　다이빙 경기는 총 다섯 번 연기를 하고 평균 점수를 내어 순위가 매겨집니다. 이윽고 현주가 다이빙대에서 발을 콩콩 구르더니 팔을 위로 세우고 새처럼 날았다가 돌고래처럼 날렵하게 물속으로 들어갑니다.

“6.5점, 6.5점, 6점, 6.5점, 6.5점.”

“야아!”

　좋은 점수가 나오자 코치님과 팀원, 현아와 아빠가 소리를 지르고 박수를 칩니다. 이어 현주가 물 밖으로 나옵니다. 10점 만점에 6.5점 정도면 메달권 진입 가능성이 높은 편입니다. 그런데 현주의 표정이 심상치 않더니 한쪽 다리를 절뚝거립니다.

　땅을 디딜 때마다 현주는 온몸에 전해지는 통증을 느낍니다. 지난 대회 때부터 성장통으로 아팠던 뼈에 충격이 온 모양입니다. 이 아픈 발로 남은 경기를 치를 생각을 하니 현주는 상상만으로도 앞일이 캄캄합니다.

‘다음 경기, 언니 몫까지 잘해야 하는데 ……. 어쩌지?’

잠시 후 현주는 꾹꾹 눌러 온 눈물을 터트립니다. 지난 며칠 현주는 언니 현아 없이 혼자 훈련하면서 너무 외로웠습니다. 그래서 아픈 언니에게 괜한 심통도 부리곤 했습니다. 이렇게 아프고 힘들 때마다 곁에 바짝 붙어 위로와 응원을 전하던 사람, 사랑하는 언니 현아가 다이빙대 아래에 없어서 더 눈물이 났습니다.

이윽고 마지막 시도만 남겨 둔 상황이 되었습니다. 현주는 이제 통증에 대한 두려움을 혼자만의 의지로 이겨 내야 합니다. 대회장에 삐익 호각 소리가 울려 퍼졌습니다. 현주는 깔끔하게 백 트위스트 동작을 성공하며 물속으로 들어갔습니다. 관중석에서 선수보다 애를 태우며 지켜보던 아빠와 현아가 동시에 환히 웃으며 물개 박수를 칩니다. 아니나 다를까, 심판들의 점수를 보니 이번 경기 최고점이 나왔습니다. 부상을 견디고 얻은 점수라 더욱 소중합니다. 그날 현주는 최종 2위에 올라 은메달을 확보했습니다.

처음으로 출전한 종목에서 현주는 예상 밖의 선전을 거두었습니다. 이 순간 현주는 어느 누구보다 언니 현아에게 자랑하고 싶습니다. 첫날 모든 경기가 끝나고 나서야 현주는 현아와 얼굴을 마주했습니다. 하루 종일 잔뜩 긴장하고 있던 현주의 표정이 현아를 발견하자마자 스르르 풀어졌습니다.

“축하해! 이제까지 나보다 못했는데. 너, 나 없어서 은메달도 딴 거야!”

같이 밥을 먹는 동안 현아가 현주에게 우스갯소리를 던집니다. 물론 현아의 본심은 아닙니다. 하지만 두 사람이 서로에게 유일한 선의의 경쟁자임은 분명한 사실입니다.

그날 밤 현아는 동생의 아픈 다리가 걱정이 되어 아빠랑 같이 선수 숙소로 찾아갔습니다. 내일은 막상 주 종목 경기인데 부상으로 영향이 있을까 싶어 현주도, 현아도, 아빠도 다 한마음으로 노심초사입니다.

"아야, 아야."

아빠가 파스를 붙이자 현주가 아프다고 야단입니다. 그런 현주를 현아가 누구보다 걱정스러운 눈으로 바라봅니다. 때로는 밉기도, 때로는 고맙기도 한 동생입니다. 그런 현주가 느끼는 통증을 누구보다 잘 알고 이해하기에 현아는 대신 아파 줄 수도, 대신 경기에 나가 줄 수도 없는 지금의 상황에 가슴이 아픕니다.

"잘하라고 파스 붙여 줬으니까 아프더라도 꾹 참고, 내일 시합 열심히 뛰고!"

짧은 말에 힘을 담아 현아가 현주를 응원했습니다.

하지만 사실 그 어떤 응원의 말보다 현주에게 큰 힘이 되는 것은 현아가 곁에 있어 주는 것입니다. 현아는 현주 마음이 편해질 때까지 두런두런 얘기하며 동생을 기다려 줍니다. 그날 밤 숙소를 나오면서 아빠는 현아에게 이런 말을 했습니다.

"우리 현아가 현주도 위로해 주고 많이 컸어. 언니 역할 하는 것 같아."

아빠 눈에 어느새 훌쩍 자라 동생을 챙기는 현아의 살뜰한 마음이 보였나 봅니다.

드디어 결전의 날 아침입니다. 현주는 다행히 컨디션이 좋습니다. 이윽고 현주가 선보일 기술은 세 바퀴 반 회전입니다. 현주의 주 종목이라 현아도 아빠도 바짝 긴장이 됩니다. 다이빙대 끝에 뒤돌아선 현주는 과감하게 아래로 뛰어내립니다. 결과는 6.5점, 완벽에 가까운 첫 시도입니다. 이로써 현주는 메달권이 유력해집니다.

두 번째 시도, 현주는 연습 경기 느낌을 바탕으로 심기일전한 다음 고난도 연기에 도전해 봅니다. 그런데 연습 때는 성공한 동작이 본 경기에서 흐트러지고 맙니다. 연습 때의 회전 감각을 떠올리느라 입수 때 물을 제대로 보지 못한 탓입니다. 코치님이 경고까지 한 부분인데 그저 안타까울 따름입니다. 4.5점, 3점. 심판들은 현주의 새 시도에 최악의 점수를 주었습니다. 어제는 부상, 오늘은 결정적인 실수, 현주는 그저 갑갑하기만 합니다.

"약 올렸다, 잘했다, 약 올렸다, 잘했다."

"그러게. 피를 말리게."

현아가 안타까워하자 아빠도 초조한 기색을 드러냅니다. 이맘때면 현아는 늘 선수로 다이빙대 위에 있었습니다. 그런데 관중석에서 지켜보다 보니 그동안 자신과 동생을 지켜보던 아빠 마음이 너무 잘 이해가 갑니다. 매번 경기 끝난 후에 격려만큼이나 잔소리도 많이 했던 아빠의 마음을 말입니다. 현주의 다이빙이 현아 마음 같지 않습니다.

이제 현주에게 남은 마지막 기회입니다. 현주가 세 바퀴 회전을 성공하고 물속으로 손을 힘 있게 뻗습니다. 입수 동작이 아주 좋습니다. 관중석에서 "와우!" 하는 감탄사가 저절로 쏟아집니다. 초반 실수를 만회할 만한 점수가 나올까요? 심판들이 모두 7점짜리 점수판을 번쩍 듭니다. 현주의 순위는 2위! 이번 대회에서 현주는 은메달 두 개를 수상했습니다.

성장통을 이겨 내고 얻은 성적이라 더 값진 보상처럼 다가옵니다. 또 현아에게는 동생의 성장을 진심으로 축하해 줄 계기가 되었습니다. 관중석에서 얻은 여유만큼 현아의 마음은 수심처럼 더 깊고 넓어졌습니다.

"야, 고현주. 나도 빠졌는데 1등 못 하면 안 되지."

"괜찮아. 남자애들보다는 잘했어."

"그래, 이번에 메달 딴 사람 너밖에 없으니까!"

"맞아. 개인에서 메달 딴 건 나밖에 없어."

쌍둥이 인어공주가 또 장난을 치며 위악을 부립니다.

이제 현아는 예쁘게 키워 온 꿈이 있는 자리로 곧 돌아갈 겁니다. 현아, 현주 쌍둥이 자매는 조만간 또다시 둘만의 싱크로다이빙에 도전하게 되겠지요. 데칼코마니처럼 비슷한 두 사람이기에 그 경기 모습은 어느 팀의 것보다 환상적인 느낌일 겁니다.

쌍둥이 인어공주는 각자의 자리에서 성장통을 겪었습니다. 그리하여 두 사람은 힘들 때도 기쁠 때도 '서로 함께'라는 이유로 더 큰 힘이 생긴다는 것을 깨달았습니다. 앞으로도 때론 넘어지고, 때론 장벽에 부딪히겠지만 함께 있기에 어떤 어려움도 이겨 낼 희망과 자신감이 생깁니다. 환상의 팀 현아, 현주는 다이빙 국가대표의 꿈을 향해, 그리고 새롭게 펼쳐질 벅찬 미래를 향해 내일도 힘껏 팔과 다리를 뻗을 것입니다.

가족이라는 희망

희망이라는 말에는 분명 방향성이 있습니다. 지금 현재가 아닌 미래를 향해 도전하는 무엇인가가 있을 테니까요. 현아와 현주가 함께 꿈꾸는 그 희망을 응원하고 싶습니다. 물론 현재는 어려움이 존재합니다. 현아에겐 부상으로 포기해야 할지도 모르는 꿈에 대한 불안을 이겨 내야 할 숙제가, 현주에게는 현아와 독립하여 홀로서기를 해야 할 숙제가 있습니다. 따라서 현아의 경우엔 그 어느 때보다 부모님의 격려와 위로가 필요한 시기이며, 현주에겐 홀로서기를 할 수 있는 용기를 북돋아 주어야 할 시기입니다.

이처럼 자녀가 놓인 처지가 달라서 자녀 한 명 한 명에게 특별한 관심이 필요한 때가 있습니다. 부모로서 난감한 경우이지요. 이때 가장 좋은 방법이 바로 가족회의입니다. 가족이 함께 서로의 마음을 나누는 시간이 필요하죠. 서로의 필요가 무엇인지, 가족이 이 문제를 어떻게 해결할 수 있는지를 함께 나누는 것은 자녀로 하여금 현재 할 수 있는 최선의 방법을 모색하게 하고, 욕구 만족의 초점을 자기 자신에게서 가족의 필요로 옮겨 가게 합니다. 이 과정에서 가족이 서로의 희망이 되어 줄 수 있겠지요. 희망이라는 목표에는 많은 과정이 숨어 있습니다. 현아, 현주의 경우엔 달라진 현실을 받아들이고 다시 일어서야 할 용기가 필요한 때입니다. 부모님께서 이 부분에 많은 초점을 두고 자녀를 대해야 합니다.

스콧 펙Scott Peck은 "많은 사람은 용기란 두려움이 없는 상태라고 생각한다. 두려움이 없는 것은 용기가 아니다. 용기란 두려움 혹은 고난에도 불구하고 전진하는 능력이다"라고 말했습니다. 지금의 두려움이나 고난에도 불구하고 전진하는 능력이 용기입니다. 꿈은 용기 있는 자가 쟁취할 수 있는 것인지도 모릅니다. 분명 희망을 향해 나아갈 때 고난과 두려움을 만나게 될 거니까요.

현아, 현주의 경우처럼 자녀가 두려움이나 어려움과 맞설 때 부모가 할 수 있는 일이란 아마도 묵묵히 지켜보며 자녀를 응원하는 것일 겁니다. 현아, 현주 부모님의 태도 속에서 우리는 그 해답을 봅니다. 매 경기마다 손에 땀을 쥐는 경기를 하는 자녀를 지켜봐야 하는 부모의 긴장은 상상 이상일 것입니다. 그와 동시에 경기에 출전하지 못한 아쉬움을 경험하는 내 옆의 자녀 마음까지 헤아려야 하니까요. 희망이라는 단어는 어쩌면 이처럼 기다림, 설렘, 긴장, 두려움, 고난, 용기 등이 섞여 있는 비빔밥 같은 것인지도 모릅니다. 이 과정에 희망으로 함께해 주는 가족이 있다면 더 바랄 것이 없겠지요.

교 장 선 생 님 과 소 녀 축 구 부

소녀들이 펼치는 아름다운 리그

"**코치님,** 사십 초에 못 뛰겠어요!"

"못 뛰는 게 어디 있어? 힘든 거 하기 싫고 재미있는 거만 하고 싶으면 뭐 하러 학교에서 선수를 해? 동호회 같은 데 가서 뛰지. 말해 봐. 너, 초등학교에서만 축구 할 거야, 아니면 중학교 가서도 계속 축구 할 거야? 중학교로 갈 거면 이겨 내야 돼. 애들 지금 기다리고 있잖아!"

"뛸게요."

호랑이 코치님 말에 떼쟁이처럼 칭얼대던 아영이가 눈물을 거두고 한 번 더 운동장으로 나갑니다. 아영이가 가장 힘들어하는 사십 초 달리기 훈련입니다. 사십 초 안에 260미터 운동장을 달리는 겁니다. 만약 사십 초 안에 들어오지 못하면 제시간에 들어올 때까지 계속 달려야 합니다. 벌써 일곱 바퀴째 다시 뛰는 아영이처럼 말입니다.

짧은 커트 머리에 쭉 뻗은 팔다리, 6학년 아영이는 얼핏 보면 미소년 같습니다. 하지만 소년이 아니라 소녀입니다. 물론 아영이와 함께 뛰는 얼굴

까무잡잡한 아이들도 모두 여자아이입니다. 지금 여기 모인 아이들은 송파초등학교 소녀 축구부원들로, 며칠 앞으로 바짝 다가온 전국 대회를 준비하기 위해 방과 후 축구 연습에 비지땀을 쏟고 있습니다.

"아영아, 더, 더, 더, 더!"

마의 사십 초 달리기 훈련입니다. 이미 다른 친구들은 다 통과했는데, 아영이 혼자 끙끙댑니다. 아영이는 6학년이 되면서 부쩍 군살이 붙더니 몸의 움직임마저 계속 둔해지고 있습니다. 매일 뙤약볕 아래서 남자아이보다 더 뛰어다니는 열혈 축구 소녀도 이차 성징을 피할 수 없습니다. 꿈으로 다가가는 길에는 이렇게 힘든 고비들이 있기 마련입니다.

"그래, 잘했다. 이번에는 사십사 초. 한 번 더!"

잘 뛰었다는 코치님 말씀과 달리 이번에도 실패입니다. 아영이는 실망감에 결국 주저앉고 맙니다. 소처럼 커다란 눈에서 눈물이 뚝뚝 떨어집니다. 하지만 아영이가 울어도 절대 봐주지 않는 호랑이 코치님입니다.

"아영아. 울어 봐야 너만 힘들어. 딱 두 발짝만 더 뛰면 되는 거야. 출발!"

"아영아, 일어나! 힘내! 두 발짝이야!"

아영이 곁에 6학년 은진이가 다가와 응원을 합니다. 아영이보다 키는 작지만 뙤약볕처럼 강한 열정으로 축구를 대하는 소녀 은진이는 현재 송파초등학교 소녀 축구부 주장입니다.

주장 은진이는 일곱 살 때부터 축구를 했습니다. 예전에 은진이가 다니던 중화초등학교는 이미 전국 대회에서 여러 번 우승한 축구 명문이었지요. 은진이는 이곳에서 남자아이들과 어울려 축구의 기초를 배웠습니다.

하지만 아이러니하게도 은진이는 축구를 계속하고 싶어서 중화초등학교를 떠나야 했습니다. 어차피 축구는 남녀 팀이 갈라질 수밖에 없는 경기인데, 취미로 배우다가 멈추는 것이 아니라 진짜 축구 선수가 되고 싶어 여자 축구부를 찾아 나선 겁니다. 그리하여 은진이는 집에서 한 시간 반이나 걸리는 지금의 학교로 전학을 했습니다.

다른 무엇보다 축구를 사랑하고, 누구보다 축구 선수가 되기를 꿈꾸는 아이들입니다. 브라질 축구 선수 호나우딩요처럼 다들 어려서부터 축구공이 가장 좋은 친구였고, 축구를 하는 시간이 가장 행복하답니다. 그런데 모든 아이들이 호나우딩요처럼 멋진 선수로 자랄 수 있을까요? 처음에는 그저 축구가 좋아서 시작했지만, 아이들은 이제 더 이상 재밌기만 한 동네 축구로는 만족할 수 없습니다.

"아영아, 파이팅!"

아영이는 주장 은진이의 응원에 힘을 얻어 다시 자세를 바로잡습니다. 당장이라도 앞으로 뛰어나갈 기세입니다. 볼품없이 늘어났다가도 금세 제 모양으로 돌아가는 스프링 같습니다. 어딘가로 힘껏 뛰어갈 땐 언제나 숨이 찹니다. 하지만 숨이 차다고 계속 멈춰 있으면 아영이가 원하는 곳에 갈 수 없습니다.

그렇습니다. 숨이 차서 멈추는 순간, 축구 선수의 꿈은 다다를 수 없는 먼 곳에 있는 환상이 되어 버린다는 걸 아영이는 잘 알고 있습니다. 그러니 아무리 힘들어도 지금은 멈출 수가 없습니다. 여기서 멈추어 서기에는 축구를 사랑하는 아영이의 마음이 아직 너무 크기 때문입니다.

"자, 삼십팔 초. 아영아, 여기 와서 봐! 하니까 돼, 안 돼?"

"돼요."

결국 아영이는 아홉 바퀴 만에 해냈습니다. 너무 무리해 뛴 탓에 배를 부여잡아야 하지만 마음만은 가볍습니다.

송파초등학교 소녀 축구부에는 수비수 아영이와 주장 은진이까지 모두 17명의 선수가 있습니다. 10번 선수 은진이는 공격형 수비수로 중장거리 슛이 주특기입니다. 7번 선수 아영이는 강력한 킥이 특기인데, 요즘 몸에 살이 붙어 주전 선수에서 밀려날 위기에 처해 있습니다. 8번 선수는 김민정, 공격과 수비 모두 뛰어난 만능선수입니다. 발이 빠른 공격수 6학년 박소현은 송파 소녀 축구부 창단 멤버이고, 골키퍼 주인영은 정확한 예측 능력을 자랑하는 소녀 축구부의 자물쇠입니다.

"애들아, 빨리! 빨리! 다리 빨리 갖다 대! 나갈 때 무조건 몸이 먼저 나가야지."

여기에 범상치 않은 시범으로 선수들을 제압하는 여자분이 있습니다. 애정을 담은 잔소리로 17명의 선수들이 탄 배를 이끌어 가는 소녀 축구부 주진희 감독님입니다. 감독님은 최근까지 여자 축구 실업 팀에서 활동한 전직 축구 선수입니다. 한국 여자 축구 1세대이자 아이들의 멘토, 최고의 롤모델이지요.

"애들아, 대진표가 우리 뜻대로 안 되잖아. 대회 때는 하루에 두 번 경기를 해야 하니까 체력을 만들어서 가야 돼. 어쩔 수 없어! 자, 뛰어!"

아영이가 제일 무서워하는 호랑이 김 코치님도 빼놓을 수 없습니다. 김은정 코치님은 소녀 축구부의 체력 훈련을 담당하고 있습니다. 아이들은 코치님의 엄격한 지도 아래 매일 꿈을 단련하는 마의 달리기 훈련을 반복합니다.

사실 서울에 있는 초등학교 중 여자 축구부가 있는 학교는 송파초등학교 딱 한 곳뿐입니다. 그만큼 여기 17명의 소녀들은 흔치 않은 꿈을 꾸고 있는 셈입니다. 지난 2006년, 축구 심판 1급 자격증을 갖고 있는 지금의 교장 선생님이 축구를 너무 좋아한 나머지 이 학교에 처음으로 여자 축구부를 만들었습니다.

수년 전 정식 팀이 생긴 이후, 그저 재미로 공을 차던 소녀들이 많이 달라졌습니다. 여자 축구부의 일원이 되면서 첫째로 진짜 프로 축구 선수를 꿈꾸게 되었습니다. 그리고 둘째로 눈빛과 자세, 마음가짐이 더 날카롭고 진지해졌지요. 소녀들은 한여름 뙤약볕도 마다하지 않고 뛰었고, 넘어지고 다치는 건 예삿일. 선수끼리 부딪히거나 공에 맞아 부상 입는 일도 다반사였습니다. 하지만 스스로 강철이 되고자 한 소녀들은 모든 과정과 고통을 결코 겁내지도, 물러서지도 않았습니다.

"괜찮아? 세상에, 이걸 어떻게 치료해야 되냐."

연습이 끝날 즈음, 감독님이 은진이 허벅다리에 난 상처를 보며 깜짝 놀랍니다. 모래 구장에서 몸을 아끼지 않고 차고 막고 구르다 보니 커다란 멍자국과 찰과상들이 영광의 흔적처럼 남았습니다. 보는 감독님은 마냥 안타까운데, 정작 은진이 본인은 별로 걱정하는 눈치가 아닙니다.

"흐흐. 어떡해요. 가만두면 낫겠죠."

감독님은 다친 은진이를 다독이며 괜스레 허벅다리 칭찬을 합니다.

"은진이 너, 허벅지가 왜 이렇게 단단하냐."

"저 원래 축구 안 했을 때부터 두꺼웠어요."

"그래? 체질이 그런가 보다. 어머, 정말 딱딱하다."

연습 때만큼은 정글 맹수보다 더 무서운 감독님, 하지만 일상으로 돌아가면 이렇게 아이들의 상냥한 조언자이자 친구 같은 선생님이 됩니다. 딴딴한 허벅다리 자랑을 하다 보니 은진이는 어느새 통증도 잊은 모습입니다.

이윽고 힘찬 외침과 함께 그날 훈련이 모두 끝났습니다.

"송파, 송파, 파이팅!"

"여러분, 수고하셨습니다."

대부분의 소녀 축구 전사들은 함께 집으로 돌아갑니다. 학교에서 오 분도 안 걸리는 곳에 함께 지내는 합숙소가 있습니다. 17명의 축구부원 가운데 12명이 이곳에서 밥도 먹고 잠도 자고 공부도 같이 합니다.

숙소로 오면 감독님은 엄마로 변신합니다. 요즘 들어 자꾸 아프다고 하는 아영이에게 약을 챙겨 주며 걱정스레 바라봅니다. 물론 하루 너덧 시간씩 훈련을 하는 다른 아이들도 몸이 무사할 리 없습니다. 발바닥에 생긴 굳은살과 상처들을 훈장처럼 여기면서 스스로 밴드를 척척 바릅니다.

운동장에서는 호랑이 코치님으로 불리는 김은정 코치님, 주방에서는 초보 티 팍팍 나는 어리바리 요리사입니다. 오늘의 메뉴는 김치 볶음밥입니다.

"한번 먹어 봐도 돼요?"

"어, 먹어 봐."

어느새 밥 냄새를 맡고 달려온 열한 살 혜령이가 조심스레 묻습니다. 양볼에 보조개가 패는 모습이 어느 때보다 천진하고 애교스럽습니다. 혜령이의 시식 평가는 어떨까요?

"아! 딱 맛있다. 굿이에요."

빨리, 더 빨리 들어가!
야, 수비 뭐 하냐?
빨리 따라붙어!

드디어 12명, 어른까지 14명 대식구가 식탁에 삥 둘러앉았습니다. 식구 많은 집 아이치고 편식하는 아이 없다지요. 김치 볶음밥 하나에 반찬은 김 한 가지뿐인데도, 아이들은 냠냠거리면서 맛있게 먹습니다. 단 한 가지 문제가 있다면 식탁에 둘러앉아 밥 먹을 때 엄마가 특히 보고 싶어진다는 점입니다.

"우영이, 울려고 그래. 눈 좀 봐. 빨개졌어!"

"야! 옆에서 그러면 더 울거든!"

언니들이 밥을 먹다가 짓궂게 동생 우영이를 놀립니다. 그러자 코치님이 놀리는 아이들을 무섭게 나무랍니다. 우영이가 웃음으로 상황을 무마하나 싶더니 갑자기 "엄마!"를 목 놓아 부르면서 울음을 터트립니다. 밥 시식하던 혜령이와 동갑내기인 4학년 우영이는 엄마라는 말이 나오면 곧잘 눈물을 보이곤 합니다. 이토록 보고 싶고 사랑하는 엄마와 떨어져 지낼 수 있는 건, 그만큼 축구를 잘하고 싶은 마음이 크기 때문입니다.

"야, 너 그러고 또 웃을 거잖아. 울다가 웃으면 엉덩이에 털 난다."

코치님이 농담을 던지자 우영이가 언제 그랬느냐는 듯이 다시 까르르 웃습니다. 입안 가득 넣은 밥알이 금방이라도 튀어나올 것 같습니다. 한없이 여려 보이다가도 혼자 눈물을 쓱쓱 닦을 때면 마음이 튼튼하고 씩씩해 보입니다.

밥을 다 먹고 난 뒤에는 세탁기를 돌려야 합니다. 땀내 나는 운동복과 수건들을 잔뜩 빨아야 하니 하루에 기본 다섯 번은 세탁기를 돌려야 하고, 빨래 정리까지 모두 스스로 해야 합니다. 만약 아이들이 집에 있었다면 과연 이런 궂은일을 했을까요? 아닐 겁니다. 하지만 좋아하는 축구를 위해서라면 이 정도 잡일쯤은 해도 끄떡없습니다.

다음 날, 소녀 축구부는 며칠 후에 있을 전국 대회를 위해 체력 단련이 한창입니다. 이제 졸업반인 6학년 축구부 창단 멤버들에게 초등학교 시절의 마지막 대회가 될 추계여자축구연맹전, 아이들은 이번 대회만큼은 꼭 이기겠다며 전의를 불태우고 있습니다.

동물처럼 가볍고 날쌔게 움직이는 선수들을 흐뭇하게 바라보는 한 사람, 바로 지난 삼 년간 소녀 축구부의 가장 든든한 후원자였던 교장 선생님입니다. 그런데 창단 멤버가 졸업하는 이번 해에 아쉽게도 교장 선생님마저 정년퇴임을 하십니다.

'주전들도 다 졸업하는데, 교장 선생님까지 떠나시면 송파 여자 축구부는 앞으로 어찌 될까? 혹시 없어지는 건 아닐까?'

속 깊은 주장 은진이는 동생들 걱정으로 마음이 무겁습니다. 1기가 졸업한 후에도 남은 후배들이 학교에서 축구를 계속할 수 있기를 바라는 마음입니다. 또 꾸준한 응원을 보내 주시고, 축구부 숙소까지 마련해 주신 교장 선생님의 사랑과 기대에도 보답하고 싶은 생각이 있습니다. 이것이 마지막 전국 대회에서 반드시 좋은 성적을 내고 싶은 진짜 이유입니다.

그날 오후, 여자 축구부 선수들은 오랜만에 학교 운동장을 벗어났습니다. 같은 송파구에 있는 초등학교 축구부와 연습 게임을 하기로 했습니다. 학교에 들어서니 운동장에 푸른 인조 잔디가 쫙 깔려 있습니다.

"와, 좋다!"

소녀들은 부러움에 감탄사를 연발합니다. 잔디 운동장이다 보니 이 학교 아이들은 준비 운동 자세부터 다릅니다. 송파구에 있는 다른 여자 축구부일까요? 아닙니다. 그날의 연습 상대는 근처 학교 남학생 축구부입니다.

"남자아이들이라고 해서 피하면 안 돼. 오늘 같은 날, 열심히 뛰되 더 과감하게 같이 부딪쳐야지만 너희들이 안 다치는 게임을 할 수 있는 거야."

감독님이 경기에 앞서 여러 주의 사항을 말합니다.

하지만 소녀들은 집중이 잘 되지 않는 표정입니다. 강철 같은 소녀 전사들도 몸집이 두 배 이상 큰 소년들과 몸으로 부딪히며 싸울 것을 생각하니 걱정 반 두려움 반입니다. 남자아이들은 체력과 투쟁심 면에서 여자 강적들보다 무서운 면이 있습니다.

게다가 상대는 지난 서울 대회 우승 경험을 갖고 있는 강팀입니다. 소년들은 송파 소녀들을 '4대 0'으로 이기겠다며 호언장담을 하고 나섭니다. 기적이 일어나지 않고서는 이기기 힘든 게임입니다. 하지만 다행히도 남학생 팀의 공격을 잘 막아 냈습니다. 그리하여 총 이십오 분으로 치러지는 전반전이 무실점 무득점으로 끝나는 선전을 펼쳤습니다. 남학생 팀이라고 겁부터 먹었던 것에 비하면 꽤나 잘 싸웠습니다. 또 득점 찬스도 상대적으로 더 많이 만들어 냈습니다.

하지만 후반전이 되자 상황은 나빠졌습니다. 전반전과 다름없이 뛰는 소년들에 비해 소녀들은 체력이 눈에 띄게 떨어졌습니다. 평소 체력이 약점이었던 송파 소녀 축구부는 전반전 기선 제압을 위해 힘을 쏟느라 너무 많은 체력을 소비했나 봅니다. 그만 소년들에게 한 골을 허용하고 말았습니다.

경기는 1대 0, 결국 아쉬운 패배입니다. 압도적인 승리를 단언하던 소년들의 예상보다 소녀들은 더 팽팽하게 맞섰습니다. 하지만 문제는 체력과 집중력입니다. 체력이 떨어지면서 집중력도 같이 떨어졌고 이 문제를 극복하는 것이 송파 소녀 축구부의 최대 과제가 될 것 같습니다.

다음 날, 송파 초등학교의 여전사들은 우승을 꿈꾸며 강원도 화천으로 떠났습니다. 버스에 올라탄 아이들은 소풍이라도 가는 양 마음이 설렙니

다. 송파 소녀 축구부 창단 이래로 아직 우승 트로피를 거머쥔 일은 한 번
도 없습니다. 다만 지난 6월 소년체전 동메달을 땄기에 친구들과 선생님의
기대가 더 컸습니다.

> ♬ 사랑과 우정이 넘쳐흐르는 우리들은 송파 축구부. 낮에도 운동, 밤
> 에도 운동, 언제든지 운동할게. 다른 사람들이 놀고 있을 때 우리들은
> 운동을 하지. 감독님이 나를 불러 준다면 무조건 달려갈 거야~. ♪♬

아이들이 흥겨운 유행 트로트에 맞춰 가사를 바꾸어 부릅니다.

창단 멤버 6학년들에게는 우승을 향해 떠나는 마지막 여행입니다. 교장
선생님은 이 힘찬 여정을 응원하는 마음으로 손수 운전까지 해 주십니다.
사실 대회장에 갈 때마다 항상 운전은 교장 선생님의 몫이었지요. 소녀들
만큼이나 축구를 사랑하는 교장 선생님은 예전 학교에서 직접 축구 지도자
로 뛰신 적도 있답니다. 하지만 올해를 마지막으로 교직은 물론 축구 후원
자 자리에서도 은퇴를 하신다니, 이번 대회에서 우승을 하면 어느 누구보
다 교장 선생님께 큰 선물이 될 겁니다.

이윽고 아이들은 강원도 화천의 한 자연학교에 도착했습니다. 잔디 운동
장까지 있어 축구하기에는 '딱'입니다. 올해로 일곱 번째 열리는 가을의 여
자 축구 연맹전, 18개 초등학교 팀에서부터 실업 팀까지 모두 59개의 팀이
참가를 했습니다. 부디 결승까지 진출해서 이곳 화천에 오래 머물렀으면
하고, 소녀들은 바랍니다.

그런데 이를 어쩌나요? 이번 대회에서 전국 최강의 여자 축구팀들을 모
두 만나게 되었습니다. 예선전은 리그전으로 치러지는데, 하필이면 송파

와 같은 조로 예선을 치르는 팀들이 모두 최강 팀으로 꼽히는 학교들이었지요. 운도 실력이라지만 정말 최악의 대진 운입니다. 송파의 소녀 전사들은 소원대로 좋은 성적을 낼 수 있을까요?

"하나, 둘, 셋, 파이팅!"

첫 경기가 시작되었습니다. 최소 두 번의 승점은 챙겨야 하는 예선전, 나머지 두 경기에서 심리적 안정을 얻기 위해서라도 첫 경기를 꼭 이겨야 합니다.

송파 소녀 전사들이 맞서야 하는 팀은 포항 상대초등학교 여자 축구부. 포항 바닷가 사람들의 강인함을 닮아 그런지 모습마저 남학생처럼 강하고 거칠게 생겼습니다.

긴장감이 흐르는 가운데 경기가 시작됩니다. 14번 최은지 선수, 재빨리 공을 빼앗아 슛을 날립니다. 하지만 골문 근처에 패스를 받아 줄 사람이 없었습니다. 이번에는 포항 선수들이 공을 몰고 갑니다. 그런데 이게 웬일인가요? 별 긴장감도 없이 그만 공이 쑥 들어가고 맙니다. 맥없는 실점입니다. 별로 뛰어 보지도 못하고 잃은 점수라 송파 선수들은 더 기운이 빠집니다. 이어지는 주장 은진이의 강한 슛, 그것마저 골문에서 막혀 버립니다. 철벽같은 수비입니다.

심기일전을 하고 다시 임한 후반전에는 다소 어이없는 상황도 일어났습니다. 분명히 상대 팀 선수가 손으로 공을 막았는데, 심판이 이를 보지 못해 페널티 없이 경기가 진행됩니다. 송파 감독님과 코치님이 거칠게 항의했습니다.

"핸들링인 거 눈에 안 보입니까? 안 보이냐고요?"

"나오세요. 다음에 이야기하세요."

두 명의 심판이 감독님 팔을 붙들고 항의를 못 하게 말립니다. 분명 핸들링이건만, 아니랍니다. 열심히 뛰는 아이들, 그 모습을 볼수록 감독님은 억울하고 분합니다. 결국 게임 내내 우세한 경기를 펼치고도 결정 골을 넣지 못하고, 경기는 '0대 1'로 마무리가 되었습니다. 최선을 다하고도 좋은 결과를 얻지 못한 아이들, 그만큼 실망이 큽니다.

"우리 찬스가 더 많았는데 아쉽다. 하지만 운이 안 따른 것뿐이야. 나머지 경기를 이기면 돼! 알겠지? 실망할 것 없어!"

곧바로 교장 선생님의 다정한 위로가 이어집니다. 하지만 승부란 그런 겁니다. 잠시 잠깐 방심하는 순간, 바로 그때 결정이 나 버립니다. 그런데 그날 소녀들보다 더 크게 낙담한 사람이 있습니다. 확실한 실력 차에 반칙에도 불구하고 져 버린 경기, 아이들이 흘린 땀방울이 누구보다 안타까운 감독님입니다.

이윽고 화천 숙소에 밤이 찾아왔습니다. 이번 경기 승리를 다짐했던 6학년들의 방이 눈물바다가 되었습니다. 초등학교 시절 마지막 대회이니만큼 후배들에게 승리의 추억을 남기길 바랐습니다. 언제 생겼다가 또 언제 사라질지 모르는 초등학교 여학생 축구부이기에 더 빛나는 전통을 남기고 싶었습니다. 방 여기저기서 아이들의 오열이 터집니다. 늘 강하고 굳세던 감독님도 이번에는 같이 눈물을 흘립니다.

"애들아, 우리가 또 언제 이렇게 울어 보겠냐? 만날 8강 4강 노래나 부르고, 우승하자 노래나 부르지. 축구 재밌게 하고, 앞으로 축구 포기하지 않게, 그렇게 열심히 뛰고 올라가자! 그리고 여기서 좋은 추억 만들자."

감독님의 말씀에 경기에 대한 반성과 축구에 대한 사랑을 되뇌어 봅니다. 너무 많이 울어서 머릿속이 온통 하얗게 된 아이들. 좁고 낡고 낯선 방 안에서 실망하고 지친 마음이 다 비워질 때까지 울고 또 울고 한 추억과 더불어, 이렇게 대회 첫날밤이 저물었습니다.

다음 날, 두 번째 예선전입니다. 어제 소녀들의 마음처럼 하늘에서 빗방울이 후드득 떨어집니다. 빗속에서 만난 상대 팀은 광양 감곡초등학교 여자 축구부입니다. 이미 예선에서 한 번 졌기 때문에 이번에는 기필코 이겨야 합니다. 어제의 눈물이 실력을 쑥쑥 자라게 한 걸까요? 송파 팀은 시작하자마자 우세한 경기를 펼칩니다.

"골인!"

송파 팀이 선제골을 터트립니다. 자주 슛을 날리던 공격수 소현이의 슛입니다. 소현이의 골 덕분에 송파 소녀 전사들은 한결 여유롭게 경기를 할 수 있게 되었습니다.

이윽고 후반전, 이어지는 감곡초등학교의 긴 슛은 골키퍼 인영이가 잘 받았습니다. 아직은 많이 미숙한 초등학교 팀의 경기이지만 이 경기장 안에 있는 사람들에게는 그 어떤 프로 경기보다 긴장되는 경기입니다. 아, 하지만 다시 허무하게 한 골 먹고 말았습니다. 결국 전체 스코어는 '1대 1' 무승부입니다. 두 번째 경기마저 승점을 얻지 못하고 이제 송파 팀에는 마지막 기회만 남았습니다.

그다음 날, 세 번째 예선전이 시작되었습니다.

"송파, 송파, 파이팅!"

소녀들의 파이팅 소리가 그들만의 잔디밭을 쩌렁쩌렁 울립니다. 각오가 남다르기 때문일까요? 경기 초반, 주장 은진이가 시작하자마자 대포 슛을 날립니다.

"와!"

교장 선생님이 두 팔 들며 벌떡 일어서고, 관중석에서 뜨거운 함성이 터져 나옵니다.

단 한 점을 지키고, 단 한 점을 빼앗기 위한 수많은 발길질이 모여 한 번의 축구 경기를 이룹니다. 목표로 다가간다는 건 이런 것이겠지요. 단 한 번의 성공을 위해 수천수만의 시도를 아까워하지 않는 것, 그렇게 아이들은 축구를 통해 노력하고 또 노력하는 법을 배워 가고 있습니다. 하지만 경기 종료 일 분 전, 방심한 송파 팀은 그만 상대에 골 한 점을 허용했습니다. 또다시 '2대 2' 무승부. 이 몇 초의 실수로 송파 여자 축구부는 결국 예선 탈락을 하고 말았습니다.

하지만 예선 탈락이면 어떻습니까? 은진이와 소녀들은 그들만의 리그를 찾았고, 그 안에서 뛴다는 것만으로도 꿈에 다가가는 희망을 얻었으니 말이지요. 그래서 주장 은진이가 그날의 아쉬운 승부를 그늘 없이 밝게 떠올리는지도 모르겠습니다.

"추계여자축구연맹전이 끝나고 우리는 생각했습니다. 민정이는 대진 운이 나빴다고 했고 소현이는 운도 실력이라고 했습니다. 하지만 감독님, 실망하지 않으실 거죠? 앞으로는 더 열심히 하겠습니다. 교장 선생님, 은퇴 선물로 우승 트로피 드리겠다는 약속, 지키지 못해서 죄송합니다. 그래도 우리 축구부 계속 응원해 주실 거지요? 우리도 변함없이 축구를 사랑할 겁니다. 친구들아, 우리 앞으로도 열심히 하자!"

여자 축구 선수라는 쉽지 않은 길을 꿈꾸는 아이들입니다. 꿈꾸는 동안 어른으로 자라나는 아이들, 그들은 잘 알고 있습니다. 과정의 괴로움을 겪어 낸 사람만이 원하는 꿈을 이룰 수 있다는 것을 말입니다.

소녀 축구부는 그동안 수없이 부딪히고, 깨지고, 달리면서 송파초등학교 운동장을 땀으로 적셨을 겁니다. '교장 선생님께 드릴 우승 트로피'를 목표로 소녀 전사들이 흘려 온 수많은 땀방울들, 설령 그 희망이 이루어지지 않았다 해도 그 땀은 결코 버려지지 않을 겁니다. 그 안타깝고 벅찬 느낌 그대로 기억 속에 스며서 미래의 꿈을 열매 맺게 할 희망의 밑거름이 되고, 또 희망의 노래로 바뀌어 두고두고 이어질 것입니다.

격려자와 평가자

잠시 우리의 지난 시간들을 돌아봅시다. 그 시간들 속에는 내 인생에 따뜻한 변화를 준 사람들이 있었을 겁니다. 생각날 때마다 늘 고마운 분들. 그분들에게 들은 이야기가 무엇입니까? 어떤 사람은 "괜찮아, 잘될 거야"라는 말을 듣기도 했을 것이고, 어떤 사람은 "포기하지 말고 힘내렴"이라는 말을 들었을지도 모릅니다. 나에게 변화를 일으킨 말들. 그 말들을 더 깊이 이해하면 그 속엔 '격려'가 있습니다. 격려란 그 사람이 해 온 과정의 수고를 인정하면서 앞으로 잘할 수 있다는 믿음을 주는 일이라 생각합니다.

칭찬이 결과에 대한 성과를 인정하는 거라면, 격려는 그 과정에 더 관심을 가집니다. 그러하기에 칭찬보다 격려가 더 중요합니다. 송파초등학교의 축구부 아이들에게는 바로 이런 격려자인 교장 선생님이 있습니다. 힘내라고 응원해 주고, 함께 있어 주며 따뜻한 힘이 되어 주는 분이지요. 어린 나이에 벌써 부모의 품을 떠나 합숙을 하며 꿈을 키워 가는 아이들. 이 아이들에게 부모가 할 수 있는 일도 바로 '격려'입니다. 격려의 표현 방법은 여러 가지입니다. 간단하게는 힘들다는 자녀의 전화에 격려의 메시지를 전할 수도 있고, 이메일이나 문자로 대신할 수도 있습니다. 가끔 깜짝 이벤트로 자녀를 찾아가는 것도 자녀들에게는 좋은 격려가 될 수 있지요. 이런 방법으로 자녀와 연결의 끈을 놓지 않고 격려할 수 있다면 합숙 훈련으로 따로 떨어져 지내지만 부모님의 사랑을 그대로 느낄 수 있습니다.

지금 나의 자녀에게 격려자는 누구입니까? 요즘 아이들을 바라보며 가슴 아픈 일 중 하나는 아이들 주변에 격려자보다는 평가자가 너무 많다는 사실입니다. 어떤 경우는 부모조차 평가자의 위치에 있습니다. 이럴 경우 좋은 결과만이 목표가 되어, 과정 속에서 불안해하며 전전긍긍하는 아이들을 쉽게 볼 수 있습니다. 아이들은 격려 속에서 자신감을 키우고, 하고자 하는 동기가 커 가며, 결과적으로 행복하게 자랄 수 있습니다.

'결과'보다 '과정'에 관심을 가지는 격려는 아이들로 하여금 더 열심히 해야겠다는 내적 동기를 발휘할 수 있도록 합니다. 여러 연구 결과에서 내적 동기와 행복 간의 밀접한 관계를 밝힌 것을 보면 격려야말로 자녀가 행복하게 자라게 하는 필요 요소가 아닐까요? 자녀들의 행동의 결과보다는 그 과정을 지켜봐 주세요. 그렇다면 그 아이들은 과정의 어려움을 겪어 낸 사람만이 꿈을 이룰 수 있다는 진리를 스스로 터득하고 앞을 향해 나아갈 것입니다.

제 주 바 다 , 꿈 꾸 는 사 나 이

호기심 소년의 야무지고 당찬 성장기

"**다녀왔습니다.**"

"정우, 너 어디 갔다 지금 오니? 이 늦은 시간까지."

"아빠, 저 …… 해녀 할머니들 공연 보러 아쿠아리움 갔다 오는데요."

"너 혼자 아쿠아리움에 갔다고? 여기 앉아 봐."

아빠가 지금 막 집에 돌아온 정우를 불러 세웁니다. 정우를 쳐다보는 아빠의 눈빛이 어째 심상치 않습니다. 무시무시한 불호령이 떨어질 분위기입니다.

해녀를 좋아하는 소년 정우는 초등학교 5학년입니다. 올해 나이 열두 살, 아직은 몸도 얼굴도 모두 어린아이 같은 정우인데, 이번에도 부모님 허락 없이 멀리 아쿠아리움에 다녀왔습니다. 벌써 서너 번은 넘게 다녀온 곳입니다. 보고 또 봐도 신비로운 바닷속 세상, 서귀포시 성산읍 아쿠아리움은 정우가 사는 제주 시내에서 시외버스로 꼬박 두 시간 남짓 걸리는 거리에 있습니다. 아이 혼자 오가기에는 먼 곳입니다.

"정우, 너! 엄마 아빠 걱정하는 건 생각 안 했어? 아쿠아리움은 갑자기 왜 그렇게 가는 거야?"

아빠에 이어 엄마도 따끔한 말로 톡 쏩니다. 엄마의 날카로운 목소리가 들리자 평소 야무지고 옹골찬 정우도 금세 풀이 죽어 고개를 숙입니다. 이제나저제나 하며 조마조마한 마음으로 자신이 돌아오기를 기다렸을 엄마의 모습이 정우 머릿속에 퍼뜩 떠올랐기 때문입니다.

"죄송해요."

"다음부터 절대 그러지 마라!"

엄마가 단호한 어조로 당부하자 아빠도 정우를 보며 한마디 덧붙입니다.

"거기가 어딘데 혼자 거기까지 가냐? 그러다 정우 너 사고라도 나면 엄마 아빠가 얼마나 슬퍼하겠어? …… 그래, 재미는 있었어?"

"네, 완전 재미났어요. 아빠 엄마랑 같이 가고 싶었다고요! 앞으로의 꿈을 위해 많이 봐 두어야 된다고 생각해요, 저는."

아빠의 화가 조금 누그러지자 정우가 곧바로 본색을 드러냈습니다. 예전부터 정우는 아빠에게 바뀐 꿈 이야기를 하고 싶었습니다. 지금으로부터 구 년 전, 제주 바다에 반해 이곳에 정착하게 된 정우의 아빠 엄마처럼 요사이 정우도 제주 바다는 물론 제주의 모든 것에 푹 빠져 지냅니다.

"아빠, 저 커서 해남이 되고 싶어요."

"해남? 해녀 말고 해남이라 했나?"

"네! 네!"

"전에는 피아니스트가 되고 싶다고 하더니만."

"아빠가 꿈은 바뀔 수 있다고 말씀하셨잖아요."

"그래, 근데 물질이 뭐가 좋다고 꿈으로까지 얘길 하니? 해녀, 아니 해남으로 사는 게 얼마나 고되겠어. 그냥 취미 생활이나 관심사 …… 이런 거 아니야? 아빠가 보기에 조금 관심이 있다, 이 정도 같은데?"

정우의 기대와 달리 아빠는 정우의 뜻에 회의적입니다. 아빠 생각에 해남이라는 직업은 꿈이라기보다는 '관심사' 정도에 걸맞다고 합니다. 해녀에 관심이 있어서 얼마 전 정우를 데리고 해녀 체험 학교에 다녀온 엄마 역시 마찬가지입니다.

하지만 정우 생각은 다릅니다. 해녀 체험 이후 정우의 꿈은 음악가에서 아름다운 제주 바다를 누비는 '해남'으로 바뀌었습니다. 정우는 매일 바닷속에 들어가 전복이나 해삼을 따는 해녀들처럼 물질하는 남자, 그리고 사라져 가는 해녀 문화를 지키는 남자, 그런 멋진 해남이 되기를 진심으로 희망하고 있습니다.

정우가 알기로 우리나라를 통틀어 해남으로 활동하는 사람은 딱 두 명입니다. 정우는 그중에 이한영 해남을 롤모델 삼아 꿈을 키우고 있습니다. 그는 본래 스쿠버다이빙 강사였다가 '숨 참기' 기술을 배우려고 해녀학교에 갔습니다. 그런데 지금은 물질 교본도 만들고 계절마다 해녀 신문을 발행하는 등 사라져 가는 제주 해녀 문화 보존을 위해 앞장서는 해남으로 살고 있습니다.

이번 성산 아쿠아리움 해녀 물질 공연도 해녀 문화 홍보를 위해 이한영 해남이 기획한 공연입니다. 그런 이한영 해남처럼 정우는 제주 해녀와 해녀 문화의 발전을 위해 힘쓰는 멋진 제주 사나이 '해남'에 도전하고 싶은 겁니다. 하지만 야속하게도 엄마 아빠는 정우의 이런 마음을 대수롭지 않게 여깁니다. 매사에 호기심이 많아서 그러려니 하며 한때 스쳐 가는 꿈쯤으로 넘겨 버리기 일쑤이지요. 그래서 정우는 최근 들어 엄마 아빠에게 자주 섭섭합니다.

'아빠 엄마는 내 마음을 너무 몰라줘!'

이렇게 홀로 속으로 삭이는 생각이 커질수록 정우는 반성하는 마음보다 반항심이 생겨납니다. 하지만 정우는 이런 부정적인 마음을 다스리는 법을 잘 압니다. 오늘 아쿠아리움에서 본 해녀 공연을 떠올리는 것만으로도 기분이 조금씩 나아지지요. 좋아하는 일을 하고 또 되새기는 것, 그것이 마음의 어둠을 내쫓는 특효 처방입니다.

수심이 무려 9미터나 되는 대형 수조 안. 여러 해양 생물들이 유유히 헤엄치는 신비롭고 아름다운 물빛 세상에 검은 고무 잠수복을 입은 해녀 할머니가 산소통 하나 없이 잠수합니다. 일생을 바다와 함께 보낸 오십오 년 경력의 베테랑 해녀 할머니입니다. 그때 진행자가 수조 속으로 농구공을 던집니다. 공은 아래로 내려갈수록 힘없이 찌그러지는데, 할머니는 높은 수압에도 아랑곳없이 이삼 분 이상 너끈히 헤엄을 쳤습니다. 정우는 그 신기하고 놀라운 광경에 저절로 박수를 쳤습니다.

또 공연이 끝난 뒤 아쿠아리움 직원분에게 부탁해 해녀 할머니들과도 직접 만났습니다. 정우는 스스럼없는 태도로 할머니들 앞에 나서서 존경하는 마음도 전하고 다양한 질문 공세도 펼쳤지요.

"할머니들 너무 멋지세요. 해녀들은 숨을 정말 오래 참잖아요. 모성애 때문에 그렇게 되었다는 얘기가 있는데, 진짜 비결 같은 게 따로 있나요?"

"비결? 그런 건 없어. 그냥 우리가 옛날부터 배운 방법으로 숨을 참으면서 물속에 들어가면 숨이 좀 참아지거든. 참으니까 좀 꾸준하게 참으면서 들어갔다 나갔다가 하면 점점 잘 참게 되는 거야."

귀여운 정우의 질문에 할머니들이 성심성의껏 대답을 해 주었습니다. 호기심도 많고 도전 정신으로 똘똘 뭉친 정우는 내친김에 해녀 할머니들에게 약속까지 했습니다.

"네, 알겠습니다. 제가 나중에 해남이 되면 반드시 열심히 활동을 하고 해녀들의 발전을 위해 노력하겠습니다. 감사합니다!"

제주 소년 정우의 조금은 황당하면서도 재미난 꿈 이야기. 엄마 아빠는 물론 심지어 해녀 할머니들에게도 엉뚱하고 치기 어린 소리로 들립니다. 하지만 정우의 야무지고 당찬 포부를 적극적으로 지지하는 무리가 있습니다. 바로 같은 반 아이들입니다. 꿈만 놓고 보면 괴짜 같기도 한 정우는 평소 성격이 밝고 리더십이 있어 따르는 친구들이 많습니다. 그래서인지 남학생이든, 여학생이든, 해남이 되겠다며 일찍부터 노력하는 정우를 훌륭하고 멋진 아이로 생각합니다.

"박정우, 질식해서 죽겠다!"

"…… 39초, 40초, 41초! 됐다! 41초!"

정우가 코를 막고 숨을 참자 아이들이 스톱워치로 시간을 잽니다. 숨 참기 실력만큼은 이미 반에서 정우가 1등입니다. 요즘 정우는 학교에 가서도 온통 해남, 해녀 생각뿐입니다. 한 여자아이가 다가와 '우리 할머니도 해녀'라며 자랑삼아 말하니 정우는 그 어느 때보다 호기심 가득한 눈빛으로 질문을 던집니다.

"너희 할머니 물질할 때 고무 옷 입어? 아님 전통 옷 입어?"

"전통 복. 우리 할머니 전통 복 입고 일하셔."

"그 하얀색 저고리에다 검은색 천으로 만든 옷?"

"어."

"와, 대단하다. 요즘에는 전통 복 입은 해녀 그렇게 많이 보이지 않던

데!"

"우리 할머니는 입어. 근데 이제는 거의 백 살 다 되셔 가지고 일하기 힘드셔."

"할머니는 상군, 중군, 하군 중에 무슨 해녀야? 하군은 얕은 데 들어가는 해녀고, 중군은 중간, 상군이 깊은 데 들어가는 해녀인 거 알지?"

"우리 할머니 상군이지. 헤엄이 빨라서 엄청 깊은 데까지 내려가셔."

"너도 해녀 전통 복 입어 봤어?"

묻고 또 묻고. 해녀 할머니에 대한 정우의 질문이 끝을 모르고 이어집니다.

그날 밤, 정우는 여느 때처럼 인터넷으로 해녀에 대한 정보를 모으다가 흥미로운 테스트를 접했습니다. 이름 하여 '전통물질기술자격증' 시험입니다.

정우는 시험 응시 신청서를 꼼꼼히 작성한 다음, 바깥일을 마치고 돌아온 엄마 앞으로 쪼르르 달려갑니다. 엄마는 급기야 시험까지 보겠다며 극성을 부리는 아들의 모습에 그저 황당할 따름입니다. 그도 그럴 것이 연습을 하겠다며 제법 값나가는 잠수용 고무 슈트를 사 달라고 떼까지 부립니다.

"엄마, 제발 사 줘요!"

"정우야, 너 왜 이렇게 떼를 부려? 전에는 안 그러더니 너 왜 그래? 엄마 피곤해."

엄마는 전에 없던 아들의 투정이 달갑지 않습니다. 한때 지나가는 관심일 거라고 애써 가볍게 넘겨 왔는데, 정우의 해남 예찬이 도를 넘어서는 것 같아 마음이 편치 않습니다.

게다가 매번 반에서 1등을 놓치지 않던 정우의 성적이 어째 위태위태해 보입니다. 얼마 전에 치른 시험 성적표는 엄마 앞에 아예 내놓지도 못하니 성적이 떨어져도 단단히 떨어진 모양입니다. 저 멀리 콩밭으로 후다닥 가

버린 정우의 마음, 어떻게 해야 본래 자리로 다시 부를까요? 엄마는 이러다가 정우가 혹여나 학생 본분에서 벗어날까 싶어 수시로 걱정이 됩니다.

"정우야, 이거 전하고 다른 종이 아니야?"

"진로적성검사 결과라서 그래."

정우가 엄마 앞에 성적표 대신 진로적성검사 결과표를 내밀었습니다. 갑자기 떨어진 학업 성적을 보면 엄마가 걱정할까 봐 진짜 성적표를 살짝 감추어 둔 겁니다.

"음, 한번 보자. 정우가 읽어봐. 엄마가 제일 궁금한 건 수학 과목인데……."

"잠깐. 흥미, 국어 60, 수학 44, 사회 55, 과학 44, 체육 43, 음악 76."

"44? 야! 박정우. 엄마는 네가 수학에 대한 흥미가 떨어진다는 사실이 진짜 충격적이다. 수학이 어디가 힘드니? 엄마, 예전에 수학 선생님이었던 거 너도 알지?"

"알지. 근데 엄마, 아빠가 대통령이라고 아들이 무조건 대통령 되는 건 아니잖아!"

"그래. 근데 수학은 나중에 중요해지는 과목이야. 그런 과목에 네 흥미가 현저히 떨어진다는 게 엄마는 조금 걱정된다. 수학은 변별력이 가장 높은 과목이야. 정우 너, 엄마랑 수학 공부를 좀 더 체계적으로 해 보자."

엄마가 참다못해 잔소리를 합니다. 요지부동 1등인 영어나 음악 과목에 비해 전부터 주춤하고 있는 수학 성적이 엄마를 계속 심란하게 하던 차입니다. 해남 일에 그리도 도전적인 호기심을 불태우는 아들, 그 불굴의 정우가 앞으로는 수학에도 남다른 열정을 품기를 엄마는 희망합니다.

그런데 엄마의 간절한 바람이 정우에게는 가닿지 않는 모양입니다. 정우의 날렵한 눈꼬리가 점점 더 가늘게 올라가더니 마침내 엄마의 말이 끝나자마자 대뜸 반발부터 터져 나옵니다.

"엄마, 진짜 진지하게 얘기하고 싶어. 내가 비록 엄마 아들이어서 낮은, 그러니까 뭐랄까? 지위라고 해야 하나? 아무튼 엄마보다 예의를 차려 말해야 하지만, 진짜 이런 말을 하고 싶어. 나, 내가 좋아하는 직업은 내가 자유롭게 선택하고 싶어요."

"헉 ……."

순간 엄마는 머릿속이 띵하고 울리는 느낌입니다. 수학 공부 같이 하자는 얘기에 왜 이런 말이 이어지는 걸까요? 엄마는 정우의 뜬금없는 고백에 다음 말을 잇지 못합니다. 그러자 정우 동생 승우조차 "형, 그거랑 이거는 지금 말이 다른 거야"라며 엄마 편을 들고 나섭니다. 어린 줄만 알았던 정우가 처음으로 자기 생각을 당돌하게 말하자 반갑기보다는 당혹스러운 엄마입니다.

'앞으로 정우에게 어떻게 가르치지? 꿈도 학업도 모두 중요하다는 걸 ……. 이제 곧 정우가 사춘기에 접어들면 내 인생이에요, 내 꿈이 더 중요해요, 더 그럴 텐데. 인생에서 좋아하는 걸 하려면 부차적인 것도 해야 하는데 말이야. 그걸 어떻게 깨치게 하나?'

엄마 눈에 정우는 아직도 냇가에 내놓은 어린아이 같습니다. 그날 밤 엄마는 아들의 성장에 생각이 많아집니다.

며칠 후 정우가 기다리고 기다리던 결전의 날이 밝았습니다. 드디어 제주해녀문화보존회에서 발급하는 전통물질기술자격증 취득에 도전하는 날이 돌아온 겁니다. 이 자격증을 위해 매주 두 번 실내수영장에서 수영과 잠수 연습을 해 온 정우입니다. 이번 테스트가 깨끗하고 아름다운 제주 바다를 누비는 해남으로 거듭나는 데 중요한 발판이 될 것 같아 정우는 이번에 꼭 합격하고 싶은 마음입니다.

시험장에 들어서자, 정우의 롤모델 이한영 해남이 정우를 반깁니다.

"지금까지 이 자격증 사상 너처럼 나이 어린 친구가 도전하는 건 처음이야. 다 스무 살 넘는 어른들만 가져갔거든. 그러니까 힘내서 도전해 보자."

이한영 해남의 응원하에 정우는 그날 상군, 중군, 하군 자격증 가운데 중군부터 도전했습니다. 중군 테스트는 비교적 깊은 수심 5미터에서 제주 해녀 물질 방법인 무호흡 잠수로 안전하게 내려갔다 오면 성공입니다. 그런데 무슨 문제가 생긴 걸까요? 작은 물고기처럼 유연한 몸짓으로 무리 없이 수영장 바닥으로 내려가던 정우가 갑자기 수면 위로 솟구쳐 오릅니다. 수압 때문에 귀가 먹먹한지 정우는 자꾸만 귓속을 만집니다.

"귀가 아파?"

"네……."

이한영 해남의 물음에 정우가 힘없이 답합니다. 다시 한 번 도전해 보지만 결과는 마찬가지입니다. 농구공을 찌그러뜨리는 수압을 이기려면 연습이 더 필요한 걸까요? 정우는 꼭 단번에 중군 자격증을 따서 부모님과 친구들에게 인정받고 싶은데 생각대로 되지 않아 속이 상합니다. 하지만 정우는 이대로 포기할 아이가 아닙니다.

"저, 하군 테스트는 어떻게 보는 거예요?"

"수심 1.5미터에서 10미터 무호흡으로 수영을 하면 된단다. 한번 해 볼래?"

"네. 지금 해 볼래요."

정우는 허리에 납 벨트를 차고 물에 들어갑니다. 납 벨트는 해녀가 가벼운 몸을 가라앉혀 바다 밑바닥에서 물질하기 위해 허리에 차는 도구이지요. 방금 전의 실패로 움츠러들 법도 하건만 정우는 겁내는 기색도 없이 당찬 기세로 헤엄칩니다. 그렇게 순조롭게 출발하더니, 합격 기준치 10미터를 훌쩍 넘기면서 앞으로 쭉쭉 나아갔습니다.

"야. 잘한다. 생각보다 잘해! 너 원래 수영 좀 잘하는구나? 한 20미터 정도 갔어. 여기 수준으로 보면 중군도 충분히 가능한데 네가 고막 아픈 것 때문에 끝까지 못 간 거거든. 좀 더 연습해서 다음번 시험에 다시 한 번 중군에 도전해 보자. 알았지?"

어린 정우의 실력에 이한영 해남이 크게 감탄합니다. 자칫 물거품이 될 뻔했던 첫 번째 도전입니다. 어렵게 얻어 낸 결과여서 정우는 더 기분이 좋습니다.

"자, 자격증에 해녀 사진 보이지? 이 해녀처럼 멋진 해남이 돼라. 축하한다. 하군!"

"우와. 감사합니다. 완전 좋아요!"

이어 이한영 해남이 격려의 말과 함께 자격증을 내밀었습니다. 그러자 양쪽 뺨에 보조개가 패도록 수줍게 웃던 정우의 입에서 연신 감탄의 말이 튀어나옵니다. 정우는 자격증을 보고 또 봅니다. 막연했던 꿈이 바짝 다가오는 느낌입니다.

다음 날 정우는 어깨에 힘이 바짝 들어간 모습으로 학교에 갔습니다. 입가에는 의기양양한 승리의 미소가 흐릅니다. 쉬는 시간, 정우는 용감한 도전으로 얻은 자격증을 자랑하기 위해 반 아이들을 불러 모읍니다.

"오오, 어떻게 땄어? 대단하다."

자격증을 돌려 보면서 반 아이들 여럿이 환호합니다. 친구들은 또래 정우의 거침없는 도전이 마냥 신기할 따름입니다. 기분이 붕 뜬 정우는 불현듯 한 가지 아이디어를 떠올립니다.

"애들아, 내일 해녀박물관에 갈래?"

"근데, 나는 학원 어쩌지?"

"오, 우리끼리? 야 용감한데. 같이 가자, 같이 가자!"

아이들 반응이 각양각색입니다. 예전부터 벼르고 또 벼르던 일이지요. 정우는 꼭 한번 친구들에게 사라져 가는 제주 해녀와 그 문화를 소개하고 싶습니다.

그날 수업이 끝나자마자 정우는 어디론가 서둘러 뛰었습니다. 평소 은밀히 좋아하던 여자 친구 다연이에게도 해녀박물관에 같이 가자고 말해 볼 참입니다. 이윽고 귀여운 단발머리 소녀 다연이가 눈앞에 나타나자마자 정우는 다짜고짜 묻습니다.

"다연아, 내일 우리 해녀박물관에 같이 갈래?"

"그래. 알았어!"

그야말로 수줍고 서먹한 대화입니다.

그날 밤 정우는 아주 오랫동안 인터넷에서 해녀 관련 정보를 찾고 또 익혔습니다. 미리 공부를 많이 해서 다연이와 친구들에게 좀 더 친절하고 재미있게 해녀 이야기를 들려주고 싶은 마음입니다. 작년에 해녀학교를 졸업한 엄마에게 요모조모를 묻고, 검색 정보도 정리해 가며 제주 해녀의 삶은 물론 역사까지 공부하다 보니 어느새 시간이 흘러 한밤중이 되었습니다.

그때 엄마가 해녀 공부로 지친 정우에게 수학 문제집을 내밉니다.

"정우야, 우리 평소대로 한 페이지만 풀자. 너 이제 고학년이라서 이거 꾸준히 풀어야 돼. 안 그러면 수학이 언젠가 네 꿈을 방해할 수 있다는 거

아니?”

정우가 졸린 눈을 비비며 문제 풀이에 나섭니다. 이미 잠이 몰려왔지만 좋아하는 일을 하려면 의무도 다해야 합니다. 정우는 엄마의 교육을 통해 인생의 순리를 조금씩 터득하고 있습니다.

다음 날, 아이들이 종례를 끝내고 교실에서 꾸역꾸역 밀려 나옵니다. 그 중 유난히 팔팔해 보이는 아이들이 있습니다. 제주시 구좌읍 하도리에 위치한 해녀박물관에 가기로 한 정우와 정예 멤버들입니다. 시끌벅적 남자 아이들 사이에 곱디고운 다연이도 함께 있어서 정우는 두근두근, 기분이 최고입니다.

“애들아, 모여 봐. 오늘은 일단 200번 버스를 타고 시외버스 터미널로 간 다음, 거기서 갈아타고 박물관까지 갈 거야. 알았지?”

“오키도키!”

정우의 확실한 지휘 아래 아이들은 출발한 지 무려 두 시간 만에 구좌읍 해녀박물관에 도착했습니다. 이윽고 해녀 자료를 미리 공부해 온 정우가 친절한 안내자 역할을 능숙하게 해냅니다.

“여러분, 먼저 이 테왁을 보십시오. 해녀 하면 생각나는 도구지요? 여기 밤같이 생긴 박통에 부력이 있어서 물에 둥둥 뜨지요. 그리고 소라나 전복 같은 거 잡으면 이 그물 안에 넣고요.”

“야, 숨비소리는 뭐야?”

“해녀들이 물질 마치고 밖으로 올라올 때 ‘호오이’ 하면서 한꺼번에 숨을 몰아쉬는데, 그걸 숨비소리라고 그래.”

“너도 해 봐. 호오이!”

“왜? 나는 아직 잘 못 해.”

어버이날 맞이한 정우의 깜짝 이벤트!
선물과 함께 드리는 노래 타임.
"우리는~ 제주도의~ 가엾은 해녀들~.
이어도 사나~ 뿌웅뿌웅. 이어도 사나~
뿌웅뿌웅."

　박물관 전시물 가운데 아이들 눈길을 단연 사로잡은 것은 모성애로 힘든 물질을 견뎌 낸 해녀 할머니들 모습을 담은 영상물입니다.

"정우야, 너도 저렇게 물질할 수 있어?"

"아직 모르겠어. 근데 소라를 캐 본 적은 있어."

"바다 밑으로 들어가면 뭐가 보여?"

"물고기들. 진짜 예쁜 물고기들 많이 보여. 열대어도 있고."

　그날 아이들은 휴대전화로 서로 사진을 찍어 주며 추억을 쌓았습니다. 정우 덕분에 제주 해녀 문화에 관해서도 좀 더 깊이 알게 되었지요. 제주에 살면서도 무심히 스쳐 간 주변 삶과 역사를 두루 살펴보는 계기가 되어 아이들은 그날 굉장히 뜻깊은 시간을 보냈습니다.

"다연아, 너는 꿈이 뭐야?"

"나는 발레리나가 되고 싶어."

"발레리나가 되려면 어릴 때부터 연습을 많이 해야 하는데 지금도 하고 있어?"

"응, 하고 있어."

　정우가 묻자 다연이가 자분자분 대답합니다.

"어려운데 그래도 괜찮아?"

"한 번씩 미끄러져서 넘어지면 발목이 삐고 그러는데, 그래도 내가 원하는 꿈이기 때문에 계속 노력해서 언젠가 꿈을 꼭 이루고 싶어."

　수줍고 말 없는 소녀 다연이도 꿈꾸는 힘만큼은 정우에게 뒤지지 않는 모양입니다. 이어 아이들이 정우에게 묻습니다.

"정우야, 너는 왜 해남이 되고 싶어?"

"나? 맛있는 해산물 캐서 엄마한테도 주고 주변 친구들한테도 나눠 주고 싶어. 예를 들어 문어! 그리고 둘째로 요즘 바다가 많이 오염되었잖아. 해녀가 되면 잠수를 해서 쓰레기를 찾아내서 버리고 싶어. 또 해녀 문화를 널리 알려서 해녀 수를 늘리고 싶고!"

"와, 넌 정말 착한 애야."

"뭘 ……. 우리, 우리들의 우정과 꿈을 위해, 그리고 꿈이 잘 이루어지기 위해 파이팅 한번 하자! 하나, 둘, 셋. 파이팅!"

멋스러운 바다 노을을 뒤로한 채 정우와 친구들은 있는 힘껏 파이팅을 외칩니다. 여섯 아이들의 손이 한데 모였다가 하늘 위로 예쁘게 흩어졌습니다.

그날 밤, 저녁 아홉 시를 훌쩍 넘겨 집으로 돌아간 아이들은 모두 부모님께 엄청 혼이 났습니다. 특히 정우네 집에는 친구들 엄마로부터 전화가 이어졌고, 반 아이들이 여럿 실종되었다고 생각해 담임 선생님까지도 바짝 긴장하신 모양이었어요. 한마디로 동네가 발칵 뒤집힐 정도로 난리가 났습니다.

"박정우! 지금까지 뭐 하다 온 거야, 도대체? 아빠가 다음에는 진짜 혼낸다고 했잖아. 네가 잘못한 일이니까 네가 다 책임져라. 알겠지? 담임 선생님께도 전부 다 말씀드리고, 내일 친구들 집에 다 전화하고, 친구들 엄마 아빠한테 네가 친구들 데리고 갔다고 사과도 하고 그렇게 해!"

평소 온화하고 이성적인 아빠로부터 불호령이 떨어졌습니다. 정우는 시무룩이 앉아 "네. 네" 하고 어영부영 대답만 했습니다. 그때 잔뜩 화가 난 엄마가 무섭게 다가왔습니다.

"그리고 너, 담임 선생님이 성적표 보냈다고 하시더라! 엄마는 못 받았다고 말했는데, 얼마나 민망했는지 아니? 성적표 꺼내 봐! 빨리!"

아뿔싸! 정우는 엎친 데 덮친 격으로 숨겨 둔 성적표마저 들켜 버렸습니다.

정우는 정말이지 더 이상 물러설 곳이 없는 기분입니다. 정우가 가방에서 성적표를 꺼내 엄마에게 내밀었습니다. 안 그래도 두 배 이상 빨라진 엄마의 목소리가 성적표를 확인하는 순간 더 뾰족하고 거칠어집니다.

"엄마가 성적 이 숫자에 집착하는 게 아니야. 너 이 수학 문제 있잖아. 엄마랑 공부할 때 이미 다 풀어 본 문제야. 이걸 틀렸다는 건 분명히 실수를 한 거야. 그만큼 네가 정신이 딴 데 팔려 있다는 거고. 사실 오늘 너 더 혼나야 되는데 너무 늦어서 여기까지 할게. 일단 밥 먹고 씻고 빨리 자. 어디 간크게 자기 마음대로 버스 타고 돌아다녀!"

정우는 힘없이 방으로 돌아갑니다. 처음 친구들과 떠날 때는 좋은 의도였고 그날 하루 잊지 못할 추억도 쌓았습니다. 하지만 결과적으로 엄마 아빠에게 걱정만 끼치고 친구들까지 다들 혼나게 생겼으니 정우는 한없이 미안하고 죄스러운 마음입니다.

그렇게 문제의 날이 지나가고 박물관 멤버들이 교실 뒤편에 모였습니다. 정우처럼 엄마 아빠한테 말로 혼난 아이도 있고, 종아리 맞은 아이도 있었습니다. 한 아이는 부모님께 싹싹 빌어서 겨우 넘겼다고 합니다.

"얘들아, 나 때문에 진짜 미안하다."

정우가 진지한 모습으로 사과를 했습니다. 그러자 아이들은 모두 대수롭지 않게 "뭐가 미안해. 그 대신 우리는 해녀 박물관이랑 다 가 봤잖아! 추억도 쌓고" 하면서 씩씩하게 웃어넘깁니다. 아무래도 요 멋진 제주 소녀 소년들은 지난 일일랑 까짓 툴툴 털고 즐거운 기억만 야무지게 챙기며 살 모양입니다.

이 사건으로 정우는 하나 다짐을 했습니다. 더 이상 사랑하는 엄마를 심란하게 만들지 않고 평일에는 공부, 주말에는 꿈을 위해 시간을 쓰겠다고 다짐했지요. 이름 하여 '평공주꿈'. 이 다짐을 굳건히 다지기 위해 정우는 스스로 규칙을 세웠습니다. 이 규칙에는 '마음대로 딴 데 가지 않기'라는 조항도 들어 있습니다.

"좋아. 네가 스스로 정한 규칙을 잘 지켜 봐. 그러면 엄마는 주말에 네가 하고 싶은 거, 예를 들어 네가 해남이 되고 싶고 그걸 공부하고 싶다면 같이 알아보고, 어디든 데려다 줄 거야. 알겠지?"

정우는 엄마와 손가락까지 걸고 맹세했습니다. 채 풀리지 않은 엄마의 딱딱한 말 속에 앞으로 주말에는 정우의 꿈을 적극 응원하겠다는 암묵적 동의가 담겨 있습니다. 사춘기 아들은 오랜만에 엄마 앞에서 맑고 순한 얼굴로 배시시 웃습니다.

잠시 후, 정우와 승우 형제가 미리 준비한 깜짝 공연이 마침내 펼쳐졌습니다. 승우는 카네이션 꽃바구니를 엄마 아빠에게 전하고, 해녀로 분장한 정우는 엄마에게 편지를 내밀었습니다. 그리고 마이크 잡은 폼으로 걸걸하게 「해녀의 노래」를 부릅니다.

♫ 우리는 제주도의 가엾은 해녀들 비참한 살림살이 세상이 안다
…… 이어도 사나, 뿌웅뿌웅, 이어도 사나, 뿌웅뿌웅~. ♪ ♫

"하하하하."

진지한 노래 뒤에 들도 보도 못한 '이어도 사나' 재롱이 이어지니 엄마 아빠 입에서 큰 웃음이 터졌습니다.

"부모님, 어버이날 축하드립니다."

그렇습니다. 우연히도 그날은 어버이날이었습니다. 정우는 근래 크고 작은 일로 속상함과 실망감만 안겨 드린 엄마 아빠를 위해 이 공연과 선물을 준비했습니다. 정우 승우의 큰절과 더불어 엄마 아빠의 꽁꽁 언 마음도 눈 녹듯이 녹아내렸습니다.

어느 주말 오후, 해녀학교 입학식이 열렸습니다. 정우를 따라 정우네 가족 모두 바다 나들이를 나섰지요. 올해 정우는 매주 토요일마다 해녀학교에 와서 잠수법과 호흡법을 배우고, 해산물 채취 훈련을 할 예정입니다.

"야, 이리 와 봐라. 너 몇 살이니?"

"열두 살이요."

"아이고, 째깐하다!"

"이뻐이. 잘해!"

해녀 할머니들이 어린 해남 정우가 대견한지 자꾸만 손짓하며 부릅니다.

넓고 푸른 제주 바닷속도, 해녀 할머니들과 함께하는 물질도, 정우에게는 환상 그 자체입니다. 이제 매 주말이 짜릿한 모험과 도전으로 채워지겠지요. 다소 엉뚱해 보일지는 모르지만 지금 정우가 바라는 꿈은, 사랑하는 제주 바다를 깨끗하게 지키고 문화를 지키며 제주 바다 곳곳을 누비는 해남으로 자라는 겁니다. 신기할 것 있나요? 이 이야기는 바다 아래 신기한 생물이라면 직접 다 만져 보고 싶은 열두 살 호기심 소년의 야무지고 당찬 성장기랍니다.

자녀와의 타협 방법

자녀를 양육하다 보면 자녀의 호기심이 고맙기도 하지만 걱정스러운 때도 많이 있지요. 정우가 그렇습니다. 일단 호기심이 생기면 직접 경험하며 해결하길 원하는 아이. 실은 많은 부모가 이상적으로 생각하는 자녀일 것입니다. 하지만 뭐든 너무 지나치면 문제가 되지요. 마음이 앞서다 보니 먼저 해 놓아야 하는 일들을 지나쳐 버리게 되는 실수가 발생합니다. 부모가 고민하는 부분입니다. 이때가 '타협'이 필요한 시간이죠.

부모와 자녀가 함께 타협을 이루는 행동은 민주적인 양육 방식으로 자녀의 주도성과 자율성을 키울 수 있습니다. 자녀가 성장하면서 부모 자녀 관계에 긍정적인 역할을 하기도 합니다. 정우의 부모도 자녀와 좋은 분위기에서 타협하는 것을 볼 수 있습니다. 주말에 부모와 함께 해녀학교 교육에 참여하여 자녀의 꿈을 인정하고, 평일에는 학업이나 해야 할 소임을 다하는 책임감을 부여하는 것은 균형을 이룬 타협입니다.

이런 식의 타협이 필요한 사건은 우리 일상생활에서 다양하게 존재합니다. 공부 시간과 노는 시간 사이에서 생기는 불협화음, 진로와 관련한 불협화음, 부모의 요구와 자녀의 요구 사이에서 발생하는 긴장감 등 모두가 타협을 필요로 합니다.

이럴 때 그동안 어떻게 대처하였나요? 일부 부모님은 자신의 의사를 완강히 주장하며 자녀가 따라오도록 양육하고, 또 일부 부모님은 자녀의 뜻을 무조건 수용하기도 합니다. 두 가지 모두 건강한 자녀의 자아 발달에 방해가 됩니다. 부모와 자녀 모두가 조금씩 양보하면서 얻게 되는 '타협'이 필요합니다. 서로가 수용할 수 있는 타협을 위해서는 먼저 자녀의 욕구를 탐색해야 합니다. 충분히 공감하는 분위기에서 말이죠. 그다음으로 부모가 수용 가능한 한계를 반드시 말해야 합니다. 예를 들어, 정우가 호기심이 가는 대로 꿈을 찾는 모험을 감행하고 싶어 하는 마음을 충분히 공감한 후 현재 학생으로서의 소임, 아직 어린아이이기 때문에 가지는 한계, 부모의 책임 등에 대해 말해야 하지요. 마지막으로 자녀의 욕구를 한계 안에서 최대한 수용하기 위한 대안을 마련해야 합니다. 주중에는 학교 공부를 하고 주말에는 가족과 함께 해녀학교에 입학해 배우는 등이 좋은 예라고 할 수 있습니다. 부모의 일방적인 설득이나 통제는 타협이 아닙니다. 서로 합의된 타협만이 좋은 결과를 가져올 수 있습니다. 꿈 많고 호기심 많은 자녀를 건강하게 양육하기 위해서 말이죠.

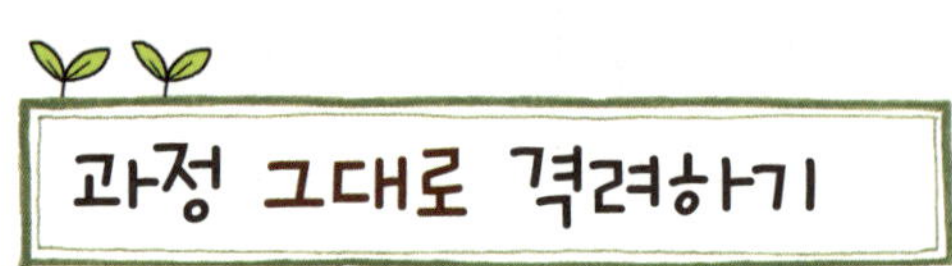

과정 그대로 격려하기

🌸 희망이란 무엇인가

미국에서 교육 심리 연구 실험 사례가 있었습니다. 새 학년이 되어 교장은 담임교사를 각각 따로 불러서, 한 반의 교사에게는 '당신 반 학생들의 평균이 제일 높은 반'이라고 이야기하고, 다른 한 반의 교사에게는 반대로 '당신 반 평균이 제일 낮은 꼴찌 반'이라고 이야기하였습니다. 그 후 일 년 뒤 종무식에서 각 반의 성적을 보니 제일 높다고 말해 준 반은 1등을 하였고 꼴찌라고 알려 준 반은 꼴찌를 하였습니다. 실제로는 같은 평균 성적이었으나 교장이 준 암시대로 결과가 만들어졌던 것입니다. 바로 희망적인지 절망적인지, 어떤 기대를 가지고 보느냐에 따라 결과에 영향을 미친다는 연구입니다. 현재 처한 현실보다 현실을 어떻게 받아들이고 어떻게 기대하느냐가 중요합니다. 어느 암 환자의 연구를 보면 환자가 희망적이라고 생각하는가, 절망하는가에 따라 동일한 의학적 처치를 해도 결과가 달랐다고 합니다. 이렇게 희망은 우리에게 큰 힘을 주는 요인으로 작용합니다.

🌼 희망을 가지는 사람의 특징은

똑같은 현실에 직면하여도 사람마다 느끼는 감정이나 기대는 다릅니다. 바로 '낙관성'이라는 특성 때문에 희망적으로 보기도 하고, 절망적으로 생각하기도 합니다. 낙관성은 선천적 기질에도 영향을 받지만, 비슷한 기질이라도 후천적으로 긍정적 정서를 많이 경험하고 성공적 경험을 많이 한 사람은 낙관성이 높아지기도 합니다. 낙관성이 높은 사람은 행복감도 크며 활기차게 살 확률이 높습니다. 또한 실패의 두려움이 적어 새로운 일에 쉽게 도전하고 다양한 경험을 통해 적극적으로 삶에 직면하고 자존감도 높습니다.

그러나 낙관성이 낮은 사람은 실패에 대한 두려움도 많고 불안과 우울감도 높고 능력에 비해 자신의 존재감을 낮게 평가합니다. 자신이 이루어 놓은 결과에 대해서도 만족감이 낮고 누구나 다 할 수 있는 일이라고 자신의 능력을 하찮게 여깁니다. 이런 사람의 특징은 불행을 느끼는 부정적 정서 표현이 많을 뿐만 아니라 자신의 자존감이나 자긍심에도 부정적 영향을 미치는 악순환을 일으킵니다.

희망적으로 생각하는 사람 옆에서는 힘이 나지만 절망감을 느끼는 사람 옆에서는 에너지도 떨어지고 성과도 작아지게 됩니다. 따라서 어른이든 아이든 희망적으로 생각하고 느끼는 정서적 능력은 매우 중요할 수밖에 없습니다. 희망감이 큰 사람은 잘 웃고 부정적 정서 표현보다 긍정적 정서 표현을 월등히 많이 합니다. 사용하는 어휘를 분석해 보아도 희망을 상징하는 낙관적인 단어를 많이 사용하는 걸 볼 수 있습니다.

🌼 희망을 심어 주는 부모가 되려면?

자녀가 희망적으로 생각하게 하려면 부모 자신부터 낙관성을 높여야 합니다. 있는 그대로의 모습에 감사하고 현실 안에서 긍정적인 모습을 보여야 합니다. 앞으로 잘될 거라는 기대와 희망을 가져야 합니다. 이를 위해서는 원하는 것을 정확하게 정의하고 목표를 이루었을 때의 모습을 상상하도록 해야 합니다. 아이들이 목표 달성의 순간을 상상하도록 도와주는 방법은 대화할 때 구체적이고 단계적으로 하는 것입니다. "네가 바라는 것을 말해 보아라" "네가 목표를 달성하였을 때를 상상해 보자"라는 메시지는 희망을 가지는 데 도움이 됩니다. 혹은 아이들이 원하는 모습을 그리게 하고 이루기 위해 필요한 전략이나 준비 과정을 함께 이야기하면 더 유익합니다. 막연하게 소망하는 것이 아니라 구체화한 목표를 글이나 그림으로 완성하여 시각화하면 더 효과적입니다. 그러면 막연한 희망 사항이 아니라 도달하고자 하는 목표가 분명한 계획이 되어 이룰 수 있다는 생각을 들게 합니다. 자녀가 어릴수록 상상하도록 유도합니다. 이때 성공하거나 성취했을 때의 모습을 상상하게 하는 것이 효과적입니다. 누구나 신바람이 나면 즐겁게 할 수 있기 때문입니다.

간혹 아이들이 실수할까 두려워 포기하려고 하면 부모는 "잘될 거야" 혹은 "별거 아니야" 등 지나치게 낙관적으로 혹은 과잉 안심을 시키려 하는데, 이럴 때는 그냥 있는 그대로의 과정을 격려해 줄 필요가 있습니다. 그래야 결과와 상관없이 과정을 존중받고 아이가 자신이 한 행동들을 의미 있는 과정이라고 수용하게 됩니다. 잘했을 때만 보상으로 표현해 주는 칭찬보다는 있는 그대로의 모습을 읽어 주는 격려가 훈육에 훨씬 효과적이기 때문입니다.

사람들은 스트레스를 얼마나 받았나보다 스트레스에 얼마나 잘 대처하였는가에 따라 행복을 느끼는 차이가 달라집니다. 즉, 희망이라는 것은 막연하

게 기대만 하는 과대망상이 아니라 현실에서 대단함을 찾아내는 발견에서 시

작되는 것입니다.

휠체어 아빠와 미소 공주 강유경·여 14세

장애인 아빠의 넘치는 사랑으로 밝게 자라는 딸

유경이는 얼마 전 중학생이 되어 남녀공학 중학교에 들어갔습니다. 아빠와 여전히 대화도 많이 하고 별다른 걱정 없이 재미있게 잘 지내지만 아직도 요리는 계란말이밖에 못 합니다. 중학생이 되고부터 공부를 열심히 해서 성적이 상위권에 들어야겠다는 욕심도 생겼습니다. 사실 새 학교와 선생님, 반 친구들에게 적응하느라 『내 마음의 크레파스』 촬영은 이미 옛일이 된 지 오래입니다. 그래도 이따금 그때 그 시기를 떠올리면 생일날 동네 친구, 언니들과 즐겁게 놀았던 추억이 가장 생생하게 생각난다고 합니다.

예산 소녀의 어느 특별한 소원 명세화·여 20세

아픈 엄마 대신 집안을 꾸려 가는 입양 딸 맏이

세화는 꿈꾸던 대로 대학교 사회복지학과에 진학했습니다. 장차 사회복지사가 되어서 엄마처럼 도움이 필요한 사람에게 손길을 나누고 싶어서입니다. 예전처럼 엄마 건강이 좋아졌다가 나빠졌다가 해서 세화와 동생들은 여전히 엄마 식당 일을 많이 돕고 있습니다. 덕분에 요리 실력도 얼추 늘었습니다. 세화의 소원은 조금 달라졌습니다. 이제는 엄마뿐만 아니라 가족들이 모두 건강했으면 좋겠습니다. 요즘 들어 부쩍 말을 잘 듣는 주화와 다른 동생들, 가족들을 향한 고마움과 사랑이 점점 더 커진답니다.

열세 살 태석이 삼촌 윤태석 · 남 14세

스토커 조카들 때문에 힘든 어린 삼촌

태석이는 올봄에 중학생이 되었습니다. 방송 이후 태석이는 부모님과 시내로 나와서 살고, 형님 가족은 여전히 목장에서 살고 있습니다. 이 주에 한 번씩 조카 정희와 윤상이를 만나기 위해 목장으로 가는데, 그 때마다 조카들이 삼촌 왔다며 정말 좋아한답니다. 물론 꼬맹이 조카들은 여전히 떼를 쓰고 말을 잘 듣지 않지만 말입니다. 태광이 형은 이따금 정희와 윤상이를 잘 돌본다며 용돈을 척척 주기도 합니다. 태석이 생각에 태광이 형은 겉모습이 다소 거칠지만 속이 깊은 좋은 형입니다. 방송에는 형이 좀 엄격한 사람으로 나왔는데 실은 좋은 모습이 더 많으니 사람들이 오해하지 않았으면 좋겠다고 태석이가 전하고 싶답니다.

누나는 금지옥엽 김현중 · 남 15세

아영 누나 앞에서 작아지는 동생 현중

현중이는 올해 열다섯 살로 화천중학교 2학년, 아영이는 열일곱 살로 화천고등학교 1학년이 되었습니다. 방송 이후 무려 사 년이라는 세월이 흘렀지만 『내 마음의 크레파스』 제작진과 함께한 시간은 현중이와 아영이 모두에게 소중하고 재미난 추억으로 남았습니다. 현중이는 또래 친구들과 마찬가지로 컴퓨터 게임 하는 재미에 푹 빠져 있고 여전히 공부에는 취미가 없습니다. 아영이 누나랑은 사이가 많이 좋아진 데다 어느새 키가 167센티미터로 훌쩍 커서 맞고 때리는 일이 거의 없다고 합니다. 현중이의 은밀한 제보에 의하면 요즘 아영이 누나는 현중이 대신 막내 민성이를 괴롭힌답니다. 한편 아영이 누나가 아빠에게 있는 애교를 다 부리는 건 예나 지금이나 마찬가지입니다. 현중이는 어느새 철이 들어 아빠와 누나의 관계에 예전보다 많이 의연해졌습니다. 최근 들어 현중이와 아영이에게는 각각 꿈이 생겼습니다. 현중이는 농구에 재미를 붙여 농구 선수가 되고 싶고, 아영이는 어린이를 돌보는 유치원 교사가 되고 싶답니다.

요리하는 아름, 다운, 소리
이아름·여 21세, 이다운·여 21세, 이소리·여 19세

요리사를 꿈꾸는 세 자매의 맛있는 내일

쌍둥이 아름이와 다운이는 벌써 대학교 2학년생이고, 동생 소리는 어느새 고3 수험생이 되었습니다. 아름이와 다운이는 요리뿐만 아니라 공부도 소홀히 하지 않고 양쪽 다 열심히 하는 동생 소리가 기특합니다. 소리는 장차 푸드스타일리스트가 되는 것이 꿈입니다. 특히 웰빙 푸드에 관심이 많고 전공은 외식경영학 쪽을 선택하고 싶답니다. 아름이와 다운이, 소리는 지금도 세 자매 모두를 조리과학고등학교에 보내 주신 부모님께 감사하는 마음이 크고, 감사하는 마음만큼 더 열심히 공부할 계획입니다. 덧붙여 아름이, 다운이, 소리의 요리 기술이 날마다 쌓여 가듯 온 가족의 행복도 차곡차곡 쌓여 가길 바랍니다.

청학동을 누벼라, 강 훈장님 댁 삼 형제
강구섭·남 16세, 강황섭·남 12세, 강백섭·남 10세

자연에서 철따라 놀면서 공부하는 아이들

청학동 강 훈장님 댁에는 그사이 경사가 났습니다. 구섭이, 황섭이, 백섭이의 귀여운 동생이 태어난 것입니다. 막냇동생 이름은 '백엽이'입니다. 가장 신이 난 사람은 올해로 열 살, 묵계초등학교 3학년이 된 백섭이입니다. 지금까지 서당에서 가장 어렸는데 동생이 태어나서 좋답니다. 열여섯 살 청암중학교 3학년 구섭이와 열두 살 묵계초등학교 5학년 황섭이도 갓난아기 백엽이랑 놀아 주고 안아 줍니다. 백섭이는 백엽이가 목욕할 때 제일 귀여운데, 그때마다 하품을 많이 해서랍니다. 하지만 이제 서당 풍교헌의 하루에 할아버지 훈장님은 안 계십니다. 할아버지 몸이 부쩍 안 좋아진 탓입니다. 그래도 여름에는 활 쏘고 사냥하고 계곡 가서 고기 먹고, 겨울에는 눈싸움하고 눈사람 만들고 산행하는 청학동 풍교헌의 일상에는 크게 변함이 없습니다. 단 하나, 새로 태어난 아기를 위해 당분간 활쏘기는 금지랍니다.

덕평분교 마지막 겨울 박소영 · 여 16세, 여정안 · 남 13세

폐교를 앞둔 학생들의 마지막 수업

덕평분교 5학년 소영이는 어느덧 훌쩍 자라 중학교 3학년이 되었고요, 덕평분교 개구쟁이 막내 2학년 정안이는 문광초등학교 본교 6학년 맏형이 되었습니다. 덕평분교가 사라진 후로 여섯 아이들은 집에서 차를 타고 십 분 이상을 가야 하는 본교로 통학을 해야 했습니다. 일단은 학교와의 거리도 멀었고요, 학생 수가 적어서 할 수 있는 활동이 많고 다양했던 분교와 달리 전교생이 66명인 본교에서는 도리어 심심하고 적적했습니다. 덕평분교에서의 마지막 수업은 아직까지 아이들에게 추억보단 슬픔으로 남아 있습니다. 심지어 체육이랑 축구를 좋아하는 씩씩한 개구쟁이 정안이조차 병환이 형, 병탁이 형 등 분교 형들이 본교를 졸업하고 난 지금 같이 축구 할 사람이 없어 옛일을 생각하고 그리워합니다.

바다 소년 한상이의 여름 이야기 박한상 · 남 14세

바다를 벗 삼아 자라나는 아이들

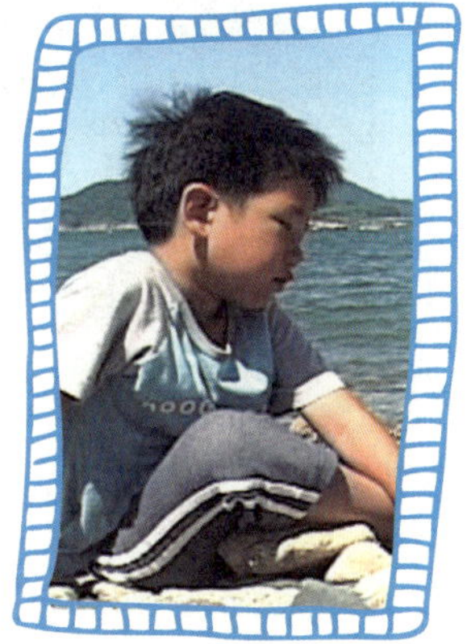

한상이는 더 이상 비진도 꼬맹이가 아닙니다. 방송 이후 햇수로 육 년째, 한산초등학교 비진분교 1학년생은 밀성중학교 1학년생으로 훌쩍 자랐습니다. 한상이는 2009년에 한산도로 이사를 갔다가 다시 4학년 때 밀양으로 전학을 했습니다. 열네 살 한상이는 영재반에서 공부를 할 정도로 성적이 아주 뛰어납니다. 이번 시험에서 전교 1등을 했을 정도랍니다. 밀양에는 또래 아이들이 많아 축구도 할 수 있고 적어도 외롭지는 않습니다. 하지만 한상이는 지금도 비진도가 많이 그립습니다. 특히 한산도에서 키우다가 죽은 강아지 똘이가 보고 싶을 때 옛일이 더 생생하게 떠오릅니다. 또 한 가지, 아버지가 한상이와 누나들 수영 배우라고 비진도 바다에 마구 던져 넣던 일은 어느새 좋은 추억으로 남았습니다. 그 시절의 특별 훈련 덕분인지 요즘 한상이의 수영 실력은 상급보다 높은 연수 단계라고 합니다.

여섯 손가락의 소나타 김태후 · 남 15세

피아노로 소통하는 태후의 세상 콘서트

태후는 올해 초 필리핀에 다녀왔습니다. 올해 1월부터 2월까지 필리핀 여행을 했는데 해발 1500미터에 있는 독특한 곳에서 지냈습니다. 어머니가 필리핀에서 영어 캠프를 진행해서 그 캠프 친구들이랑 함께 시간을 보냈습니다. 태후는 평소 관심이 있던 바리스타 과정 자격증과 한자 2급 시험에 붙었습니다. 올해 9월에는 고등학교 진학을 위한 내신 시험을 볼 예정입니다. 중국어도 좀 더 열심히 공부해서 조만간 중국 여행을 가 보고 싶습니다. 태후는 『내 마음의 크레파스』 방송 이후 조금 충격을 받았다고 합니다. 방송 속의 자신이 너무 외롭게 보였기 때문입니다. 하지만 그런 태후에게 어머니는 이렇게 격려하셨답니다. 세상에 스스로를 볼 수 있는 기회가 주어지는 아이는 많이 없다고 말입니다. 그리고 같은 학원에 다니는 친구 할머니에게 응원 편지도 받았습니다. 그러한 크고 작은 격려와 응원의 힘을 모아 태후는 앞으로 자신이 봉사하고 있는 '프렌즈 스쿨' 기부를 위한 작은 자선 음악회를 열어 볼 생각이랍니다.

속리산 소녀의 금나물 은나물 여예슬 · 여 16세

속리산 소녀 예슬이의 성적 고민

중학교 2학년이 된 예슬이는 소녀다운 사춘기를 보내고 있습니다. 『내 마음의 크레파스』 방송 이후 학교 친구들이랑 더 가까워졌고요, 요즘에는 배우 이정재를 좋아하게 되어서 팬클럽에도 가입했습니다. 이정재 팬클럽이라 10대 팬이 상대적으로 드물다 보니 20~30대 언니 팬들이 귀여워해 준다며 한껏 신이 나 있습니다. 반면 외할아버지는 안타깝게도 당뇨에 화상까지 겹쳐서 지금은 서울의 한 병원에 누워 계십니다. 정부에서 병원비를 어느 정도 지원하기 때문에 돈 걱정은 크게 안 하고 있지만, 당뇨로 인해 상처 자체가 잘 낫질 않아 걱정이 많습니다. 최근 들어 예슬이 성적이 한 30등 가까이 올랐는데, 장학금까지 받게 되어 가계에 보탬이 되었습니다.

동규의 첫 번째 프러포즈 김동규 · 남 13세

일곱 살 소년의 사랑 고백 프로젝트

일곱 살 귀염둥이 땅꼬마 동규는 어느새 부지런히 자라 열세 살 가금 초등학교 6학년이 되었습니다. 이제는 땅꼬마라는 소리를 친구들한테 안 들어도 될 만큼 키도 훌쩍 자랐답니다. 첫 번째 프러포즈 상대인 다빈이랑은 유치원 졸업하고 한 번도 만나지 못했습니다. 같은 초등학교도 아니고, 그러다 보니 자연스레 연락도 끊어졌습니다. 몸이 멀어지니 자연스레 마음에서 멀어졌습니다. 지금 동규는 장래 희망이 세 개나 되는 꿈 많은 소년입니다. 첫째는 외국어에 능통한 외교관, 둘째는 우리나라의 갈등을 없애는 통일 대통령, 셋째는 악성 코드를 잡는 해커랍니다.

링 위의 두 소년 한승민, 박재현 · 남 15세

복서를 꿈꾸는 승민과 친구 맺기

승민이와 재현이는 열다섯 살이 되었고 서로 다른 중학교에 다니고 있습니다. 두 사람 모두 여전히 체육관에 다니지만, 재현이가 학원 때문에 복싱 하는 시간대가 다르다 보니 얼굴 보기가 어렵다고 합니다. 그사이 승민이는 전국 대회에서 우수 선수상을, 이천의 한 대회에서 최우수상을 수상했습니다. 주말 빼고 매일 한 시간에서 한 시간 반씩 복싱 연습을 하고는 있지만 너무 험난한 길 같아 프로 복서의 꿈은 접었답니다. 대신 복싱 특기를 살려 체육 선생님이 되고 싶습니다. 최근 좋아하는 여자아이가 생겼는데 차일까 봐 고백은 못 하겠답니다. 한편 재현이는 나중에 아버지처럼 멋진 엔지니어가 되기 위해 방학 중에도 열심히 공부하고 있습니다. 방송에는 승민이 중심으로 나와 촬영 분이 많이 편집되어 아쉬웠답니다. 재현이는 학원 때문에 승민이랑 예전보다 더 엇갈린다며 "승민아, 같이 놀자"는 말을 전했습니다.

핑퐁 소녀 삼총사 정은송, 홍순수, 이승미 · 여 14세

우리는 친구이자 최고의 라이벌

은송이랑 순수랑 승미는 모두 용곡중학교로 진학했습니다. 아직 1학년 신입생이지만 친구이자 최고 라이벌인 세 사람의 우정과 선의의 경쟁은 여전합니다. 탁구로 유명한 중학교는 아니지만 세 명의 탁구 신동들을 가르치기 위해 초등학교 때 코치님까지 학교를 옮겨 여전히 맹연습 중이랍니다. 방송 이후 은송이는 다시 한 번 순수를 이기기도 했습니다. 하지만 이기는 탁구, 보여 주기 위한 탁구보다는 스스로를 뛰어  넘는 탁구를 하면서 어려운 사람도 돕는 훌륭한 선수가 되고 싶답니다. 순수는 소망대로 아버지와 같이 살게 되었습니다. 승미는 여전히 삼총사 중에 키가 가장 큽니다. 우정의 가치를 소중히 여기는 승미는 잘 치는 선수보다 계속 노력하는 선수가 되고 싶답니다.

짝꿍 없인 못 살아 김혜민 · 여 15세, 조민경 · 여 14세

수중발레 듀엣 소녀들의 호흡 맞추기

혜민이는 중학교 2학년이 되었습니다. 지금은 국가대표 상비군을 목표로 연습에 매진하고 있습니다. 달라진 점이 있다면 민경이가 건강 문제로 수중발레를 그만둔 일입니다. 그 일로 혜민이는 한동안 마음이 힘들고 우울했습니다. 한편 민경이는 요즘 현대무용을 합니다. 제법 잘해서 상도 받았습니다. 최근 관심사는 엔터테인먼트 오디션과 다이어트라고 합니다. 민경이는 혜민이 언니뿐 아니라 수중발레 하는 언니들이 자신 몫까지 잘해 주기를 바란다고 전했습니다.

서울 소년, 곰배령 소녀를 만나다 단경호 · 남 13세, 김지인 · 여 13세

서울 소년과 산골 소녀의 우정 쌓기

경호는 내년에 중학생이 됩니다. 서울 소년 경호는 앞으로 일 년간 곰배령에 남고 오히려 지인이가 서울로 거처를 옮겼습니다. 부모님이 서울에 있는 중학교에 진학하길 원했기 때문입니다. 경호는 겨울 방학 한 달 동안 인제초등학교 친구들이랑 뉴질랜드 홈스테이를 했습니다. 지인이는 서울에서 학원을 다녀 아쉽게도 함께 떠나지 못했습니다. 두 아이는 원래 사이가 그렇게 나쁘지 않았는데 촬영할 때가 가장 많이 싸울 때였다고 합니다. 그래서 촬영 기간 동안 더 심한 싸움이 일어나기도 했는데, 순간적인 일이라 카메라에 다 담기지는 않았다며 지인이는 아쉬움 반, 씁쓸함 반으로 당시를 회상했습니다. 방송 이후 지인이는 마을 어른들에게 경호를 좋아하느냐는 놀림을 받기도 했지만 대수롭지 않답니다. 어쨌든 경호가 때로는 여자 친구보다 더 편한 친구였으니까요.

나의 엄마 나의 아빠 권승연 · 여 15세, 권구혁 · 남 22세

우리는 입양아 남매

승연이는 열다섯 살 중학교 2학년이 되었습니다. 그동안 사춘기를 겪으면서 친구 관계에 어려움을 겪었습니다. 방송 이후 친구들로부터 부러움과 질투를 한 몸에 받기도 했습니다. 꿈은 뮤지컬 배우에서 가수가 되는 것으로 바뀌었습니다. 그래서 한 방송국 음악 프로그램에 나가 두세 달 동안 새벽부터 노래 연습하고, 방송하고, 빡빡한 일정을 소화했습니다. 피곤하긴 했지만 뭔가를 한다는 느낌이 좋았답니다. 구혁이 오빠는 이제 스물두 살 대학생이고 내년이면 공익 근무 요원으로 복무해야 한답니다. 구혁이는 결국 친부를 두어 번 정도 만났는데 그 후로는 얼굴을 안 보는 사이가 되었다고 합니다. 승연이는 여전히 친모와 친부의 소식을 듣지 못했습니다. 하지만 그 일보단 꿈을 이루어서 행복하게 사는 쪽이 훨씬 중요하답니다.

엄마와 똠얌꿍 문유정·여 14세

엄마 나라 음식을 싫어하는 사춘기 소녀

유정이는 올해로 중학생이 되었습니다. 여전히 태국 음식보다 한국 음식을 좋아하긴 하지만, 작년 여름에는 큰맘 먹고 한 일주일 정도 엄마의 나라 태국에도 다녀왔습니다. 너무 더워서 하루에 콜라만 세 잔씩 마셨다고 합니다. 태국의 절에 가서 작두 타기 체험도 해 보고 태국 음식과 친해지려고 노력도 많이 했답니다. 한국에 돌아와서는 태국어 학원에 가서 엄마의 말도 배워 보고 말입니다. 하지만 말도 음식도 가까워지기가 쉽지 않더랍니다. 유정이는 요즘에도 간장게장, 비빔밥, 주꾸미볶음, 낙지볶음 같은 한식을 즐겨 먹는다고 합니다. 다만, 태국에 갔을 때 친절하게 잘 대해 주었던 엄마 친척과 이웃, 외할머니 생각이 종종 난답니다. 유정이도 이번 태국 방문이 은근히 좋았던 모양입니다.

파라과이에서 온 소년 최다빈·남 18세

파라과이 소년의 한국 생활 적응기

다빈이는 올해 열여덟 살이 되었습니다. 막 초등학교를 졸업하고 중학교 1학년 신입생으로 무사히 상급 학교에 입학했습니다. 축구는 그만두고 새롭게 육상을 시작했습니다. 예전에 학교에서 문화상품권을 따려고 육상 대회에 나갔다가 1등을 하면서 감독님이 먼저 권유, 추천했답니다. 비선수로서 메달을 세 개나 땄거든요. 얼마 전 다빈이는 속리산에서 훈련까지 받았습니다. 춥고 힘든 훈련이었지만 이제 달리기만큼은 자신이 붙었답니다.

발레로 세상에 맞서다 지마 아담 · 남 15세

꿈을 응원하는 가족이 있어 행복한 발레 소년

아담은 발레 전문가 교육 과정을 배우면서 많이 힘들어했습니다. 사춘기가 찾아오면서 슬럼프에 빠졌기 때문입니다. 그래서 예술중학교에는 진학하지 않았지만 일반 중학교 생활이 꽤 재미있고 이 선택에 후회가 없답니다. 형이 대학교에 가면서 병원 도우미 아르바이트를 하느라 함께하는 시간이 많이 줄어든 것도 변화라면 변화입니다. 또 한 가지, 아담의 꿈은 더 이상 발레리노가 아닙니다. 그 빈자리에 더 소중한 꿈이 생겼습니다. 병원에서 일하는 엄마의 영향일까요? 아담은 앞으로 복제 인간을 연구하는 생명공학 연구원이 되고 싶습니다. 중학생이 되면서 친구들은 성적 스트레스를 많이 받는 모양이지만, 아담은 하고 싶은 만큼 하라고 지지해 주는 엄마가 있어서 여전히 행복하답니다.

쌍둥이 인어공주 고현아, 고현주 · 여 17세

다이빙 국가대표 선수를 꿈꾸는 쌍둥이 자매

현아와 현주는 열일곱 살이 되었고 남녕고등학교 1학년에 진학했습니다. 두 아이 모두 꿈은 여전히 다이빙 국가대표 선수입니다. 방송 이후 현아는 눈 수술을 무사히 받고 다시 운동을 하고 있습니다. 지난 3월에 제주 한라대학교에서 큰 대회가 있었는데 현아는 개인이랑 싱크로 다이빙 팀플 두 가지 종목에 동시에 출전했습니다. 최근 들어 전국 대회에서 현아는 개인, 싱크로 모두 1등을 했습니다. 물론 현주도 함께 많은 상을 탔고요. 둘 다 무뚝뚝한 성격인지라 여전히 자매 사이에 애정 표현은 많지 않지만 현아와 현주는 변함없는 최고의 파트너입니다.

교장 선생님과 소녀 축구부 이은진, 최아영, 주인영 · 여19세

축구를 사랑하는 소녀들의 리그

소녀 축구부 주장 은진이는 벌써 열아홉 살 고3 수험생입니다. 지금은 합천정보산업고등학교 여자 축구부에서 수비수로 뛰고 있습니다. 축구에 대한 열정은 여전합니다. 하지만 작년에 경기를 뛰다가 다쳐서 무릎 수술을 받은 뒤로 꿈이 축구 선수에서 재활 트레이너로 바뀌었답니다. 달리기 훈련으로 힘들어하던 아영이도 은진이와 같은 나이입니다. 지금은 경기도 오산정보고등학교 여자 축구부에서 중앙 수비수로 뛰고 있습니다. 아영이는 예전이랑 달리 발이 빠른 선수가 되었습니다. 그래서 달리기 훈련 때 1등으로 들어오는 일이 많다고 합니다. 촬영 당시 순하고 여린 선수였던 아영이는 지금 허리 디스크 판정에도 운동 때문에 수술도 하지 않는 독종 선수로 성장했습니다. 의정부여자고등학교를 다니는 인영이는 발 수술로 축구를 그만두고 지금은 태권도를 배우면서 태권도 사범을 꿈꾸고 있습니다. 운동도 좋아하고 아이들도 좋아하기 때문이라네요. 방송 이후 육 년이 흘렀지만 대부분 소녀 축구부원들은 여전히 축구를 사랑하는 여전사로 자라서 넓고 푸른 리그를 달리고 있답니다.

제주 바다, 꿈꾸는 사나이 박정우 · 남13세

물질하는 작곡가를 꿈꾸는 제주 소년

정우는 요즘 피아노 연습이 한창입니다. 코앞으로 다가온 피아노 대회를 준비하고 있기 때문입니다. 정우의 꿈은 물질하는 작곡가입니다. 물질을 하는 이유는 다양한 경험을 쌓기 위해서입니다. 덕분에 또래 친구들에 비해 체력이랑 폐활량이 좋은 편입니다. 정우는 제주도에 사는 한 물질을 계속할 생각입니다. 방송 이후 해녀학교에서 중군 자격증을 땄습니다. 부지런히 훈련을 해도 귀가 아파서 상군은 고등학교에 가서 딸까 생각 중이랍니다.

미래의 곳간에 보석을 채우는 시간이 되기를 

우리의 인생을 한 폭의 그림으로 그린다면 어떤 그림일까요?

하얀 종이에 검정 펜으로 무채색의 그림을 그릴 수도 있고 다양한 색깔로 채색화를 그릴 수도 있을 겁니다.

지금 당신에게 풍요롭고 아름다운 그림을 그려 보라고 한다면 어떤 그림을 그릴 수 있을까요?

만약 크레파스로 당신의 마음을 그린다고 생각해 봅시다.

당신이 가지고 있는 크레파스는 어떤 색깔입니까?

당신이 원하는 아름다운 그림을 그리려면 우선 다양한 색깔이 필요할 것입니다. 이렇게 그림을 그릴 때처럼 우리의 마음을 그려 낼 때도 다양한 마음의 색깔이 필요합니다. 빨강, 파랑, 노랑과 같은 삼원색을 가지고 있어야 원하는 색을 만들 수 있는 것처럼 내 마음의 기본색에는 사랑, 행복, 우정, 희망, 동행, 성장과 같은 내용들이 필수적입니다. 바로 내 마음의 기본색을 일깨워 주는 따뜻하고 감동적인 이야기가 《내 아이의 일기장》에 듬뿍 담겨 있습니다.

이 책을 통해 어른들은 잊고 있던 자신을 돌아보고 허전했던 마음의 빈 공간을 채울 수 있을 것입니다. 또한, 부모를 통해 여기에 실린 이야기를 듣는 아동이나 청소년은 미래의 곳간에 보석을 채우는 시간을 갖게 될 것입니다. 우리는 거울을 보고 나의 외모를 알지만 내 마음속의 모습은 다른 사람의 이야기를 들으며 깨닫게 되는데 이 책이 그 역할을 충분히 하리라 기대합니다.

당신이 이야기의 주인공들과 함께 울고 웃는 가운데 마음의 곳간은 든든해질 것입니다. 또한 자녀를 기르는 부모는 부모의 입장에서, 아이의 입장에서 중요한 것을 놓치지 않고 곱씹어 본다면 멀리 보며 자녀를 키울 수 있는 전문가가 되는 데도 도움이 될 것입니다.

아울러 이 책의 마지막 장을 덮는 순간 진정으로 행복해지는 이가 바로 당신이길 소망합니다. 행복한 나를 위해, 행복한 자녀를 위해, 행복한 이웃을 위해. 행복한 우리 모두를 위해 …….

유미숙(숙명여대 아동복지학부 교수)

최고의 '격려'는 자녀를 믿고 기다려 주기

여러 부모님들께 가끔 앞으로의 희망을 질문할 때가 있습니다. 참 희한한 것은 분명 질문은 부모님들께 드렸음에도 답변은 늘 자녀와 관련된 희망적인 내용이 돌아옵니다. 어찌 보면 부모는, 자신의 삶은 자녀를 위해 내려놓고 온전히 자녀를 위해 헌신하는 자리가 아닌가 하는 생각이 듭니다.

부모라면 무조건적으로 자녀를 사랑합니다. 그런데 가슴 아픈 것은 사랑의 표현이 서툴거나 왜곡되어 자녀와의 관계에서 어려움을 경험하는 부모가 많다는 사실입니다. 혹 사랑을 전달하는 방법으로 설득이나 훈계, 잔소리를 자주 사용하지는 않는지요? 실제로 아이들의 변화 과정 속에는 의외로 '격려'가 존재합니다. 혹시 《이솝 우화》의 해와 바람의 대결을 기억하는지요? 길을 가는 나그네의 외투를 누가 먼저 벗기는지 대결하는 장면이 나오지요. 실제로 그 게임에서 이긴 것은 바람이 아닌 해였습니다. 부모의 권위적인 명령이나 조금은 강압적인 교육 앞에서 자녀가 순응하는 것 같아도, 실제로 아이 스스로 내적인 힘을 발휘하며 나타나는 변화는 부모의 따뜻한 '격려'에서 시작됩니다.

그렇다면 좋은 격려는 무엇일까요? 좋은 부모란 무엇일까요? 그 물음에 대한 해

답을 찾아가는 과정으로 '부모를 위한 짧은 조언'을 썼습니다.

《내 아이의 일기장》에 등장하는 아이와 부모한테서 자연스럽게 묻어나는 삶의 이야기는 평범한 우리네 생활을 엿보게 하는 창문과도 같습니다. 그 이야기 속에서 실제 우리 자신의 모습을 발견하기도 합니다. 때로는 역경에 굴하지 않고 묵묵히 자기의 길을 가는 주인공의 이야기 속에서 위안을 받기도 합니다. 그러하기에 여러 다른 부모 교육서보다 더 실제적인 도움이 된다고 자부합니다.

이 책의 테마인 사랑과 행복, 성장, 우정, 동행, 희망은 자녀의 성장에 필요한 요소들입니다. 이를 위해 아이들은 성장하는 동안 아픔과 좌절, 인내를 경험하게 됩니다. 소위 '아프면 성장한다'고, 아이들은 우리가 그랬던 것처럼 성장을 위해 걸어온 인내의 전철을 밟아야 합니다. 새싹이 비바람과 추위를 견딘 후에야 생명의 열매를 맺는 나무로 성장하는 것처럼 우리 자녀도 그 과정을 넉넉히 이겨 내고 성장할 것입니다. 자녀를 믿고 묵묵히 기다려 주는 것이야말로 부모가 자녀에게 줄 수 있는 최고의 '격려'입니다. 이 책의 이야기 하나하나에 부모가 자녀를 키울 때 필요한 양육적 조언을 소개하면서, 사실 허구로 구성된 사례가 아닌 실제 사례이기에 다소 조심스러웠습니다. 모쪼록 이 책을 통해 십대 자녀와의 소통이 보다 원활해져서 서로를 향한 이해의 폭이 좀 더 넓어지기를 바라 몹니다.

전성희(숙명여대 아동복지학 박사)

화면 너머까지 전해지는 따뜻한 시선을 담다

프랑스의 초현실주의 시인 루이 아라공은 교육에 대해 이렇게 말합니다. "배운다는 것은 자기를 낮추는 것이고, 가르친다는 것은 다만 희망에 대해 이야기하는 것"이라고 말입니다.

《내 아이의 일기장》은 결국 성장과 교육에 대한 예시이기 전에 살아 있는 희망에 관한 이야기입니다. 이 이야기들이 글로 묶여 한 권의 책으로 다시 태어나기까지 그 어렵고도 의미 있는 과정에 함께 호흡을 맞추게 되어 기쁩니다.

각각의 사연들을 접할 때마다 때로는 아이처럼 까르르르 웃고 때로는 가슴이 먹먹해 울기도 했습니다. 아이들의 맑은 영혼이 부딪히고 섞이며 자라는 과정을 잠시 잠깐이나마 한 식구가 된 양 가까이 들여다볼 기회를 얻었습니다. 그 벅찬 느낌들을 생생하게 전하고 싶어 피디님과 작가님 들의 눈 귀 입을 많이 빌렸습니다. 아이들의 크레파스 그림처럼 평범하지만 사실은 의미 깊은 하루하루의 사연들을 카메라로, 방송 대본으로 기록해 주신 분들에게 우선 감사를 드립니다. 화면 너머까지 전해지는 따뜻한 시선, 그 휴머니즘을 최대한 정직하게 담아내기 위해 애썼습니다.

또한 이 이야기들을 글로 엮는 과정에서 큰 도움을 주신 김웅, 김유 작가님과 김기원, 바퀴달린그림책 교하센터 아이들과 식구들, 예문사 박지원 편집장님, 홍서진 부장님께 고마움을 전합니다. 이분들이 함께 크레파스를 들고 밑그림과 채색을 고민해 주지 않았다면 이 소중한 이야기들은 수년 전 필름 안에 여전히 갇혀 있었을 겁니다.

역시 가장 큰 고마움과 감흥은 《내 아이의 일기장》 이야기 하나하나의 주인공들에게 전하고 싶습니다. 가난, 질병, 장애, 입양 등 대단히 어려운 상황 속에서도 자신보다 주변 사람들을 더 아끼고 생각하는 아이들로부터 진정한 용기를 배웠습니다. 또 그 어려움을 때로는 글쓰기로, 그림으로, 운동으로, 춤으로 이겨 내는 아이들의 일상에서 배움의 기쁨과 인간의 무한한 성장 가능성을 엿보았습니다. 그 배움과 발견은 저희에게 어린이를 가르치고 글을 쓰는 일의 의미를 다시 한 번 되새기고 돌아보게 했습니다.

《내 아이의 일기장》의 꾸밈없는 이야기들은 어떻게 가르치고 이끄느냐의 고민 너머에 있습니다. 아이와 어른이 서로에게 배우고 자라는 이야기의 행간과 쉼표 속에서 독자 여러분들도 함께 울고 웃고 성장하는 시간이 되길 진심으로 바랍니다.

노유다, 나낮잠(스토리텔러)

 SBS 내 마음의 크레파스 감성 부모 레시피

내 아이의 일기장

초판 1쇄 펴냄 2014년 5월 15일
초판 2쇄 펴냄 2014년 6월 10일

지은이   SBS 내 마음의 크레파스 제작팀
교육컨설팅   유미숙, 전성희
스토리텔러   노유다, 나낮잠
펴낸이   정용수
펴낸곳   도서출판 예문사

출판등록   1993. 2. 19. 제11-76호
주소   경기도 파주시 직지길 460 (출판도시) 도서출판 예문사
대표전화   031-955-0550
대표팩스   031-955-0660
이메일   yms1993@chol.com
홈페이지   www.yeamoonsa.com

ISBN   978-89-274-0984-7 13370

SBS 내 마음의 크레파스
Copyright ⓒ SBS
이 프로그램의 단행본 저작권은 마더커뮤니케이션을 통해 저작권을 구입한 도서출판 예문사에게
있습니다. 저작권법에 의해 보호 받는 저작물이므로 무단 전재와 무단 복제를 금합니다.

이 도서의 국립중앙도서관 출판시도서목록(CIP)은 서지정보유통지원시스템
홈페이지(http://seoji.nl.go.kr)와 국가자료공동목록시스템(http://www.nl.go.kr/kolisnet)에서
이용하실 수 있습니다. (CIP 제어번호 : 2014012138)

책값은 뒤표지에 있습니다. 잘못된 책은 구입하신 곳에서 바꿔드립니다.